浙江省普通高校"十三五"新形态教材

时尚品牌设计与流行文化双语系列教材
Series of Fashion Brand Design and Culture Bilingual Teaching Materials

时尚品牌与流行传播（双语）
Fashion Brands and Communication (Bilingual)

刘丽娴　主编

浙江工商大学出版社
ZHEJIANG GONGSHANG UNIVERSITY PRESS
·杭州·

图书在版编目(CIP)数据

时尚品牌与流行传播:汉、英 / 刘丽娴主编.
—杭州:浙江工商大学出版社,2021.1(2025.1重印)
ISBN 978-7-5178-4150-0

Ⅰ.①时… Ⅱ.①刘 Ⅲ.①消费品市场—高等学校
—教材—汉、英 Ⅳ.①F713.58

中国版本图书馆 CIP 数据核字(2020)第207332号

时尚品牌与流行传播(双语)
SHISHANG PINPAI YU LIUXING CHUANBO (SHUANGYU)
刘丽娴 主编

责任编辑	张莉娅　王黎明
封面设计	林朦朦
责任印制	祝希茜
出版发行	浙江工商大学出版社
	(杭州市教工路198号　邮政编码310012)
	(E-mail: zjgsupress@163.com)
	(网址:http://www.zjgsupress.com)
	电话:0571-88904980,88831806(传真)
排　　版	杭州朝曦图文设计有限公司
印　　刷	广东虎彩云印刷有限公司绍兴分公司
开　　本	787mm×1092mm　1/16
印　　张	18.25
字　　数	381千
版 印 次	2021年1月第1版　2025年1月第4次印刷
书　　号	ISBN 978-7-5178-4150-0
定　　价	65.00元

前　言

　　本教材结合了浙江理工大学浙江省丝绸与时尚文化研究中心时尚学建设的整体科研与教学目标。本教材的出版受浙江省普通高校第二批新形态教材建设项目资助，是"时尚品牌设计与流行文化双语系列教材"之一。其间还结合两个在线平台（爱课程和浙江省高等学校在线开放课程共享平台）的建设逐步完善，是浙江理工大学国际教育学院品牌与流行文化研究中心建设成果之一。作为浙江理工大学基层教学组织"时尚品牌与流行文化"的特色课程之一，本教材是对新时代背景下时尚现象、时尚系统、时尚社会生活中的时尚品牌研究与流行传播模式的探索。本教材主要面向艺术学专业本科生，同时作为"服装流行分析与预测"留学研究生课程改革项目研究成果，也适用于艺术学专业学位硕士研究生、设计学专业留学研究生。

　　教材编写团队包括主编刘丽娴副教授及所在研究团队的研究生们，有徐颖洁、汪若愚、王明坤、沈李怡、康瑜、朱倩倩、许鸣迪、郑嫣然等，支阿玲副教授整理了新形态系列教材的数字化资源。本教材从初稿到定稿历时四年，在此期间团队协作完成了系列双语教材的理论建构与新形态教学模式研究的尝试。

　　作为双语系列教材，本教材涉及中文部分为本课程中外合作项目多年的积累成果，受到纽约时装学院相关专家的指教，并借鉴美国时尚品牌的创设、运营、管理等模式过程与流行传播的前沿信息，聚焦和关注中国时尚的发展，具有创新性和互动性特点。本教材融入了时尚品牌领域前沿外文研究资料，并在提纲、关键术语、核心知识点与相关英文案例部分彰显本课程国际化特色双语、全英文教学多年实践的积累。

　　本教材出版之前，我们通过多种渠道与本教材使用的照片、画作、图片的作者进行了联系，得到了他们的大力支持。对此，我们表示衷心的感谢！但仍有部分作者未能取得联系，恳请相关作者与我们联系，以便支付稿酬。

编者

2019 年 7 月

浙江理工大学"时尚品牌与流行文化"课程组

写于北卡罗莱纳州立大学纺织学院

目录
CONTENTS

第二章 时尚与社会生活
Chapter Two Fashion and Social Life / 29

第三章   时尚演变历程
Chapter Three   Fashion Evolution / 53

第五章　时尚传播方式
Chapter Five　Fashion Communication Methods / 165

第六章　时尚产业与消费者
Chapter Six　Fashion Industry and Consumers / 225

第一章 时尚的现象
Chapter One Fashion Phenomenon

第一节 \ 导论
Introduction

时尚具有丰富的层次与维度，因而往往难以基于单一视角窥其全貌。从时尚与社会的关系看，两者以一种互为映像的关系存在，时尚还是时代精神的符号化表现和审美趣味集体选择的结果。时尚体现了整个时代的精神风貌，其影响因素包括社会、政治、经济、文化、地域等。当我们尝试解读时尚的地域与空间关系时，通过对时尚的存在空间、时尚与城市的关系、时尚的地域差异等方面的整理，可以解释时尚置于不同时间、空间所具有的丰富变化，以及时尚现象出现的历史必然性与其背后存在的内在规律。

Fashion has rich hierarchies and dimensions. Therefore, it is often difficult to get its panoramic view from an isolated perspective. From the perspective of the relationship between fashion and society, they exist in a relationship of mutual images. Fashion is also the symbolic expression of the zeitgeist and the collective choice for aesthetic tastes. Fashion reflects the zeitgeist of the whole era, influenced by factors including society, policy, economy, culture, region and others. When trying to interpret the relationship between the geography and space of fashion, through sorting out the space of fashion, the relationship between fashion and cities, and the regional differences of fashion, etc., we can explain the changes that fashion has had in different periods of time and space, and the historical inevitability of fashion phenomena and the inherent laws behind it.

第二节 \ 作为社会现象的时尚
Fashion as a Social Phenomenon

一、时尚的内涵 Connotation of Fashion

每每提及时尚，多与服装、饰品相关。但是当我们直面时

Every time we mention fashion, it is more related to costume and accessories. But when facing the

尚的内涵,恰恰发现时尚维度之交叠,层次之丰富。当下的种种时尚现象,早已超越了最初以"时装"为核心的概念范畴,变得与政治、经济、文化等领域的不同表现繁复交织。

connotation of fashion, we just find its overlapping dimensions and rich levels. The current fashion phenomenon has already surpassed the concept originally centered on "fashion", and has intertwined with different manifestations in the fields of politics, economy and culture, etc.

时尚,是社会变革与审美变迁的窗口,关联着无穷的事物,诸如人、物、空间、时间和事件等。每一个时代、社会都有相应的时尚文化成为最广泛的关注焦点。时尚内涵非常丰富,从大众心理与社会行为的视角,其特征可以理解为流行广泛、盛行一时的生活方式、品位修养、消费诉求乃至创意服务。时尚的维度非常丰富,对于一个国家而言,时尚是文化与经济相互赋能、互为表里的一种整体思想与文化策略。

对时尚进行社会学研究的先驱是美国制度经济学家托斯丹·凡勃伦(Thorstein Veblen)[1]和德国社会学家、哲学家格奥尔格·齐美尔(Georg Simmel)[2]。他们首先把时尚和人的社会定位、社会阶层分化及社会融合过程联系起来加以考察,得出的结论直至今天仍然具有巨大的影响和解释力。到20世纪中期,美国社会学家赫伯特·布鲁默(Herbert Blumer)[3]和法国社会学家皮埃尔·布迪厄[4](Pierre Bourdieu)进一步发展了时尚的社会学理论。赫伯特·布鲁默把时尚视为时尚消费者集体选择的结果,并对这种选择从经济学角度进行解释;而皮埃尔·布迪厄则提出了场域理论(Field Theory),强调人们对时尚的定义和认知实际上是一种文化资本的积累过程。

格奥尔格·齐美尔认为,时尚是在特定的社会环境中统合与分化的需求,时尚的驱动力来自社会阶级分化的外在要求,是社会造就了时尚。将时尚视为阶级区分符号的观点奠定了现代时尚理论的基础。

美国社会学家赫伯特·布鲁默指出,时尚的确立实际上是通过一个集中挑选的过程,是消费者不约而同集体选择的结果,影响集体选择结果的决定性因素就是设计的合适性及消费者对其潜在时尚性的依赖。阶级分化是集体选择形成的一种时尚现象,并非时尚的真正成因;不否认有闲阶级的时尚偶像等个体对时尚具有权威性和示范性,但他们不是时尚的创造者。

---

① 托斯丹·凡勃伦,挪威裔美国人,被推崇为制度经济学的创始者,主要著作有《有闲阶级论》(1899)和《企业理论》(1904)。

② 格奥尔格·齐美尔,主要著作有《货币哲学》和《社会学》。

③ 赫伯特·布鲁默,符号互动论的主要倡导者和定名人。

④ 皮埃尔·布迪厄,主要著作有《实践理论大纲》(1977)、《教育、社会和文化的再生产》(1990)、《语言与符号权利》(1991)和《实践与反思:反思社会学导引》(1992)。

综上所述,如图1-1,可以将时尚概括为:

1. 时尚是一种非主体的社会现象,它未曾作为一个独立的主体存在过,其与社会以一种互为映像的关系存在。时尚作为一种社会现象,其出现是偶发性事件与历史性必然共同作用的结果。

2. 不仅如此,时尚还是时代精神的符号化表现和审美趣味集体选择,社会政治、经济、文化、科技的变革迭代都会影响时尚本身。

3. 时尚以服装和饰品为主要载体,与其他周边产品共同构成时尚范畴。时尚是自我驱动力的集体选择与社会驱动力的阶级区分,前者是后者的内因,后者为前者的表现。我们无法用单一、固定的视角去审视时尚到底是什么,因为在历史长河中,基于过去、现在甚至未来,时尚都会在人类的整体文明进程中逐步向前推进。

1. Fashion is some kind of non-subjective social phenomenon. It has not existed as an independent subject. Fashion and society exist in a relationship of mutual images. Fashion as a social phenomenon, is the result of the inevitable interaction of accidental events and historical inevitability.

2. Besides, fashion is also the symbolic expression of the zeitgeist and collective choice for aesthetic tastes. The iteration of social politics, economy, culture and technology will affect fashion.

3. Fashion constitutes a category with other peripheral products, by taking clothing and ornaments as the main carriers. Fashion is the collective choice for self driving force and class distinction of social driving force. The former is the internal cause of the latter, and the latter is the performance of the former. We can't use a single fixed perspective to look at what fashion is, because in the long history, based on the past, present and even the future, fashion will gradually advance in the whole process of human civilization.

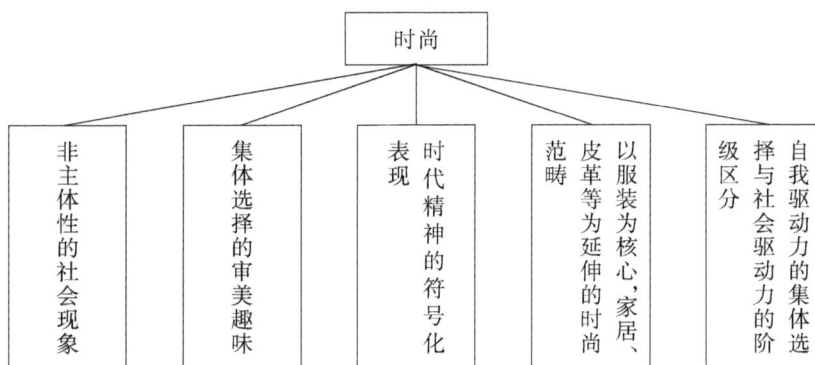

图1-1 关于时尚的内涵

5

二、时尚相关界定 Relevant Definitions of Fashion

（一）风尚。风尚是指那些流行生命周期非常短暂、无法预期，并且经常在出现相当大的热议度后，又在短时间内消失，使用的人数也在短时间内达到高峰后锐减，之后甚至可能销声匿迹的时尚现象。

（二）经典。经典是指那些生命周期较为平缓而持续时间较长的流行趋势，有着"不退流行"的时尚现象。不论各季的流行主题如何变化，这些经典的样式或元素持续受消费者青睐。

（三）流行。流行，被称为"迅速传播或盛行一时"。作为一种社会现象，流行的最大特点在于其跨越阶级，具有社会性，且已被大多数人所认可或感知。

（四）时尚。相对于前三者而言，其从程度、范围、对象等方面均有不同。时尚作为一种非主体性的社会现象，是以服装和饰品为主要载体，与其他周边产品等共同构成的时尚范畴。

换句话说，风尚、经典指流行的程度和持续时间；流行是一种社会现象与大众传播概念，它更多地与大众市场、大众选择、时尚消费群体联系在一起；时尚则是设计的最前沿部分，是社会新思潮的反映。

(1) Fad. Fad refers to those fashion phenomena whose life cycles are very short, unpredictable, and often occur after a considerably heated discussion, but disappear in a short period of time. The number of people who use it also peaks in a short period of time, and then may even reduce to zero.

(2) Classic. Classic means that the fashion trends are relatively flat and continuous, with a fashion phenomenon of "not retreating from the fashion". No matter how the popular themes change, these classic styles or elements continue to be popular with consumers.

(3) Popularity. Popularity is called "rapidly spreading or prevailing for a while". As a social phenomenon, the greatest feature of popularity is that it spans the class, and has been recognized or perceived by the majority of people with sociality.

(4) Fashion. Fashion is different from the above three in terms of degree, scope, and object, etc. As a non-subjective social phenomenon, fashion is a category constituted with other peripheral products, by taking costume and accessory as the main carriers.

In other words, fad and classic refer to the degree and duration of popularity; popularity is a social phenomenon and concept of mass communication, which is more connected with the mass market, public choice and fashion consumer groups; fashion is the most cutting-edge part of design and a reflection of new social trends.

三、时尚与社会 Fashion and Society

时尚发展至今已经成为普遍存在的社会现象。剖析时尚及描述其呈现的状态，需要将时尚置于更广泛的天地与更多维的视角中加以审视。

时尚作为社会的时尚，在其发展过程中，必然会受到政治、经济、文化等诸多因素影响。时尚，由崇尚和模仿而引起，具有某种标准形式，并且是流行于一定时期内的较为新颖的行为模式。它参与社会的整合，具有规范、协调、诱导等功能。时尚是一定的社会时代的产物，其形成、变化和发展与一定时代的社会结构等要素密切相关。因此，时尚本身也是一种社会现象。同时作为设计最前沿部分的时尚，每每直接映像社会前沿思潮，与社会人文思潮、艺术观念进行交流互动。

根据时尚的发展现状并结合其他研究者的相关分析，我们认为时尚的社会功能主要包括繁荣社会经济、丰富社会生活，以及促进社会观念变革和社会进步等方面。

（一）时尚驱动经济发展 Fashion Drives Economic Development

英国是第一个工业化国家，自18世纪开始棉布成为当时英国市面上流通的时尚面料。起初棉布主要用于替代各种居家用的亚麻布织物，后来逐渐发展成为制作服装的面料。在这种时尚的推动下，结合蒸汽机等当时的最新发明，催生了更加高效的纺织机器和纺织技术，推动了19世纪初英国的棉纺工业呈几何级数增长，后来英国便迅速成为一个工业化强国。英国的例子充分说明，时尚对社会经济发展起着重要的促进作用。这种作用主要表现在对于消费和生产的影响两个方面。因此，时尚刺激并引导消费，这是时尚带动经济发展的直接方式。每款时兴服装的生命都是易逝的，然而人们对于时尚服饰的追求热情却永不枯竭。时尚也随之通过促进消费，进而间接促进了社会生产的发展。

（二）时尚丰富社会生活 Fashion Riches Social Life

现代社会中，人们的生活节奏越来越快，工作压力也越来越大。因此，很多人在闲暇时开始寻求放松自己的方法，休闲时尚、娱乐时尚、运动时尚等着装方式的出现和流行与之呼应。

（三）时尚促进观念迭代 Fashion Promotes Concept Evolving

时尚作为一种特定的生活方式，对社会观念的变革起着重要的促进作用，很多社会观念的变革和进步最初往往由时尚所引发与推动。一种时尚刚刚兴起的阶段，往往与主流的社会观念、价值观相悖，使得社会上大多数人不理解甚至予以批判，但随着这种时尚的传播和发展，其所推崇的观念、价值观或行为方式会逐渐被越来越多的人所接受，从而促使整个社会观念做出相应的改变和调整,这种情况在历史上是很常见的。

首先,时尚能够促使个人主体意识与自我意识的觉醒。如青年男女在爱情和婚姻方面曾受到种种压制,无法完全根据各自的偏好和性格进行自主选择,这在一定程度上弱化了人们的幸福感。我国改革开放后,随着大量爱情歌曲的传播,一时间哼唱流行歌曲成为许多年轻人的时尚,这就直接影响了人们的爱情观,加强了人们对爱情和幸福婚姻的向往和追求。又如改革开放后,服饰、美容美发等方面的时尚在中国也很流行,许多人通过对这些时尚生活的追求彰显自己的个性,这些都极大地促进了个人主体意识和自我意识的觉醒。

其次,时尚还能激发和增强人们的开放、平等和宽容等现代意识。我国改革开放以来,人们的生活方式越来越多元化,由此带来了各种不同文化之间的碰撞,使得人们的开放、平等和宽容等意识不断增强。因此,时尚不仅能推动社会经济的发展,带来社会生活的多元化,还能促进社会观念的变革和社会进步。每一种时尚都代表着一定的新的生活理念和价值观。由于人们思想上的惰性和保守性,一些新的观念和价值观依靠自身的力量本来是很难得到传播和发展的,但是因为人们对时尚的热情追逐,这些观念和价值观也很快得到了传播和发展,逐渐为社会所接受。可以说,是时尚为它们的传播和发展提供了无可替代的强大动力。如近些年来,可持续理念已经成为一股强大的世界时尚潮流,当早年绿色环保概念刚刚出现时,曾有很多人不以为意,但随着这股时尚潮流的发展,绿色环保概念如今已经深入人心,成为世界各国政府和社会的共识。从一个社会的时尚变迁过程中,我们可以看出社会观念、社会价值观的演变轨迹。

如图1-2,20世纪50年代由上海自行车三厂开发生产的凤凰牌自行车的"凤凰"商标正式被批准,从此便得到了大众的认可,进入千家万户;并在2006年被评为"中华老字号",走出国门,走向世界。到了20世纪80年代,日本演员山口百惠主演的《血凝》获得了许多观众的喜欢,剧中人物幸子所穿的衣衫被称为"幸子衫",很快就成为青年女性热衷的款式。当时有这样的报道:"日本电视剧《血凝》上映期间,中国有家针织厂积极组织生产了一大批'幸子衫',迎合了一些青年人的弄潮心理,结果所产商品被抢购一空。"迪斯科(Disco)起源于20世纪70年代的法国,在80年代中期登陆上海,随着美国电影《霹雳舞》以及外国留学生在上海开办的舞会而风靡上海,人们对舞厅的热情一直持续到20世纪90年代末期。到了2000年以后,越来越多的人不再喜欢去舞厅跳舞,迪斯科这种形式也逐渐成为"过去式",成了一种逝去的记忆。

20世纪50年代	20世纪80年代	20世纪80/90年代
"凤凰"牌自行车	幸子衫	迪斯科

图1-2 20世纪50年代至90年代风靡的时尚现象①

四、时尚与产业 Fashion and Industry

时尚产业是一个融合文化与产业生产模式的集群,其基本结构可以分为三个层面:内在核心层、外围表现层和延伸扩展层。以消费者为中心,内在核心层指与美化人自身相关的时尚产业,如时尚、服饰、美容美发、礼仪设计等时尚产品的设计与生产;外围表现层指与人的饮食、起居、工作、学习、娱乐等生活方式相关的美化与功能实践,涉及装饰、家具、纺织品、家电、书籍、文具、玩具等产品的设计生产等;延伸扩展层指与人类生存发展相关的城市、社区、街道、工场及其建筑设计等,具体来看其至包括交通标识设计、建筑设计、校园文化设计等等。内在核心层、外围表现层

The fashion industry is a cluster of cultural and industrial production models. Its basic structure can be divided into three levels: the inner core level, the outer performance level, and the extended expansion level. The inner core level refers to the fashion industry related to beautifying people, such as fashion, clothing, beauty salon, etiquette design and other fashion products, taking consumers as the core; the outer performance level refers to the beautification and functional practice related to people's lifestyle, such as diet, living, work, study, entertainment, etc., involving the design and production of decoration, furniture, textiles, home appliances, books, stationery, toys, etc.; the extended expansion level refers to cities, communities, streets, workshops and their architectural design, etc., which are related to human survival and development, even specifically including traffic sign design, architectural design, campus culture design and so on. The inner core level, the outer performance level and the extended expansion level

---

① 图片来源:视觉中国官网 https://www.vcg.com 2019-08-15。

和延伸扩展层互为支撑,共同承载时尚文化,见图1-3。

support each other and jointly carry the fashion culture. See Figure 1-3.

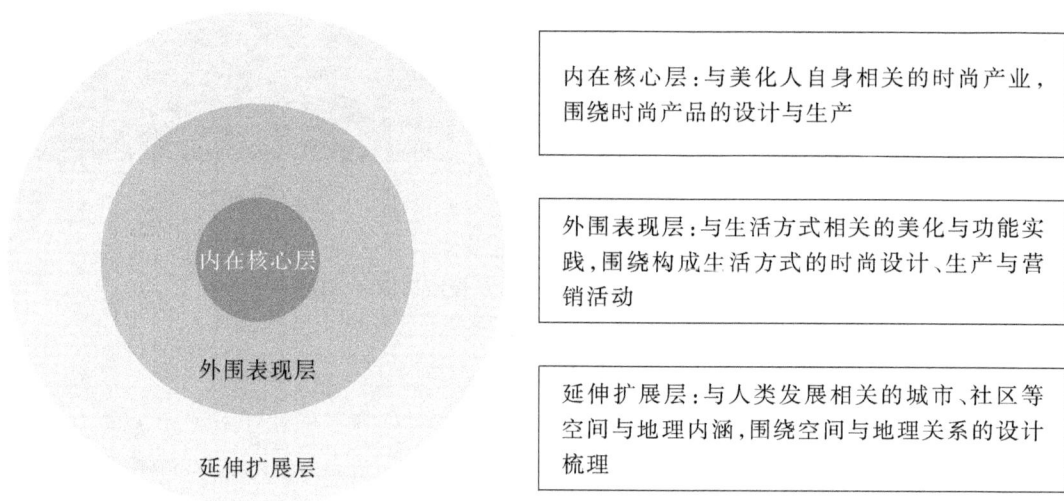

内在核心层:与美化人自身相关的时尚产业,围绕时尚产品的设计与生产

外围表现层:与生活方式相关的美化与功能实践,围绕构成生活方式的时尚设计、生产与营销活动

延伸扩展层:与人类发展相关的城市、社区等空间与地理内涵,围绕空间与地理关系的设计梳理

图1-3　时尚产业结构层次划分

五、时尚的特点　Characteristics of Fashion

（一）时尚的新奇性　Novelty of Fashion

时尚来自外部,由此达到特殊的社会化效果,而社会化是通过与位于外部世界某个共同连接点的关系而产生的。在许多情况下,社会因素看起来似乎如视觉轴线,最有可能集中于某个距离不太近的焦点上。因此,除了向心的、社会化的成效之外,时尚这一事实也显示出一种变易性、一种变化欲望的满足。利用人类追求新奇的心态,新颖和奇特成为时尚吸引人的磁石。当然,绝对的新颖和奇特未必总是存在的,但相对新颖是时尚的永恒法则。从这一角度看,时尚是永恒和短暂的混合体。时尚的更替经常徘徊在各种对立中间,因为唯有在这些对立中,人们才能正确地意识到时尚的更替。①时尚的新奇性是时尚最显著的特征之一,研究时尚的新旧交替,具有超越哲学范围的现实意义。

（二）时尚的从众性　Stereotype of Fashion

在社会学的关系中,时尚是一种阶层划分的产物。社会形式、服饰、审美判读、自我表现的整体风格,在持续不断的形成过程中都可以通过时尚得到理解与解释,以至"时

---

① 格奥尔格·齐美尔:《时尚的哲学》,费勇译,北京文化艺术出版社2001年版,第250页。

尚"——新颖的时尚,无论怎样都仅仅效仿较高阶层。群体中只有一少部分人领导时尚,整个群体不过是跟随潮流而已。时尚并不是现存恒定的状态,而是在时代背景不断变迁的情况下持续变化中。一旦那些原本只有少数人追求的时尚无一例外地影响到所有人,就不可以再称其为"时尚"了。

时尚是既定样式的模仿,它满足了社会调适的需要;它把个人引向每个人都在前行的道路,它提供一种把个人行为变成样板的普遍性规则。模仿是指自觉或不自觉地模拟一个榜样的行为,也是一种使组成某一共同体的人做出相同举止行为的群体性社会心理现象。当个人的行为举止、生活方式通过群体性模仿心理而变成一时流动、扩散的社会现象时,时尚带动的流行就形成了。

(三)时尚的奢华性 Luxury of Fashion

德国著名学者伊曼努尔·康德在其《实用人类学》中写道:"人的一种自然倾向是,在自己的行为举止中与某个更重要的人物做比较(孩子与大人相比较,较卑微的人与较高贵的人相比较)并且效仿,这种模仿的法则就叫时髦。"他进而指出,时髦是归在虚荣、追求豪华奢侈的名下的,它是由于某种契机,得到一些高雅、富有人士的青睐,并被其他人所模仿的东西。

追求奢华是大众的普遍心理特征之一。巴洛克、洛可可风格的古典主义设计风潮在历史的舞台上无数次上演。20世纪70年代,在英美及北欧国家发生了一系列的手工艺复兴(Crafts Revival)现象。设计思想在不同的文化背景下却是殊途同归,都非常向往失落已久的手工艺时代,要使设计回到前工业设计时代精致而豪华的美学标准。[1]

(四)时尚的人本性和设计性 Human Nature and Designability of Fashion

从时尚的内容可以看出,时尚是依附于人而存在的。从时尚的产生看,人的行为是时尚的根源;从时尚的功能看,时尚是为体现人的感受和情绪。正是因为时尚的人本性,现代时尚体现出强烈的设计性;当然这种设计是一种广义的概念,在这种概念下,时尚可以被有意识地创造、压制或者推广。

(五)时尚的城市性和群体性 Urbanity and Community of Fashion

自从有了城市以后,城市就成为时尚的焦点和榜样,时尚通常按照大城市、中小城市、农村的顺序加以传播。时尚属于一种群体性行为,其基本特征是从众。时尚在某一群体中按照上传或者下传方式传播并呈现常态分布,不同群体中的时尚具有相互影响或者传播的可能。

---

[1] 张宪荣:《现代设计词典》,北京理工大学出版社1998年版,第210页。

（六）时尚的时效性和可预期性 Timeliness and Predictability of Fashion

时尚的新颖和奇特注定使其具有时效性并进而具备时代特色。当时尚传播到一定的规模，按照模仿－界限理论，时尚先驱就会去创造新的时尚，因此时尚是预期会发生变化的。时尚行业也正是利用这样的原理来进行流行预测及发布乃至有预谋地创造时尚的。

（七）时尚的文化性和经济性 Culture and Economy of Fashion

时尚是一种文化系统，必然具有文化特性，其已经成为后现代社会文化的重要表征。仅就作为文化重要组成的习俗而言，它是时尚的凝固，而时尚则可以看作流动的习俗。时尚与人的物质创造和享用密切相关，并因为其对于新颖、奇特的追求以及人本性和设计性，推动和加速了物质的创造和消费。这也是本书将时尚力量分为文化力和经济力的原因所在。

第三节 \ 时代精神与时尚观念
The Zeitgeist and the Concept of Fashion

一、时代精神与时尚品味 The Zeitgeist and the Taste of Fashion

时代精神指某段时间或时代的主流观念与思维方式，每一个时期的时代精神能在特定的时间激发社会群体行为的主要支配理想和信念，是一种思维方式与美学范式。

The zeitgeist refers to the mainstream concept and thinking mode of a certain period of time. The zeitgeist in each period can motivate the main ideals and beliefs of social group behavior at a specific time. It is a thinking mode and aesthetic paradigm.

zeitgeist是一个德语词汇，zeit是时间的意思，geist指精神，来源于德国哲学家黑格尔（Hegel）[①]首创的精神哲学中的一个术语。黑格尔的精神哲学不只是针对个人，而是把社会、国家甚至整个人类历史视为在不同层次上都有信念、目的、意向可言的主题，然后整理它们的信念目的与意向等与行动之间的相互关系，尝试理解个别的社会结构和国家制

---

① 黑格尔：德国19世纪观念论哲学的代表人物之一，其生活的时代晚于康德。黑格尔的思想，标志着19世纪德国唯心主义哲学运动的顶峰，对后世哲学流派，如存在主义和马克思的历史唯物主义都产生了深远的影响。

度如何反映和落实那些社会和国家的精神特质。所以,时代精神可以用来形容一个时代整体作为精神特性和各种意向性质的主体,是一个时代特有的普遍精神实质,也是一种超脱个人的共同集体意识表现。

时尚是整个时代精神风貌的反映与表现,是生活审美的载体并物化于特定群体的生活方式中。作为一种复杂的社会现象,时尚体现了整个时代的精神风貌,包括社会、政治、经济、文化、地域等多方面因素,与社会变革、经济兴衰、人类文化水平、消费心理等紧密相连,其所体现的是某一个时代或时期的人们对于日常生活形式的美化。生活的各个方面都承载了当时人们的审美观念,表现出与之前相似或不同的形式,与之前相似的是传统,而不同的是时尚。

在时尚变化发展的过程中,流行是其必不可少的推动力。流行涉及社会生活的各个领域,既可以发生在一些日常生活的最普通领域,以特定的物质形式为载体而形成流行,例如服饰、饮食等方面;也可以发生在社会的日常接触和生活中,以各种各样的符号或象征等构成传播,如语言、娱乐等方面;还可以发生在人们的意识形态活动中,是创造流行产品的精神思想因素,如文艺、宗教、政治等方面。因此,流行是一种普遍的社会现象,是指在一定历史时期,一定的区域或全球范围内,由一定数量范围的人,受某种意识的驱使,以模仿为媒介,迅速地接受符合自己的价值观念、思想意识、认知方式的事物,从而使其在短时间内大量同化、广泛扩散的社会现象。

如上所述,时尚的变化发展是通过流行的驱动才得以实现的,在传播的作用下时尚才能成为流行,能够被传播的时尚才是有意义的。一旦被模仿者发觉自己与模仿者难以区分时,便会寻求变化以示区别。在这变化的过程中定会受到时代的影响,经济贸易摩擦、文化碰撞等都会影响时尚领导者对于下一个时尚的抉择。因此,时尚中蕴含着当时的时代精神。每一个时代的品味都是从一个特定群体的品味开始形成的,这个特定的群体通过一些具体的风格形式将自己的品味表达出来,为大众所效法,于是就形成了一个时代的品味和时尚。

As stated above, the change and development of fashion is realized through the drive of popularity. Under the influence of communication, fashion can become popular, and only fashion that can be spread is meaningful. Once the imitated finds himself indistinguishable from the imitator, he or she will seek change to show the difference. In the process of this change, it will be affected by the times. Economic and trade frictions, cultural collisions, etc., will influence fashion leaders' choices for the next fashion. Therefore, fashion contains the zeitgeist at that time. The taste of each era is formed from the taste of a particular group. This particular group expresses its own taste through some specific styles, which is imitated by the public, thus forming taste and fashion of an era.

二、时尚观念与审美趣味 The Concept of Fashion and Aesthetic Taste

时尚观念,顾名思义指将时尚视作什么,是各个时期社会主流群体对于时尚的审美趣味选择。任何一种样式要想成为时尚,必须为大众的美学理念所认可,同时它的被消费方式相对便利并包容于一定的社会氛围。时尚不仅仅是一种流行文化现象,也是个人审美的产物,还是一种社会产品。在历史长河中,时尚总是受时代精神下主流群体的集体选择驱动,如旧资产阶级与沙龙驱动的时尚,新兴资产阶级与设计师驱动的时尚,年轻一代与街头文化驱动的时尚,20世纪艺术与时尚的交织,亚文化群体运动的时尚以及边缘与细分市场的时尚。

The concept of fashion, as the name implies, refers to what is the choice for aesthetic taste of fashion mainstream groups in various periods. If any style wants to be fashionable, it must be recognized by the public's aesthetic concept, and its consumption mode is relatively convenient and inclusive of a certain social atmosphere. Fashion is not only a phenomenon of popular culture, but also a product of personal aesthetics, and a social product. In the long history of the world, fashion is always driven by the collective choice of the mainstream groups under the zeitgeist, such as the old bourgeoisie and salon-driven fashion, the emerging bourgeoisie and designer-driven fashion, the young generation and street culture-driven fashion, the intertwining of art and fashion in the 20th century, the fashion of subculture groups and the fashion of the marginal and segmental market.

如图1-4,时尚观念映射各个时期社会主流群体对于审美趣味的选择。审美趣味是经验的产物,它通常是由一个最初很模糊的概念发展为一个精练且稳定的状态,但一旦形成,就会衰退和瓦解。它是在社会互相活动的环境中形成的。那些生活在共同的社会交往中并有相似经历的人会形成共同的趣味。在最初阶段,大众品味是杂乱的、含糊其词的以及需要明确指导的。通过样式选择和建议,时尚的倡导者勾画出大致的轮廓,这样初级的品味就可以得到客观的表达和规范的形式。大众品味需要通过依附和体现特定的社会形态来完成它的精练和规范。

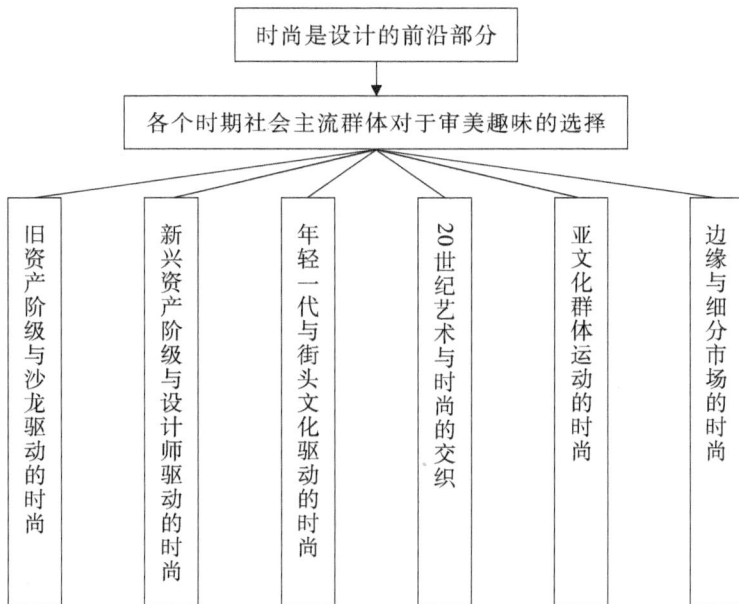

图1-4　各个时期主流群体对于审美趣味的选择与时尚观念的不同诠释

第四节 | 时尚的维度
Dimensions of Fashion

一、时尚的空间维度 The Spatial Dimension of Fashion

城市的存在为时尚的发生与发展提供了可能。城市所具有的快节奏、变化性和多样化等特点,意味着时尚可以在这样的境遇中存在,更加有利于凸显其指示和意指的功能,时尚因此而充满了对时间或时机境域的隐喻。[①]作为时尚城市的典型案例,我们通过法国巴黎作为时尚中心与城市间的关系加深探讨。

以最早的时尚中心巴黎为例。18世纪早期,宫廷贵族的支持与纺织工业的发展,促使法国成为时尚中心。在法国,缝制衣服的高超技艺被称为高级时装制作,"高级时装之父"查尔斯·沃斯(Charles Worth)是第一个独立开店销售自己设计的服装并获得成功的时装设计师。此后,很多私人手工作坊的业主都仿效沃斯纷纷开办时装商店,成为连接过去以贵族为主要消费者的流行时装和当时大众化时装制作的桥梁。如图1-5为1910

---

① 卞向阳:《时尚产业与城市文明》,上海东华大学出版社2010年版,第166—170页。

年沃斯高级时装屋店内景象。随着这些高级时装商店的兴起,巴黎的国际高级时装市场开始形成。在100多年的时间里,巴黎的高级时装设计师可谓影响巨大,他们引领欧洲以及整个西方世界的时装潮流。那些由他们设计的身着小型法国高级时装新款的人偶模特,从巴黎被送往各地展出。当时绝大多数人买不起这些昂贵的高级时装,只能设法按照时装的样式仿制新款服装。法国是当时世界时尚的圣殿,充满对其高级时装的文化自信。借由当时法国上流社会引导的时尚风潮,来自海外的订单和慕名而来的顾客络绎不绝,共同构成了当时乃至今日依然具有影响力的时尚中心——法国巴黎。

图1-5　1910年沃斯高级时装屋与2018年法国巴黎时装周期间的街头时尚现象①

二、时尚的地域维度 The Geographical Dimension of Fashion

由于经济社会条件和历史文化传统的不同,世界上各个国家和地区的生活方式都会有各自的特点,其时尚表现也有所不同,由此形成了因地域差异与文化类型不同而出现的不尽相同的时尚现象。

（一）欧美时尚 European and American Fashion

从世界时尚的发展史来看,时尚主要起源于14—17世纪欧洲文艺复兴时期的意大利、法国、德国等,因此这些西欧国家在时尚方面具有比较悠久的历史传统。这种传统一直延续下来,从而使这几个国家成为世界时尚的中心和引领者,它们在时尚的表现形式上有一些共同的特点。米兰、巴黎、伦敦和纽约被称为世界四大时尚之都。

1. 意大利时尚 Italian Fashion

意大利时尚与本国历史文化名胜结合紧密,意大利设计也多推崇这一点。其反映在时尚表现中的一个典型案例就是,正是因为认识到意大利历史与文化对意大利时尚品牌

———————————
① 图片来源:VOGUE官网。

的巨大价值,欧洲品牌多主动承担意大利名胜古迹的修复责任。如图1-6,古驰(Gucci)与宝格丽(Bvlgari),此类品牌分别主动修复罗马许愿池和西班牙台阶。品牌文化与区域文化紧密结合,原产国文化与历史血统作为品牌战略战术贯穿于时尚品牌全方面表现。

图1-6　Gucci与Bvlgari分别位于罗马许愿池和西班牙台阶的店铺

2. 法国时尚 French Fashion

法国在16世纪取代意大利成为欧洲文艺复兴运动的中心。此后,法国一直是欧洲乃至世界的时尚中心。其优雅时尚的生活方式历来著称于世,对世界上的许多国家和地区都具有深刻的影响。法国的时尚生活方式突出表现在化妆品、服饰、奢侈品以及建筑、饮食等方面,尤以香水为代表的时尚化妆品具有悠久的历史和精美的品质,数百年来一直引领着世界时尚化妆品市场,占据了世界时尚化妆品市场的巨大份额。目前法国仍然是世界化妆品的第一生产大国。自1997年开始,法国还在巴黎推出了全球唯一的24小时滚动播出的专业时尚电视频道FTV(如图1-7),其节目内容包括发布当今全球时尚流行趋势和时装品牌、时尚设计师作品展示、名模介绍和国际模特赛事以及各国的时装周和服装博览会信息等,在全球130多个国家和地区拥有众多家庭观众。

图1-7　法国专业时尚频道FTV节目①

① 图片来源:搜狐时尚网。

3. 英国时尚 British Fashion

英伦风格,作为英国时尚的典型样式之一,源于英国的维多利亚时期。英伦风格以自然、优雅、含蓄、高贵为特点,运用苏格兰格子、良好的剪裁以及简洁修身的设计,体现绅士风度与贵族气质。

伦敦时装周是国际四大著名时装周之一,相对于其他三个而言,无论是其规模、影响力还是成交额等都是末位,但是反差巨大的时尚风格始终使之充满惊喜。

英国时尚是保守和先锋的并存。一方面,在伦敦中央圣马丁学院(Central Saint Martin)完全开放式教育理念培养下,出现了一大批颠覆传统集聚创意的设计师,其中以约翰·加里阿诺(John Galliano)和亚历山大·麦昆(Alexander McQueen)为代表,他们以另类服装设计概念和奇异的展示形式出名。一些"奇装异服"总能以别出心裁的方式展现出来,为时装业带来惊喜。另一方面,在传统宫廷文化和绅士风格的引领下,以巴宝莉(Burberry)为首的经典英式风格和萨尔街的传统男装定制在多年的积累下经久不衰。

4. 美国时尚 American Fashion

相比较而言,美国建国的历史比较短,时尚产业也相对年轻。1776年,美国正式成为一个独立的国家,此时英国的工业革命已经开始,所以美国自诞生以后很快就进入了工业化时期。美国历史和民族特点在它的时尚上也表现了出来:一是以工业时尚为主;二是与西欧国家的时尚存在渊源关系。从第一点来看,美国建国以后快速地实现了工业化,其工业的发展速度和水平都大大超过了英国等老牌工业国家,在它的国民生活方式包括时尚上都打上了深刻的工业化烙印,主要表现在美国影响最大的、在世界上处于领先地位的时尚一般都可以被称为"工业时尚",即其是建立在机器大工业基础之上,而不是像西欧国家的服饰时尚等建立在工场手工业基础上的。此外,美国还是一个现代娱乐时尚大国,其动漫和游戏的生产与消费目前都居世界第一位。美国纽约市从1993年开始每年举办两次时尚周活动,目前规模已经达到4.6亿美元,有800多家时尚公司参加。一年两次的时尚周成为纽约市仅次于银行金融业之后的第二大产业,借助纽约时尚周,美国如今也进入了全球服饰时尚的先锋行列。除此之外,纽约市每年还要举办70多项大型时尚贸易活动,拥有5000多个时尚展示厅。

（二）亚洲时尚 Asian Fashion

中国是历史文化悠久的东方文明古国,在生活方式上具有深刻而又丰富的文化内涵。中国人的生活方式一般比较平和含蓄,同时具有很强的从众和模仿心理,这就导致时尚的因素也深深地植根于生活之中,在各个时期以不同的形式表现出来。中国古代的生活方式,就常常表现出一些与现代时尚相近的社会现象,比如,各个朝代都流行一些特定风格的服饰、发型和礼仪等。再比如,不同朝代审美标准迥异。春秋战国时期,女子以纤瘦为美;到了唐代,女子的体型又以丰腴为美,这在唐代留下的壁画、雕塑等各种历史文化遗迹中可以清楚地看出;到了清代,社会上已经直接出现了"时尚"一词,在服装的样式上已经讲究时尚,如在清代钱泳①所著的《履园丛话·艺能·成衣》中,就有"今之成衣者,辄以旧衣定尺寸,以新样为时尚,不知短长之理"这样的描述。

自清代以后,中国时尚的发展大体上经历了三个阶段。第一个阶段是20世纪20—40年代,这一时期西方的生活观念和生活方式通过各种途径影响到中国,特别是上海、天津等设立了租界的大城市,更加直接地受到了西方生活方式的影响。在西方流行的一些时尚此时纷纷流入,同时一些带有民族风格的时尚也纷纷出现,如当时在上海十分流行的女子的大波浪式发型和中式旗袍等(如图1-8)。第二个阶段是1949—1978年,这一时期的时尚以一种特定的形式表现了出来。如20世纪60年代末年轻人特别崇尚草绿色的军装、军帽,后来有一段时间又流行穿工人的工作服等。第三个阶段是1978年以来,中国社会发生了巨大而深刻的变化。一方面,国民经济保持了持续快速的增长,人民的生活水平和生活质量大幅提升;另一方面,思想解放和对外开放的步伐不断加大,人们的思想观念和生活方式日益朝着多元化的方向发展。在这种形势下,时尚也开始以前所未有的蓬勃发展之势进入社会生活,表现为各种世界时尚品牌纷纷进驻中国的大中城市,各个生活领域中的时尚现象纷纷出现,并且以很快的速度不断变换,国民的时尚观念大大增强,对各种时尚商品的消费量和消费额大幅增加(图1-9)。

图1-8　20世纪30—40年代上海女歌星装扮

图1-9　20世纪80年代街头女性②

① 钱泳(1759—1844),原名钱鹤,字立群,号台仙,一号梅溪,清代江苏金匮(今属无锡)人。工诗词、篆、隶,精镌碑版,善于书画,作印得三桥(文彭)、亦步(吴迥)风格。有缩临小汉碑,集各种小唐碑石刻行世。代表作有《履园丛话》《履园谭诗》《兰林集》《梅溪诗钞》。
② 图片来源:视觉中国官网。

日本自19世纪末明治维新之后，走上了全盘西化和资本主义之路，迅速实现了工业化和现代化，成为亚洲经济强国。这一历史背景使它在生活方式上与欧美国家有很多相似之处，具体表现为国民的时尚观念很强，无论男女老幼都十分注重仪表和穿着打扮，喜好一切新事物、新品牌。日本对时尚的推崇，加上强大的经济实力，使得它虽然人口规模较小，却成为时尚消费和生产大国。日本的时尚消费有一个鲜明的特点，就是特别钟爱各类奢侈品名牌，人们将路易·威登手袋、爱马仕丝巾等奢侈品名牌看作身份的象征。日本连续多年保持了世界奢侈品消费第一大国的地位，不到1.3亿人口的日本，2006年的奢侈品消费居然占到全球消费总量的47%。近年来，这种状况有所改变，消费者的观念开始由奢侈品这种经久耐用的"慢时尚"向服饰之类更新换代较快的"快时尚"转变。近年举行的"东京女孩"时尚盛典吸引了众多日本观众，在世界上也产生了较大影响。在时尚生产方面，日本与美国有些相似，其依托工业和科技的汽车、动漫等时尚产业都相当发达。日本在汽车上拥有丰田等世界时尚品牌，其动漫生产也仅次于美国。此外，受消费的影响，日本在化妆品生产等方面也拥有一批时尚名牌，如资生堂等。

韩国是与日本在很多方面都比较类似的东亚国家，在时尚方面也有不少共同点，特别是在影视方面。21世纪初，韩国推出的一系列特色鲜明的青春题材影视剧，代表了世界影视的时尚，产生了风靡世界的效果，被人们称为"韩流"。不过，在以奢侈品为代表的时尚消费的总体水平上，韩国与日本还是存在一定的差距的。

第五节 \ 相关案例
Case Study

一、北卡罗莱纳州立大学校园文化与时尚现象 Campus Culture and Fashion Phenomenon of NC State University

北卡罗莱纳州立大学（以下简称NCSU），是一所成立于1887年的美国顶尖公立研究型大学。北卡罗莱纳州立大学将"狼"（Wolf）作为其校园吉祥物，在其校园官方商店（Wolfpack Outfitters）销售极具吉祥物特征的纪念物以及各色合作款商品，如图1-10为线上商店，图1-11为实体店铺。

图 1-10　NCSU 线上旅行用品商品页面①

图 1-11　实体店 Wolfpack Outfitters

　　北卡罗莱纳州立大学拥有自己的篮球队且战绩辉煌,球队名为北卡罗莱纳州立大学狼群队(North Carolina State Wolfpack),如图 1-12 所示。原队名为"红色恐惧"(Red Terror)的北卡罗莱纳州立篮球队在"二战"之后得到重建,特聘功勋教头埃弗雷特·凯斯(Everett Case)入主球队,并建成顶级规模的雷诺体育馆。一时之间,篮球取代政治成为北卡罗莱纳州人最乐于讨论的话题,当地的报纸甚至撰文称 NCSU 所在的城市——洛利(Raleigh)为"世界篮球的中心"。

图 1-12　NCSU 篮球队"狼群队"(Wolfpack)②

① 图片来源:NCSU 球队 Wolfpack 线上商店官网。
② 图片来源:NCSU 官网。

由于美国的校园文化十分浓厚，许多本校的学生或热爱该校的年轻人都会购买 NCSU 自主设计的校园产品。因此，在其校园官方网站销售的产品中不难发现"NC"及 "S"与吉祥物结合设计的踪影。图 1-13 官网销售的产品中体现了美国校园运动文化，这 与 NCSU 倡导的球类运动比赛息息相关。除了大量主题活动、合作款商品，NCSU 还和哥 伦比亚（Columbia）、美洲鹰（American Eagle）、魔力斯奇那（Moleskine）等国际品牌跨界合 作，推出校园文化时尚系列产品。

图 1-13　NCSU 线上销售的产品[①]

学校积极通过线上投票对球赛服设计进行竞选，如图 1-14 所示。T 恤设计项目不仅 为学校球队提供了宣传，更给予了展现校园文化创新的机会，使更多时尚元素不断融入 校园球赛文化。

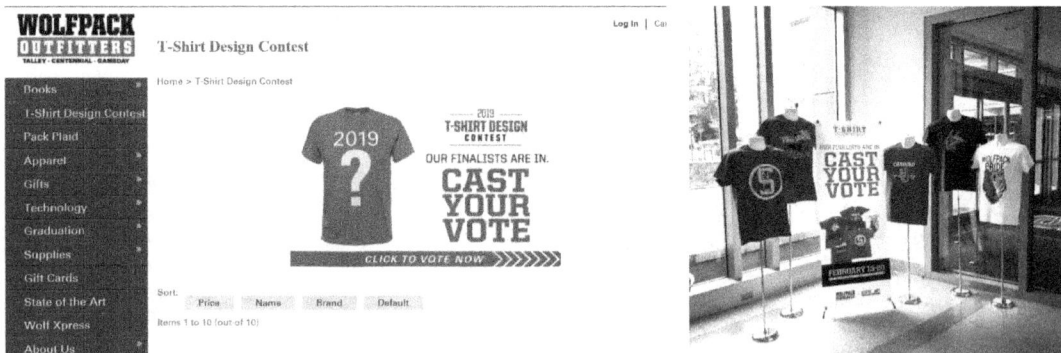

图 1-14　NCSU 球赛服设计竞选投票[②]

在线出售的服饰中，代表设计元素除了红色、黑色、白色外，还有标志性的格纹纹样。 经典的色彩运用突出了 NCSU 的标志性特征，使得大众能够很快地确认这是属于 NCSU

---

①② 图片来源：NCSU 球队 Wolfpack 线上商店官网。

的标志,也重新赋予了其传统风格中的时尚生命力。如图1-15中所出售的NCSU极具标志性色彩的服装。

Short Sleeve Tee - Charcoal Grey - Pack Plaid State $16.99

Short Sleeve Tee - Red - Pack Plaid State $16.99

Short Sleeve Tee - Black - Pac Plaid State $16.99

Long Sleeve Tee - Red - Holiday Tartan Ornaments

Long Sleeve Tee - Black - Holiday Tartan Snowflakes

Custom Pack Plaid Flannel Shirt - Block S Logo $49.99

图1-15　NCSU极具标志性色彩的服饰①

商店里销售的产品琳琅满目,除了男装、女装和童装外,生活及户外用品也是层出不穷。带有标志性校园标识与吉祥物的水杯、汽车用品、孩童用品、宠物用品等都十分具有特色。可见传统的校园文化元素运用在各类丰富的产品上,拓宽了校园产品销售的维度。各类创意衍生时尚产品,如图1-16所示。

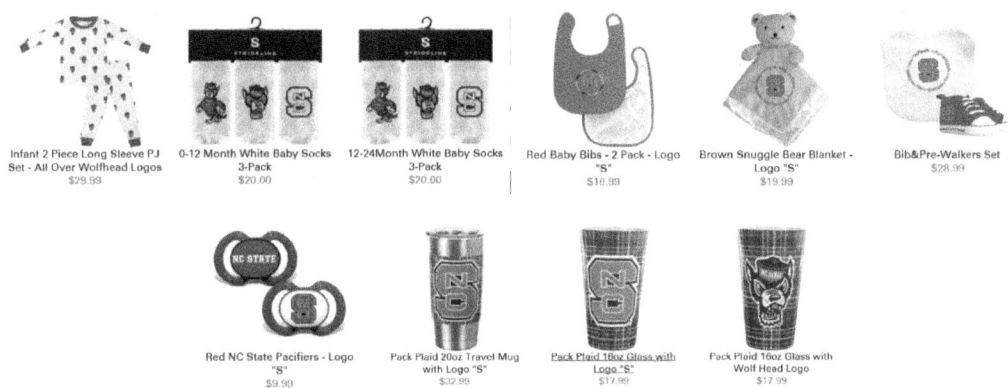

Infant 2 Piece Long Sleeve PJ Set - All Over Wolfhead Logos $29.99

0-12 Month White Baby Socks 3-Pack $20.00

12-24Month White Baby Socks 3-Pack $20.00

Red Baby Bibs - 2 Pack - Logo "S" $16.99

Brown Snuggle Bear Blanket - Logo "S" $19.99

Bib&Pre-Walkers Set $28.99

Red NC State Pacifiers - Logo "S" $9.99

Pack Plaid 20oz Travel Mug with Logo "S" $32.99

Pack Plaid 16oz Glass with Logo "S" $17.99

Pack Plaid 16oz Glass with Wolf Head Logo $17.99

图1-16　创意衍生产品②

①② 图片来源:NCSU球队Wolfpack线上商店官网。

在校园内,我们也能看到穿着标志性校园图案服装的学生,这不仅代表着学生对自身校园文化的自信,而且为校园产品提供了宣传价值。同时,NCSU官方网站也会借力时尚事件(事件性促销),关联校园文化,共同促成校园情结与时尚现象,如图1-17所示。

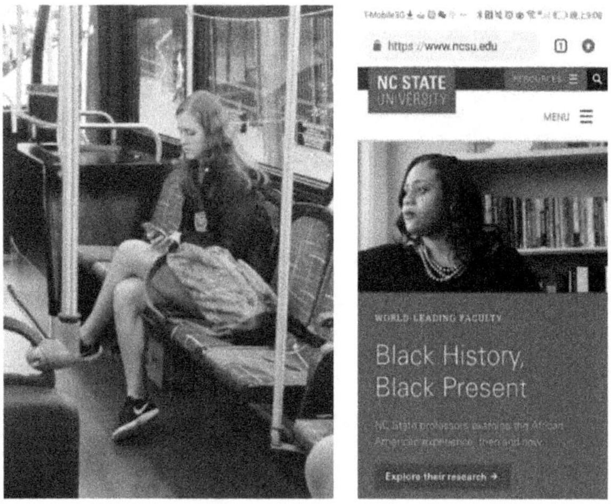

图1-17　校园文化体现①

二、波士顿大学校园文化与时尚现象 Campus Culture and Fashion Phenomenon of Boston University

波士顿大学(简称BU)是一所位于美国马萨诸塞州波士顿市的著名私立研究型大学,有着丰富的体育竞技经验。它不仅是著名的美式橄榄球"新英格兰爱国者"组织成员之一,也拥有格外悠久的冰球历史。2009年,波士顿大学男子冰球校队赢得全美总冠军,校队主色是猩红色(Scarlet),队伍昵称为"㹴犬"(Terriers),吉祥物是一条项圈带刺、叉手、咧嘴的小猎犬,名唤"瑞德"(Rhett)。"瑞德"命名的灵感,来自美国20世纪30年代畅销小说《飘》中的经典名句——"世上再没人比瑞德更爱思嘉了"(No one loves Scarlet more than Rhett)。《飘》中女主角郝思嘉(Scarlet O'Hara)的名字,恰与猩红色的英文同字,而"瑞德"即源自男主角白瑞德(Rhett Butler)的名字。由此,㹴犬瑞德也逐渐成为波士顿大学的标志性元素之一。波士顿大学的校园书店巴诺书店(Barnes & Noble,美国最大的零售连锁书店)中,随处都能见到带有"BU"字样和㹴犬瑞德形象的各类时尚品牌合作产品,如图1-18所示。

扫一扫

① 图片来源:NCSU官网。

图1-18　波士顿大学巴诺书店中随处可见的合作产品

在合作品牌选择方面,波士顿大学非常注重合作品牌的品牌定位。由于其丰富的体育校史,在服装方面,波士顿大学选择与冠军(Champion)进行合作。冠军创建于1919年,一直以积极进取、健康科学的运动生活为品牌宗旨;同时,冠军的目标消费群体一直是喜爱时尚的年轻群体。在合作产品设计方面,品类多样,棒球帽、T恤、卫衣、运动裤等等都有涉及;整体设计多强化学校或是学院标识,突出校园文化,而非品牌标识。如图1-19所示为冠军与波士顿大学合作的T恤,使用了标志性的猩红色,波士顿大学的名称和狸犬瑞德标志格外明显,仅在袖口处略带一处小型的品牌标识。不仅是服装品牌,文具也是大学生的必需品之一。在文具品牌方面,波士顿大学选择与意大利品牌魔力斯奇那合作,如图1-20所示。魔力斯奇那的笔记本在拥有高品质、高格调的同时,将自身品牌定位在创新和创意上,这正与波士顿大学文科与艺术教育提倡的理念相一致。纵观这两个案例,不难发现波士顿大学与时尚品牌合作的目的在于借势时尚品牌,在学生群体中宣传校园历史与文化,同时激发学生群体的集体归属感与认同感。

图1-19　波士顿大学与冠军合作的T恤　　图1-20　波士顿大学与魔力斯奇那合作的笔记本

第六节 \ 小结
Summary

　　时尚,是社会变革与审美变迁的窗口,关联着人、物、时间、空间和事件等。每一个时代、社会都有相应的时尚文化成为最广泛的关注焦点。本章综合分析时尚的内涵与维度,将时尚的定义分解为以下几个层次:首先,时尚是一种非主体性的社会现象,它未曾作为一个独立的主体存在过,时尚与社会以一种互为映像的关系存在着,不分彼此;其次,时尚是时代精神的符号化表现和审美趣味的集体选择,社会政治、经济、文化、科技的变革迭代都会影响时尚本身;最后,时尚以服饰为主要载体,与其他周边产品等共同构成的范畴。综上所述,本章整理了时尚的相关概念,以及其与社会、产业之间错综复杂的关联,进一步归纳时尚的空间与地域维度,最后结合两个典型案例加深学生对时尚概念的理解。

第七节 \ 提问与思考
Questions and Thinking

　　(一)本章案例中提及的校园文化与时尚是如何结合的? 尝试结合你所在校园的文化谈谈自己的看法。

　　(二)结合本章学习,谈谈关于时尚与社会、产业的关联。尝试结合你所在的城市风格、文化底蕴、时尚现象展开综合分析。

　　(三)谈谈你所观察到的身边的某一时尚现象,联系本章关于时尚概念的解读,尝试结合分析。

第八节 \ 关键词
Key Words

fashion phenomenon 时尚现象   fashion 时尚

fad 快潮/风尚   classic 经典

popularity 流行   fashion industry 时尚产业

zeitgeist 时代精神   concept of fashion 时尚观念

fashion dimension 时尚维度   fashion center 时尚中心

第二章　时尚与社会生活

Chapter Two　Fashion and Social Life

第一节 ┃ 导论
Introduction

本章围绕时尚与社会生活的交织，从时尚的社会功能、时尚与社会的关系、社会分层与时尚群体、时尚的心理动机与社会目的、作为社会文化现象的时尚、作为制造业产物的时尚等方面分析阐述。将时尚驱动经济繁荣、丰富社会生活以及促进社会观念变革和社会进步的种种行为视为时尚的社会价值。以梳理时尚与社会变迁以及时尚与生活方式的关系为切入点，解读时尚与社会的互动联系。此外，本章还通过分析社会阶层与时尚群体以了解时尚消费具有的符号价值，正是这种符号价值促使人们通过对"时尚消费"的选择，进而建构自我认同的社会阶层。

Revolving around the inner connection of fashion and social life, this chapter analyzes the social function of fashion, the relationship between fashion and society, social stratification and fashion groups, the psychological motives and social purposes of fashion, the fashion as a cultural and social phenomenon, the fashion as manufacturing products, etc. We can say that the social value of fashion is to drive economic prosperity, enrich social life, and promote change of concept and progress of the society. We take the relationship between fashion and social change as well as fashion and lifestyle as the starting point, and interpret the connection between fashion and society. Through the analysis of social classes and fashion groups, we can understand the symbolic value of fashion consumption, and it is this symbolic value that encourages people to construct self-identified social classes through the choice of "fashion consumption".

第二节 时尚在社会学与社会心理学中的诠释

Interpretation of Fashion in Sociology and Social Psychology

一、时尚作为流行性的行为模式 Fashion as a Popularity Behavior Model

时尚是指一个时期内相当多的人对特定的趣味、语言、思想和行为等各种模型或样式的跟随和追求。时尚的传播、普及和发展所依靠的主要手段是流行。因此，时尚与流行实际上是同一事物不可分割的两个方面。本章将时尚作为流行性的行为模式加以讨论。

Fashion refers to the follow-up and pursuit of a variety of models or specimens of a particular taste, language, thoughts, and behaviors during a certain period of time by the majority. The main means by which fashion is spread, popularized and developed is popularity. Therefore, fashion and popularity are actually two aspects that are inseparable from each other. In this chapter, fashion is discussed as a behavioral model of popularity.

将时尚视为一种流行性的行为模式在社会心理学中最为普遍。美国学者金宝尔·杨（Kimball Young）提出："时尚可定义为目前广泛使用的语言、时兴样式、礼仪风格等行为表现方式和思维方式。"[1]而中国学者孙本文更进一步认为，时尚不仅是人的行为模式，而且也可以包括物的形状模式，"所谓时尚即一时崇尚的式样，式样就是任何事物所表现的格式。……只要社会上一时崇尚，任何有式样可讲的事物，都可以称为时尚"[2]。

二、时尚作为文化内涵表述 Fashion as a Representation of Cultural Connotations

美国社会学家赫伯特·布鲁默认为，时尚是一种流行的或被接受的风格，常常被认为

---

① Young, Kimball. *Social Psychology: An Analysis of Social Behavior*. New York: New York University Press, 1995, p.141.

② 孙本文：《社会心理学》，商务印书馆1946年版，第334—335页。

是高等的做法，以及在某些领域具有比较高等的价值；[1]日本学者藤竹晓也认为："时尚不仅是某种思潮、行为方式渗透于社会的过程，还是不断地改变人们的价值判断的过程。而且，通过这种渗透过程，时尚队伍得以扩大。"[2]

在时尚得以出现的种种前提条件中，社会的物质生活条件丰裕或是相对丰裕是最为基本的。古往今来，那些经济发达、物质条件丰裕的国家和地区，向来是时尚的策源地，是流行的生活与行为方式的"集散地"。古代的中国和希腊、文艺复兴时代的意大利、18世纪后的法国以及当代的美国，均被公认为时尚策源地，它们左右了周边国家甚至整个世界的时尚潮流演变进程。

第三节　时尚现象与社会生活
Fashion Phenomenon and Social Life

时尚发展至今已经成为一种普遍存在的社会现象，剖析时尚及描述其呈现的状态，需要将时尚置于更广泛的天地与更多维的视角中。在时尚的发展过程中，时尚受到政治因素、经济因素和文化因素等的影响。时尚，是由崇尚和模仿而引起的，是具有某种标准形式并流行于一定时期内的较为新颖的行为模式，具有规范、协调、诱导诸功能。时尚是时代的产物，因此，其形成、变化和发展，与一定时代的社会结构等要素密切相关。

Fashion has become a ubiquitous social phenomenon. It has necessity to put fashion in a wider world and more dimensional perspectives for analyzing it and describing its state of appearance. In the process of fashion development, it is influenced by political, economic and cultural factors, etc. Fashion is caused by advocation and imitation, and is a relatively new behavioral pattern with a certain standard form and being popular in a certain period of time. It has the functions of standardization, coordination and induction. Fashion is the product of a certain era. Therefore, its formation, change and development are closely related to the social structure and other factors of a certain era.

我们主要从以下几个方面了解时尚和社会的关系。

---

[1] Blumer, Herbert. "Fashion: From Class Differentiation to Collective Selection". *The Sociological Quarterly*, 1969, 10(3), p.286.

[2] 藤竹晓：《废弃与采用的理论》，日本城文堂新光社1966年版，第104页。

一、时尚映射社会变迁 Fashion Reflects Social Changes

在社会经济发展较为迅速、社会政治环境较为宽松、社会文化比较活跃繁荣的时期，时尚也相应地得以快速发展。在传统向现代转型的过程中，社会的每个环节都要相应地发生变化，但是其变化并不是一致的，当某些方面出现差距过大的时候，社会会出现暂时的混乱和无序。一方面，时尚在社会变迁中也总是及时地反映各种或大或小的社会变革；另一方面，它又在不断地缓解社会成员对变化的不适应状况。

二、时尚改造社会生活 Fashion Transforms Social Life

生活方式是指人们在一定的社会条件制约和价值观念指导下所形成的满足自身生活需要的活动的形式与行为特征。生活方式涉及的范围很广，包括人与人的交往方式，人对于物品的消费方式、劳动方式、休闲方式、学习方式等等。生活方式是人们对待他人、物品所持有的态度，也是在工作之余所从事的物质与精神活动的方式，它与特定的自然、社会条件相联系，并随条件的变化而变化。

Lifestyle refers to the forms of activity and characteristics of behaviors that are formed to meet the need of their own life under the constraint of certain social conditions and guidance of values. Lifestyle involves a wide range of ways, including the way people interact with each other, the way people consume things, the way they work, relax, learn, and so on. It can be said that lifestyle is the attitude that people hold on to others and goods. It is also the way of material and spiritual activities that are carried out in the spare time. It is related to specific natural and social conditions and varies with conditions.

生活方式主体的基本特征在于文化的选择性，人的文化选择性包括三个层次：价值观层面、社会心理层面和个人心理层面。生活方式是人们依据一定的文化模式配置各种社会物质和精神文化的生活资源所形成的独特的生活样式。

时尚是设计的最前沿部分，也是人们生活方式的一部分，人们在追求时尚的过程中体现了一种生活方式与生存理念。在当代，大众的流行时尚不仅仅反映在服饰等物质商品上，并且更多地表现在人们的生活方式（如某种休闲和运动方式、某种流行音乐等）。当代时尚消费群体的划分不再以阶级这

Fashion is the most cutting-edge part of design and a part of people's lifestyle. In the process of pursuing fashion, people display a lifestyle and concept of survival. In contemporary times, fashion is not only reflected in physical goods such as clothing, but also in people's lifestyle (such as a certain leisure and sports style, some kind of popular music, etc.). The division of contemporary fashion consumer groups is no longer by economic and political categories

样的经济和政治范畴作为标准，而应当根据人们不同的生活方式来进行。时尚作为一种内在动力，不断推动着生活方式的变迁。

such as class, but should be standarized according to people's different lifestyles. As an intrinsic driving force, fashion continues to promote changes of lifestyle.

三、社会分层与时尚群体 Social Stratification and Fashion Groups

社会分化是社会发展的条件和必然结果。社会分化为阶层，是因为社会上各个不同的利益群体对社会资源占有情况的差异。社会地位不同导致其利益诉求不同，因此不同利益群体的生活水平、生活方式和思维方式也有巨大区别。

Social differentiation is the condition and inevitable result of social development. The society's differentiation into classes is because different interest groups in society have different possessions of social resources. Different social statuses lead to different demands of people's interests. Therefore, there are huge differences in the living standards, lifestyles and ways for thinking of different interest groups.

法国思想大师皮埃尔·布迪厄认为，阶层指的是在社会空间中，一群有着相似位置、被置于相似条件，并受到相似约束的行动主体的组合。由于这些行动者具有相同的位置，便有了相同的生活处境，因而也会有着相似的秉性。这些相似性反过来又会导致这些行动者具有共同的实践。不同阶层的成员具有不同的实践，他们具有不同的习惯、不同的品味。因此，这些实践中的行动者被阶层区分开来的同时，也在建构着阶层的区分。进入消费社会以后，消费占据了社会生活的主导地位，人们用消费来构筑关系（人与人的关系、人与物的关系）。建构阶层区分的实践就变成了消费行为。社会阶层越高，则越倾向时尚消费。消费具有"区隔"和标识的功能，是一种阶层"区隔"的方式，不同地位的阶层群体通过在其独特的消费行为基础上形成的消费模式相区分开来。

时尚消费和消费者的社会阶层特征是紧密联系的。因为时尚消费更多地包含一种符号意义，它成为一种编码系统，人们在这一系统中分属不同的社会地位、社会阶层。人们力图借助于这一符号来展现自己的地位。在消费社会中，消费的不是物品而是差别，消费几乎成了划分阶层的"晴雨表"。这就可以看出，时尚消费也具有示差性的符号价值。正是这种符号价值，促使人们通过对时尚消费的选择来建构自我认同的社会阶层。

四、时尚的社会目的 The Social Purpose of Fashion

时尚这一社会现象自人类产生便已存在。德国社会学家、哲学家格奥尔格·齐美尔认为,时尚在社会学方面是阶级分野的产物,①时尚与荣誉一样起初都是等级性的,因为时尚的产生本身就是为了维护某个特定利益群体的特殊附加值。譬如,上层阶级为了彰显自己的特殊身份而通过缔造和追逐某种时尚,从而带来对自己身份和地位上的巩固这一附加值。时尚"一方面意味着结交、追随志同道合的人,另一方面意味着这些志同道合者作为一个群体对处于更下层的人的闭关自守"②,社会中的上层就是借助"时尚"来使自己与其较下层隔离,从而进行等级上的区别。而"时尚"不可能绝对地隔离外界的窥探与模仿,当这种模仿成一定规模时,上层社会开始放弃,而较低的一级逐渐接受和掌握。这样逐级传递迁移的时尚,最后被完全大众化。这种大众化的"时尚"也逐渐地渗入社会生活的各个领域,如服饰、发型、语言、社交和生活方式等,以此形成各个社会成员群体的"时尚"。

美国经济学家、社会学家托斯丹·邦德·凡勃伦在《有闲阶级论》中,揭示了资本主义社会以"物"的炫耀为特征的消费生活方式,将流行时尚推上了消费文化的历史舞台。维尔纳·桑巴特(Werner Sombart)的《奢侈与资本主义》、约翰·加尔布雷斯(John Galbraith)的《富足社会》等著作通过描述奢侈消费在资本主义起源中的特殊作用,进而揭示这一文化现象在社会历史发展中扮演的特殊角色。让·鲍德里亚(Jean Baudrillard)在对消费社会学的研究拓展中,对时尚做了更为独特的阐释,认为"时尚不具体是一种事物的形态,而是一种事物存在的普遍方式,是现代性之下事物存在的一种构造"③。

譬如,受到"二战"时期社会生活被迫变化的影响,20世纪40年代的时尚迅速摆脱了前一个十年铺张浪费的时髦制式,一系列讲究实用主义、流露出严肃与纪律感的功能性制服时装应运而生。巴黎作为引导全世界女装潮流的大都会,创造了战争年代兼顾朴实正义的气节与典雅风貌的独特结合——利落的制服或中庸而典雅的套装、精致的腰线、逐渐变宽变高耸的肩线、变短变紧的裙子、眉笔画出的尼龙袜缝线、温和成熟的妆容等,在满足了女性日常劳作需求的同时最大限度地保留了不可磨灭的时尚精神。战后恢复的路途漫长而艰辛,因此电影、音乐和戏剧再次为人们脆弱的理想注入了强心剂,艺术作品中流露出的对于幸福、和谐、繁荣的憧憬,让人们暂且忘却战争带来的痛苦记忆,在文化生活和艺术信仰的复兴中愈加容光焕发。

西方语境中,对时尚的解释通常集中于心理动机和社会目的。时尚的社会角色通常被定义为表现出明确的社会阶级结构,忽略了阶级差异之外个性、财富、技能上的微妙差别。

---

① 齐美尔:《社会是如何可能的——齐美尔社会学文选》,林荣远编译,广西师范大学出版社2002年版,第12页。
② 同上。
③ 戴阿宝:《鲍德里亚:现代性困顿中的时尚》,《国外理论动态》2004年第3期,第35—40页。

五、作为社会文化现象的时尚 Fashion as a Social and Cultural Phenomenon

布迪厄的场域理论从社会学角度出发,将人们的注意力集中在文化系统的分层功能上。也就是说,社会团体是根据他们的文化品位或他们创造适合他们社会阶层成员的文化机构的能力来确定的。布迪厄关注的是那些消费文化符号的群体之间的差异,他所代表的文化分层理论,从文化差异和社会对文化差异的重视这一假设开始,因为它们与社会分层的基本模式有关,这是由不同阶层的人的文化属性差异所维系的。设计师在分层体系中的地位决定了他们设计产品的地位;与此同时,设计师的社会地位也反映了他们的受众。此外,文化生产的视角包括研究文化的许多不同方面,并应用于艺术、媒体和流行文化、市场结构,以及文化创造者的职业和活动的把关控制系统的研究。

第四节 制造业产物的时尚
Fashion as Manufacturing Industry Products

一、时尚产业与创意产业 The Fashion and Creative Industry

时尚是社会独特风尚的展示表现,既希望与流行群体一致,又希望与众不同,所以时尚是一种矛盾的结合体。[1]时尚产业发端于19世纪意大利米兰和法国巴黎的时装制造业。随着时代的变迁,时尚产业的产业范畴、商业模式、表现形式都有了非常大的变化,有学者从时尚产业与城市背景的角度对时尚产业进行界定,认为都市产业是其本质,不论是时尚产业的产生还是发展都离不开都市的转型与发展。

时尚产业是时尚产品以及相关产品(服务)运营的产业部门的总称,涵盖各个时尚产品的价值链。时尚产业作为新兴产业,除了包括先进的制造业,还有第三产业的媒介、设计等一系列业态。其表现形式如表2-1所示。

The fashion industry is the general term for the industrial sectors in which fashion products and relative products (services) operate. The fashion industry covers the value chain of each fashion product. As an emerging industry, the fashion industry includes advanced manufacturing and a series of formats such as media and design of the tertiary industry. Its can be shown in Table 2-1.

---

[1] Hemphill C.S., Jeannie Suk. "The Law, Culture and Economics of Fashion". *Stanford Law Review*, 2009, 61(5), p.1147-1199.

表2-1 时尚产业的表现形式

层　次	内　涵	内　容
核心层	对人体进行装饰和美化	时装与服饰(核心)、鞋帽衬衫、箱包伞仗、美容美发乃至珠宝首饰、眼镜、表具等
扩展层	对人在生活和工作中所处的环境进行装饰和美化	家纺用品、家饰装潢、家具用具等
延伸层	对于人生存和发展中的相关事物和情况进行装饰和美化	手机、数码相机、动漫、电玩等

　　从20世纪后期开始,拥有比较成熟的物质基础的国家率先踏入后工业化时期。在此背景下,创意产业、时尚产业等概念开始出现。英国政府于1998年最先提出创意产业概念,并对其进行定义:"源自个人创新力、技巧以及才干,并对知识产权进行开发、应用,具有拉动就业以及获得财富的行业。"[①]这一概念主要强调了人是创意产业的主要部分,而人的创新能力是它的经济价值,并且它的产品除了有形的实物,还有无形的服务。

　　时尚产业和创意产业的关系需要一分为二来看待,广义范畴的时尚产业包括于创意产业中。创意产业偏向设计、研发、创新等环节,重视个人的创造,可是并非只要是创意就是时尚的、都能成为大众文化。而时尚产业的产业焦点是时尚,与商业、服务、技术以及机器生产的联系比较密切,总起来可以将产品产值作为衡量指标。所以二者的关系可以描述成:具有时尚元素的创意经过设计等方法制作成时尚产品,再运用高新技术,通过手工、机器化生产等形式进行规模化生产,进入现代服务业环节,推广群体性的具有时尚元素的行为,最终成为完整的时尚产业。

二、法国时尚制造与奢侈品 French Fashion Manufacturing and Luxury Goods

(一)法国时尚制造 French Fashion Manufacturing

　　在17世纪70年代的法国,国王路易十四(Louis XIV)建立起了皇家奢侈品制造加工厂,目的是加强其制成品的出口。这也是法国奢侈品开始实现商业运作的标志。据统计,法国和意大利的奢侈品生产占据着世界市场一半以上的份额。法国在三个时尚领域拔得头筹,即香水和化妆品、高级时装(奢侈品成衣)和高级珠宝,它们占法国消费品广告年支出总额的43%。法国是较早建立时尚产业政策性保护制度的国家,健全而系统的制

---

① John Howkins. *The Creative Economy: How People Make Money from Ideas*. London: Allen Lane, 2001, p.36.

度化体系保证了法国时尚产业链的良性运转。在20世纪70年代之前,世界时尚产业基本上以法国人的游戏规则在运作。法国政府介入时尚产业较深,成为法国时尚产业的主要推动者。每年,在法国高级时装公会组织的高级时装周晚宴上,法国总统、部级官员等都是常客。法国工业部有一个常设战略委员会,运行着一个名为"时尚银行"的机构,此机构主要资助和奖励手工业者在"法国制造"品质上的坚守和创新。法国时尚产业的工种分得相当细,而且各自独立。在巴黎,各类别高级手工作坊众多,有刺绣工作坊、羽毛工作坊、纽扣工作坊等,且这些工作坊基本都是家族传承式的。

（二）法国奢侈品牌时尚特征 Fashion Characteristics of French Luxury Brands

（1）材质稀贵 Rare Materials

奢侈品往往采用一些自然存在的珍稀原料结合稀有而精湛的工艺制作而成。奢侈品使用这些材料的行为符合人类追求新奇的特性,也符合富贵阶层与其他阶层拉开距离感的心理需求。

（2）手工制作 Handmade

机械生产的流水线产品并不能满足人们对个性和独特的表达诉求。奢侈品的工厂往往都有一支拥有工艺扎实、精湛的制作队伍。他们制作的奢侈品拥有完整的工序、精致的细节和卓越的品质。手工艺人在追求完美的过程中精雕细磨,保证了奢侈品无处不在的美感。

（3）质量精良 Excellent Quality

作为品牌要素中最基本的产品要素,奢侈品牌下的产品品质需要经过严格的质量检验,确保质量精良。奢侈品品牌的质量口号不是徒有虚名的,它们拥有全方位的质量保证体系,保证品质口碑更是保证了品牌的生存之本。

（4）设计创新 Design Innovation

产品创新历来为人们所称道和追捧,消费者也因为求新心理对新技术和新产品有强烈的期望,而不断变化的市场环境给奢侈品牌带来了极大的挑战。如何在坚守品牌内涵的基础上努力跟上时代精神演变,给人以新鲜和充满活力的感觉,对奢侈品牌来说非常重要。不断创新是保证奢侈品牌历久弥新的唯一法宝。

（5）服务卓越 Service Excellence

只有完美的产品并不是完美的奢侈品,完美的产品还要配上完美的服务。对于有些奢侈品,也存在着消费者不会使用、用坏了等问题。奢侈品厂商不仅想到客户能想到的问题,还要想到客户想不到的问题,力求提出完美的应急方案。因此很多奢侈品品牌为顾客提供的是一种高质量的服务,而且是一种世界范围内的服务。

第五节 \ 案例
Case Study

一、女性生活方式与时尚观转变 The Transformation of Women's Lifestyle and the Concept of Fashion

纵观时尚发展变化的过程，不难看出历史中女性时尚观念的发展与变化。下面根据历史顺序，从路易十六（Louis XVI）的洛可可风潮、维多利亚时期的有闲阶级时尚、20世纪中期的好莱坞文化以及21世纪的亚文化运动纵览历史，以回顾女性生活方式与时尚观的转变。

（一）玛丽·安托瓦内特与洛可可 Marie Antoinette and Rococo

玛丽·安托瓦内特被称为法国历史上最美也最奢华无度的皇后。作为奥地利与法国政治的牺牲品，这位皇后被许多历史学家认为是在利用时尚来填补在钩心斗角的宫廷生活中的空虚。习惯于奢华生活的玛丽·安托瓦内特挥霍无度。作为法国的皇后，玛丽·安托瓦内特本身并未对法国的历史发展产生什么重大的影响，法国的财政问题由来已久，但生不逢时的她成为千夫所指，最终在其38岁那年被送上了断头台。玛丽·安托瓦内特作为法国洛可可时期的主流时尚代表曾引领了法国的宫廷时尚。在封建时代的宫廷生活中，时尚只是少数掌权者的游戏而已。

18世纪，法国贵族们依旧在凡尔赛宫（Versailles）延续着路易十四风格般奢侈的生活，奢靡攀比是凡尔赛宫中永恒的话题。在刚嫁入波旁（Bourbon）家族时，玛丽·安托瓦内特就花费了30万法郎用于置办衣物，力图在凡尔赛的时尚中占据一席之地。她曾花费348000法郎购买一对耳环，而这笔钱足够让当时法国上千户的工人家庭富裕地生活一年。皇后的衣柜每年要添置300多套新衣服以适应各种各样的重要场合。一般贵族在服装上的开销也是普通民众难以想象的巨额数字。

当时的贵族们并不在意民众的不满，他们对玛丽·安托瓦内特皇后的时尚趋之若鹜，以参加皇后的舞会为荣。玛丽·安托瓦内特皇后的时尚影响力离不开"时装大臣"罗斯·贝尔坦（Rose Bertin）的助力。罗斯·贝尔坦是一位平民出身的衣帽商，凭借独特的时尚头脑获得了玛丽·安托瓦内特皇后的信任。玛丽·安托瓦内特皇后从不操心政治，也疏于管理凡尔赛宫的财政，只钟情于打扮与玩乐。所以，她热衷于和罗斯·贝尔坦讨论时尚。洛可可时期最具代表性的高耸发髻以及极度繁杂的宫廷礼服都由此诞生。并且，罗斯·

贝尔坦会定期制作一批穿着最新时装的时尚玩偶送给皇后的亲朋好友,相当于一场时装发布会。作为皇后的"时装大臣",罗斯·贝尔坦的客户遍布法国皇室。

(二)法国小说与有闲阶级时尚 French Novels and Leisure Class Fashion

19世纪,欧洲及美国社会资本主义经济发展繁荣,工业革命为人类生活带来许多便利的同时,也改变了社会形态、社会阶级以及人们的生活方式。资本主义在工业革命的推动中蓬勃发展,资产阶级逐渐代替封建贵族成为社会主导群体,被凡勃伦称为"有闲阶级"。为了免于被社会认为他们只有金钱却愚钝无知,资产阶级不断地培养着自己的品位,在消费上展现出高贵与低俗的辨识。资产阶级虽然富有,但他们必须要从事一定的经营性质的工作,因而展现出高雅的闲散生活便成为家中女人们的职责。因此,最有效的展示方式就是炫耀式休闲和炫耀式消费,不断地挥霍着时间、精力和金钱,尽管这样的时尚可能会危害身体健康。

(三)好莱坞名流与高级时装品牌 Hollywood Celebrities and Haute Couture Brands

20世纪初,高级时装被公认为时尚的制高点,香奈儿(Channel)、迪奥(Dior)、巴黎世家(Balenciaga)、伊夫·圣·洛朗(Yves Saint Laurent)等高级时装品牌纷纷成立。巨变的社会加速了时尚的变化,紧身胸衣彻底告别历史舞台,越来越多的女性离开家庭走向社会,电话、电台、电视机等不断更新生活方式,时尚的群体也随之扩大。时尚是一个模仿的过程,所以当时尚群体扩大时,时尚偶像的示范作用变得愈加明显。大众时尚群体依赖时尚媒体的报道,信赖高级时装品牌的时尚前瞻性,并认同明星的时尚地位,从中寻找所憧憬的时尚形象加以模仿。

"二战"前,人们沉浸在美国好莱坞电影荧幕中,女明星与时尚品牌间的关系变得愈加亲密,大众对于名流的绯闻与时尚选择的好奇也被媒体无限放大,《魅力》(*Glamour*)和《名利场》(*Vanity Fair*)这些杂志的成功就是最好的证明。因为信息交流不便,早期的明星们多被大荧幕蒙上了一层神秘的面纱,成为继皇室贵族后高级时装品牌最重要的客户群体与代言人。

"二战"后,和平的环境为好莱坞电影与时尚带来了更大的发展机遇,伊丽莎白·泰勒(Elizabeth Taylor)、奥黛丽·赫本(Audrey Hepburn)、玛丽莲·梦露(Marilyn Monroe)、凯瑟琳·丹妮芙(Catherine Deneuve)等女明星在电影中的经典形象成为那个时代的时尚烙印。借由这些女明星的荧幕形象,为其提供服装的时尚品牌也因此为人们所熟知。纪梵希(Givenchy)自与奥黛丽·赫本在《龙凤配》(*Sabrina*)这部电影中合作后,几乎承包了赫本此后80%的戏服设计,最经典的莫过于《蒂芙尼的早餐》(*Breakfast at Tiffany's*)中赫本穿着的那一身黑长裙、黑手套、黑墨镜的装扮。而珠宝品牌蒂芙尼借由这部电影成功地在一代代消费者心中建立了一个浪漫的品牌形象，成为许多人心中结婚戒指的首选。

同时，成衣业的发展为时尚带来了多元化的色彩。毕竟高级时装依旧是少数人的游戏，成衣业则将时尚推向了大众市场。经过嬉皮士文化、嘻哈文化、摇滚文化等街头流行文化的洗礼，服装越来越被视为一种个性与价值观的表达，时尚市场逐步细分，价格各异、风格多样的时尚品牌充满着市场。

（四）冲击主流的亚文化时尚 Impact on the Mainstream Culture of Subculture Fashion

亚文化，顾名思义就是与社会主流文化相对应的非主流、局部的文化现象，指在主文化或综合文化的背景下，属于某一区域或某个集体所特有的观念和生活方式。一种亚文化不仅包含与主文化相通的价值与观念，也有属于自己的独特价值与观念，而这些价值与观念是散布在种种主导文化之间的。亚文化的产生主要有六个方面的因素：地域、年代、社会环境、风格、种族群体和政治。不同的时代背景下，会产生不一样的亚文化。

Subculture is a non-mainstream and partial cultural phenomenon corresponding to the mainstream culture of the society. It refers to the concept and lifestyle that belongs to a certain region or a group under the background of the mainstream culture or comprehensive culture. Subculture not only contains values and concepts that are connected to the mainstream culture, but also has its own unique values and concepts, which are scattered among various dominant cultures. There are six main factors in the production of subculture: geography, age, social environment, style, ethnic group and politics. Depending on the background of different eras, different subcultures will be created.

嘻哈文化是一种诞生于20世纪70年代的美国纽约布朗克斯区的一种亚文化类型，以说唱、DJ、街舞与涂鸦艺术为表现特征。布朗克斯区属于纽约城中的贫民区，以非裔、拉丁裔人种居多。高失业率导致了高犯罪率，生活环境贫苦混乱，休息时不像富人可以去夜晚俱乐部消遣时光。这里的人们同样渴望派对，但又难以认同当时上流社会推崇的迪斯科音乐，在各种文化的交汇中布朗克斯区的派对音乐形成了依赖DJ控制节奏的特点，同时伴随着人声说唱，并出现了霹雳舞蹈。在服装上，穷人都倾向于买大一码的衣服给孩子穿以便节约服装开销，而运动服又相对便宜、舒适，因此奠定了嘻哈文化的服装风格基础。

最初，嘻哈就是当地人民的自娱自乐，后来嘻哈歌手们通过说唱揭露都市贫民区底层的生活现状，表达对于贫富差距、种族歧视、非法暴力团伙等社会问题的愤怒与无奈。嘻哈音乐从一个街区的集体音乐文化走向一种社会性的新音乐风格。20世纪80年代，嘻哈音乐开始商业化，出现了一批知名的嘻哈歌手。他们都来自社会底层，基本都是有色人种，通过嘻哈说唱将社会暴力、种族歧视等自己所遭受的不公正待遇写进歌里，揭露当权者试图粉饰的太平假象，将音乐作为这个群体反抗社会主流文化的武器。早期嘻哈音乐的个人风格过于强烈，批判性的措辞直指社会痛处，难以让社会大众完全接受，甚至不少人对此抱有敌意。20世纪90年代，嘻哈音乐走向了更加轻松的风格，还出现了白人歌手埃姆（Eminem），越来越被主流文化所接受，但批判社会依旧是它的主题。

经历四十多年的发展，嘻哈文化已经成为一种时尚，嘻哈歌手们也依旧保持着宽大型卫衣、连帽衫、球鞋、棒球帽、大金链、涂鸦等着装元素，不少知名歌手都经营着自己的时尚品牌，成为他们粉丝的时尚首选。在粉丝的眼中，这些嘻哈歌手所创立的品牌，也跟他们的歌一样有着一种不可替代的个性与态度，成为一种象征。美国说唱歌手坎耶·韦斯特（Kanye West）与阿迪达斯合作的支线YEEZY就是其中一个典型。

嘻哈文化因为批判主流文化而渐渐融入了主流文化，时尚的壁垒在亚文化的冲击下被层层击破，越来越多的高级时尚品牌都转向街头文化寻求创作灵感，试图吸引年轻一代的消费者。而年轻消费者，尤其是在亚文化中找到归属感的消费者甚至会花费堪比奢侈品的金额去购买一个街头潮流品牌，因为他们更加注重品牌所表达的时尚态度。

二、19世纪的沙龙文化与女性时尚社会生活 Salon Culture and Women's Fashionable Social Life in the 19th Century

（一）时尚风格的演变 Evolution of Fashion Style

19世纪，资产阶级的沙龙逐渐取代了宫廷成为时尚的震源地。传统宫廷时尚在改良与继承中呈现出新的变化，有闲阶级通过挥霍大量的时间和金钱追求良好的品位和风格。在社会风尚与生产力革新等多方因素的推动下，女装的流行周期得以加快。过着有闲生活的资产阶级女性热爱社交，符合社交活动的着装规范则是她们的时尚准则。19世纪的社交活动继承了18世纪的沙龙文化，以女主人为中心以及人

In the 19th century, the bourgeoisie' salon gradually replaced the palace court and became the source of fashion. The traditional court fashion showed new changes in the reform and inheritance. The leisure class pursued good grade and style by spending a lot of time and money on fashion. The popular cycle of women's wear had been accelerated by the multi-factors of fashion and productivity innovation. The bourgeois women who lived a leisurely life loved socializing, and their fashion norm was the dress code that conformed to social activities. The social activities in the 19th century inherited the salon culture in the 18th century. The salon activities centered on the hostess,

文艺术为主要话题的沙龙活动推动着19世纪的文化进程。

humanities and art promoted the cultural process in the 19th century.

时装之父查尔斯·沃斯充分发挥了沙龙的社交性与品位象征,构建了以女性为主要消费群体、以时装屋为中心的时尚沙龙文化,进而完成了19世纪时尚运营体系的更迭。

19世纪初期,在工业革命和法国大革命的冲击下,男装逐渐放弃了装饰和长筒袜,更加注重剪裁,不断简化,形成了现代西装的三件套风格。原先男装中的这些装饰和变化集中体现在了女装上,整个19世纪的女装呈现出充满戏剧性和过度奢华的特点。本章探讨的主题还包括因时尚场合、时尚需求、设计对象变化,女装风格与时尚审美在19世纪的变化。从服装廓形和风格上大致分为帝政风格、浪漫主义风格、克里诺林风格、巴斯尔风格和S形风格,时代跨度从18世纪末到20世纪初,贯穿了整个19世纪。各个时期时尚女装最为重要的特征为强调夸张女性曲线。事实上,除了帝政风格时期外,几乎整个19世纪的女性时尚都由紧身胸衣与裙撑变化所主导。

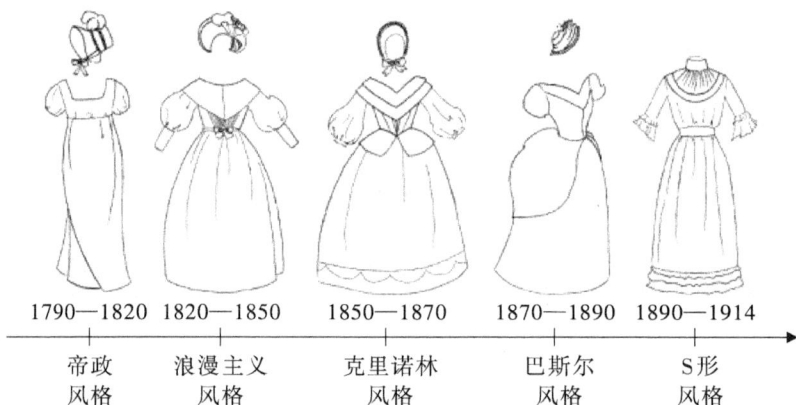

1790—1820	1820—1850	1850—1870	1870—1890	1890—1914
帝政风格	浪漫主义风格	克里诺林风格	巴斯尔风格	S形风格

图2-1　19世纪女装轮廓变化趋势

(二)沙龙社交与流行周期 Salon Socializing and Fashion Cycle

沙龙社交兴盛于18世纪的法国,以女性为中心的沙龙逐渐从一个自我教育的机构转变成为社会公共领域的重要组成部分,推动了社会思辨与艺术文化的发展,是科学取得突破性进展、工业革命得以成功的思想基础。18世纪中后期,女性沙龙与高级时装的结合开创了时尚的新模式,推进19世纪时尚的发展。

18世纪末,男装趋于简化,女装则保留了传统繁复奢华的特点,约翰·卡尔·弗吕格尔(John Carl Flugel)将其称为"放弃大男子主义"(The Great Masculine Renunciation)。一方面,由于革命所带来的思潮极力反抗着封建传统,反对传统宫廷的服饰文化;另一方面,19世纪的男装放弃了传统蕾丝、丝绸、刺绣等华美、鲜艳、精巧的服饰,无论是从造型还是面料方面都呈现出简化的趋势,更多地注重剪裁和质感,而装饰、奢华、炫耀元素更多地转移集中在女装中。

女装经历了无须紧身胸衣与裙撑的帝政风格、富有曲线的浪漫主义风格、鸟笼式裙撑的克里诺林风格、突出臀部曲线的巴斯尔风格、轻巧性感的S形风格等五种轮廓造型各异的流行风格变换。17、18世纪的巴洛克与洛可可风格时期虽然也经历的3—4种女装轮廓变化,但风格差异不明显,新事物对于时尚、流行的冲击也不如19世纪强烈与广泛。

资产阶级女性是19世纪时尚消费的主流群体。当时人类的日常活动范围有限,依托于所在社会阶层、以社交圈为中心的活动是有闲阶级女性主要的人际交往方式。社交活动不仅能够消遣闲暇时光,拓宽人际关系的范围,更能在交际中巩固自身的社会地位,甚至帮助丈夫或者家族在政治、经济上获得更好的发展空间。因此,她们将大量的时间和精力、金钱放在社交上,沙龙、舞会、剧院都是必不可少的社交场合。

沙龙,其实就是一种聚会形式的称呼,主要以上流社会的女主人为核心,在客厅中举办,女主人有权邀请客人、制定沙龙规则和谈论主题。沙龙在18世纪的法国极为盛行,逐渐取代了宫廷成为时尚、艺术、前卫思想的发源地,甚至有学者认为沙龙影响了法国历史以及对近代至关重要的启蒙运动。19世纪末,沃斯组建了时尚沙龙,在沙龙活动中首创真人时装表演,提供细致入微的服务,为顾客提供全新的消费体验。

沙龙只是19世纪女性生活的一部分,多是已婚妇女主办的,而且也并非所有上流社会成员都有能力举办一个成功的沙龙。但是舞会则不同,无论是刚满16岁初入社交界的少女还是已婚的贵妇人无一不重视舞会,无一不渴望自己能够成为舞会的焦点,因为舞会是她们与外界交流、显示品位,特别是结识异性的最佳途径。服装是最能够轻易展现自身品位和自我魅力的方式,所以女性会为舞会进行充足的准备,从语言体态到穿着打扮无一不细细雕琢。

18世纪的法国宫廷时尚为19世纪的时尚提供了良好的参考样本,那时的时尚女性一天之内需要换7—8次服装,以保证自己在每个环境下都时尚得体,比如在家的晨装、骑马装、散步装、旅行装、晚宴礼服以及看戏时穿的服装,还有狩猎装等。这种依场合需求决定的时尚规则在19世纪的女装中也未曾有多少改变,还有与服装呼应的配饰——帽饰、手套、鞋靴、珠宝、披肩、扇子、手包、伞等都未发生多大的变化,只不过是面料、图案、造型等细节因流行时尚的改变而改变,相应的着装规则依旧延续着18世纪的风尚。

无论是从现存的19世纪服装还是时装版画中,都难以确定服装的穿着季节,但是我们能够凭借一些特征轻松地判定服装穿着的场合。其中暴露肌肤较多的,比如低领、无袖、短袖,又特别华丽昂贵的必定是出席夜晚社交场合的晚礼服,搭配着同色的鞋靴还有长手套、扇子、珠宝项链和发饰;若是戏剧服装,则会在细节上更加浮夸;日常外出的服装,比如散步装、旅行装等必定是将肌肤包裹在布料之下,长袖、高领的裙子搭配着外套,装饰相比晚礼服要少，但也尽显华丽，同样搭配与服装同色系的鞋靴，外出时会佩戴小包、太阳伞、手套、帽子、围巾；晨装穿着于起床后在家到外出这段时间，一般是相对宽松、舒适的款式，配有室内穿着的宽袖外套或披肩；骑马装、狩猎装等一系列运动服相对简洁，裙长有所剪短、装饰较少，特别是在19世纪后半叶开始，使用了鹿皮、麂皮等皮革装饰，在款式上融入了更加简单实用的男装元素。

除了帝政风格时期，19世纪的女性在时尚选择上始终无法离开紧身胸衣和裙撑，对于细腰的追求一刻也未曾停止过。在现代看似酷刑的紧身胸衣一直束缚着女性的身体，但她们将其视为时尚。因为那时的资产阶级女性是有闲阶级，束缚在紧身胸衣和裙撑内完全不妨碍她们悠闲的日常生活，反而不易活动更能体现出她们是有人服侍、无须工作的有闲群体，而且紧身胸衣在欧洲代表着对女性曲线的传统审美，所谓"楚王好细腰，宫人多饿死"，时尚从来不缺跟随者。

纺织业的技术革新为人们的服装提供了更多选择，缝纫机的出现更是提高了制衣效率，推动了家庭制衣的出现。随着商品经济的发展逐渐出现了成衣销售，成衣最先出现在男性服装中。越来越简化和公式化的男装为成衣的出现提供了契机，还有逐渐形成的遍布欧洲的铁路网络为物流运输带来便利，随着成衣零售业的慢慢发展出现了百货公司。譬如。一位观察者在1809年描述开业于1794年伦敦的Harding，Howell & Co商店：

> ……分为四个部门，进门的是第一个部门，售卖皮草和扇子；第二个部门有丝绸、细棉布、蕾丝、手套等；第三个部门的右边有丰富的珠宝首饰、镀金物、法国时钟等，左边是女士们必要的化妆饰物；第四个部门是女帽和裙子，但是这里没有盛装……[1]

可见当时已形成百货商店的雏形了。随着工业革命带来的城市化进程，从19世纪初期开始，巴黎、伦敦、纽约等大都市，还有许多工业城市如英国的曼彻斯特，陆续出现了售卖服装及时尚用品的百货公司。例如，英国古老的百货商店哈罗斯（Harrods）的经商历史可追溯至1824年，该商店于1851年雇用两名导购和一名信使男孩在一个房间内零售药物、香水、文具用品、水果和蔬菜，后来不断地扩张业务，直至1880年拥有100名员工，顾客涵盖了皇室成员、名媛、著名演员等。

1838年，法国开了一家叫作Au Bon Marché的新奇商店，占地400平方米，拥有4个部门、12个员工，售卖蕾丝、缎带、床单、褥垫、纽扣、雨伞和其他小物；1852年新加入的合

---

① Rudolph Ackermann. "The Repository of Arts, Literature, Commerce, Manufactures, Fashions and Politics". *Primary Source Edition*, 2003, 5(1811), p.8.

伙人对市场计划做出调整：重新定价、承诺退换货、制作宣传广告和一系列商品策划。1852年商场的年收益是50万法郎，1860年时达到500万法郎。可见当时百货商店发展繁荣，相关商品策划和广告意识不断觉醒，其中最有代表性的就是邮购服务。尽管大量人口涌入城市，但还是有相当一部分的消费者位于乡村，所以百货商店陆续推出邮购服务，将当季商品和价格打印成邮购订单供顾客订阅，随着报纸和信件一同送往城市周边地区，为无法光临商店的顾客提供一种新购物方式。

但是晚礼服、结婚礼服这类盛装未出现成衣销售。为了体现自身的审美品位与财力，仍有大多数有闲阶级女性选择传统的定制。在19世纪末期，裁缝中诞生出一批才华横溢的设计师，他们纷纷成立自己的工作室，例如查尔斯·沃斯在时尚历史中就留下了浓墨重彩的一笔。

（三）19世纪沙龙文化 Salon Culture in the 19th Century

"沙龙"一词最初只是指代城堡中接待的空间，之后才与文化、艺术方面相关，但沙龙社交的形式由来已久。一般意义上，沙龙是指17—18世纪西欧上流社会文学、艺术、社会等问题的讨论场所和社交场所，是围绕一个沙龙女主人开展的社交艺术活动，以法国沙龙为最为典型。作为一种文化现象，它开始谱写女性主导的历史。作为一个公共领域，它开辟了与宫廷对立的私人领域和空间；作为一个组织机构，它开创了女性参与组织、管理和引导的新形式。同时，以沙龙为基础建立起来的沙龙展孕育了近代艺术展览制度，通过一种规范化、制度化的流程促进了法国以及欧洲艺术的发展。

The term "salon" originally referred to the reception space in the castle, and then related to culture and art, but the form of salon socialization had been around for a long time. In the general sense, salon refers to the discussion and social places where literary, artistic, social and other issues were discussed by the upper class in the Western Europe from the 17th to 18th century. It is a social and artistic activity carried out around a salon hostess, and French salon is the most typical. As a cultural phenomenon, it began to write a female-dominated history; as a public domain, it opened up a private sphere and space that opposed the court; as an organization, it pioneered a new form of women's participation in organization, management, and guidance. At the same time, the salon exhibition based on the salon has nurtured the modern art exhibition system and promoted the development of French and European art through a standardized and institutionalized process.

1. 17世纪的文学交流会 Literary Exchange in the 17th Century

文艺复兴时期，欧洲宫廷通常会有一批诗人、音乐家、画家等为其进行创作以及展开学术争论。因此,宫廷内的某处地方成为娱乐、艺术、文学汇聚之处,他们定期讨论、争辩一些哲学、拉丁语、古希腊语等问题。这个时期虽然并不以女主人为中心,但这种以谈话讨论的形式奠定了后期沙龙的雏形。

真正意义上的沙龙始于17世纪初期,由法国德朗布依埃侯爵夫人(Mme. DeRambouillet)在远离宫廷的一个小镇上创立,与宫廷的关系若即若离。它既想摆脱宫廷文化的束缚,又充满了矫揉造作的贵族气息和对高雅高尚的刻意追求,在贵族的自相矛盾中推动了法国文学的进步。它满足了女主人对于自身教育的需求,同时整合了贵族文化,充当着媒介的作用,迎合不同身份和地位的贵族间的相互需要。

17世纪的沙龙主要以文学沙龙的形式呈现,因为主办的女主人多乐于将写作作为一种消遣,围绕文学进行讨论、举办活动。不同于骄奢淫逸、寻欢作乐的凡尔赛宫廷文化,德朗布依埃侯爵夫人的沙龙追求意大利式的优雅与西班牙式的骑士风范,规定每一个参加沙龙的人都必须言谈优雅,遵守礼仪规范,倡导勇敢、美德、科学等品质。尽管沙龙文化与宫廷文化存在迥异的诉求,但是不可否认沙龙文化脱胎于宫廷文化,贵族们在沙龙中也需要一定的社会身份认定与阶级区分,他们常常在沙龙中展现出与凡尔赛宫的关系,悬挂摆放皇帝赠送的艺术品与摆件,所以这个时代的沙龙文化是属于贵族的特权。德国社会学家尤尔根·哈贝马斯(Jürgen Habermas)认为,"沙龙是宫廷的精神遗产"[1]。

2. 女主人与多样沙龙 Hostess and Diverse Salon

沙龙繁盛于18世纪的法国,一方面,女性在沙龙中拥有更多权利,发挥着更大作用;另一方面,沙龙所涉及的领域突破了文学、哲学,无论是主题还是参与者都呈现出多样性。作家、哲学家、政治家、科学家、宗教人士等各种身份地位的人,只要拥有一定的才能就可以在沙龙中寻到一席之地。这个时期的沙龙女主人虽然依旧以贵族为主导,却没有那么严格。如乔芙林夫人(Mme. Geoffrin)出身平民,而莱丝比纳斯小姐(Mlle. Lespinasse)则是私生女,她们依然在巴黎成功创办了具有影响力的沙龙。

总之,18世纪的沙龙更为开放和活跃。随着常客的多样性,沙龙的形式也日渐丰富,沙龙社交谈话涉及的领域也更广泛,如乔芙林夫人的哲学沙龙[2]、莱丝比纳斯小姐的百科全书派沙龙以及内克夫人(Mme. Necker)的政治沙龙等。不少史学家认为,沙龙是法国大革命思想传播的场所,它成为哲学、科学、宗教的思想中心,起到了对社会的一个教育与教化的作用,相当于一个文化机构与传播媒介。德娜·古德曼(Dena Goodman)在《文学界》(*The Republic of Letters*)中宣称:"公共领域就是由沙龙、新闻界和其他社交组织

---

[1] Jürgen Habermas. *Knowledge and Human Interests.* Boston: Beacon Press, 1971, p.23.
[2] 乔芙兰夫人:法国著名的沙龙主办人,她对来客不看出身、财富、权位,而只看才智,所以她的沙龙,智慧是主导。

构成的。"

18世纪的沙龙中女主人起到了至关重要的作用。作为沙龙的主持人,她需要掌握娴熟的谈话技巧、出色的协调能力和广泛的兴趣爱好,才能成功地举办一次沙龙活动。比如以女主人的言行平衡参与者之间的激烈交谈与针锋相对,同时还要款待宾客进行社交活动,维系人际关系。虽然这个时期的沙龙不再局限于宫廷贵族,但进入沙龙仍旧需要一种资格——通常是某个领域的有名之士或者受人尊敬之人的介绍。因此,沙龙本身也就形成了一种社交圈。

3. 市民文化下式微转变的沙龙 Salon with a Slight Change in Citizen Culture

一场法国大革命打破了法国繁荣的沙龙文化,战后虽然也保留了沙龙的形式,但是时过境迁,难以恢复18世纪时其在公共领域的至高地位,在19世纪末更是逐渐被咖啡馆文化、俱乐部文化等更加大众倾向的市民文化所替代。但不可否认,19世纪的沙龙依旧具有影响力,它回归其原始的艺术特性,孕育丰富的19世纪艺术文化。

法国巴黎的卢浮宫自1737年起就定期举办名为"沙龙展"的艺术展,1793年正式成为博物馆,面向公众开放,在19世纪也未曾停止过。不过法国大革命结束后,政府意识到沙龙在思想上的影响力,试图用政治控制沙龙的走向,树立了官方艺术沙龙,建立相应的评审制度来维护其权威性,因此所产生的艺术作品也多带有政治意义。1801年,法国沙龙共有268名参展者展出了485件作品;1831年,法国沙龙则有1180名艺术家展出了3000件作品;1855年,展出了来自29个国家2054名艺术家的5000件作品。1861年,由法国国家艺术协会(Société Nationale des Beaux Arts, SNBA)创办的卢浮宫国际美术展正式开幕,该展又被称作法国国家艺术沙龙展,至今仍为国际美术界最权威的艺术展之一。此外,就展览观众而言,1841年参加沙龙展的观众已高达100万人次。可见,沙龙展在当时除了艺术盛事之外,也已成为当时最受公众关注、最有影响力的社会事件之一。[①]

19世纪的音乐沙龙在市民文化的氛围下蓬勃发展。上流社会的人们垄断着歌剧院、戏剧院、音乐会的制高点,中产阶级则用音乐沙龙来填补这一领域。中产阶级家庭通过主持沙龙音乐会展现出财富与品位,并在这类文化活动中进行自我教育,取得文化进步和社会认可,提升自己的社会地位。[②]

一方面,报纸杂志的发行改变了人们交流的形式;另一方面,沙龙难以再像18世纪那般谈论激烈的社会话题,所以以女主人为中心的沙龙更多地转变成为一种墨守成规的、展现艺术和生活品位的社交方式。但是查尔斯·沃斯借由沙龙自古以来的高雅品位象征

[①] 陈筱棋:《马奈与十九世纪法国艺术沙龙》,南京师范大学出版社2013年版,第6—8页。

[②] 乔永平:《十九世纪法国沙龙传统在音乐生活中的文化意义》,《吉林艺术学院学报》2010年第2期,第2—3页。

与社交性,以其高级时装屋为中心建立起时装沙龙文化,无形中将时装屋品牌化,丰富着顾客体验与售前、售后服务,从中诞生了现代时装秀的雏形。

沃斯在时装屋内布置了一块高雅的沙龙场地用来招待客户,为其提供贴心服务。少女模特穿着最新时装来回走动,将时装动态展示给客户,并借此了解其对服装的喜好,根据每位客户的不同要求调整服装细节或者颜色、面料。这不但成为后来时装秀的开端,也将设计师在上流社会的客户面前置于一个能够平等交谈的地位。19世纪末20世纪初,高级时装屋创办沙龙屡见不鲜,因为沙龙这种形式能够恰到好处地构建起设计师与客户间的交流,对外树立品牌形象,打造知名度。

（四）沙龙文化推动的时尚进程 The Fashion Process Promoted by the Salon Culture

时尚与艺术文化领域的发展息息相关,沙龙则是影响艺术文化的重要机构。以女性为主导的沙龙机构具有无可替代的公共属性,它不仅推动了文化的进程,也展现了女性自我意识的觉醒与女性文化的发展。

Fashion is closely related to the development of art and culture, and salon is an important institution that influences art and culture. The female-led salon organization has irreplaceable public attributes, which not only promotes the process of culture, but also shows the awakening of the female's self-awareness and the development of the female's culture.

1. 沙龙孕育近代艺术展览机制 Salon Fosters Modern Art Exhibition Mechanism

法国的沙龙展是欧洲近代展览制度的起源。沙龙是伴随着资产阶级革命兴起的一种新式的聚会场合与方式,但是沙龙展的沙龙与以女主人为中心的沙龙文化存在些许差别。沙龙在法语中最初指代客厅之类的空间,后来女主人们在此招待文人雅客形成沙龙文化;而客厅又是陈列摆放艺术品的地方,故也将艺术品展览的形式称为沙龙,如1737年在卢浮宫举办的沙龙展。沙龙展的定期举办与开放的态度以及相关评审制度与沙龙文化有着相似之处,均是将思想、作品放在公共领域进行讨论,从中诞生新的思潮。

沙龙展首次出现于1667年由路易十四在卢浮宫主办的一个皇家绘画雕塑学院院士的作品展览会,从1737年开始每年一次定期举办,1748年实行评定制度。法国大革命后,沙龙展对全法国的艺术家开放。卢浮宫沙龙展的定期举办打破了法国绘画所面临的困境,由法兰西学院主导的沙龙制度使得画家逐渐摆脱王室与行会的控制,在一定程度上保护了艺术家创作的自由性,形成了艺术家—沙龙—大众这样一条能够将艺术突破皇权控制的路径。与学院的紧密联系更是建立起一套完整的艺术家培育制度,19世纪的知名画家或多或少都与沙龙展有着某种联系,直到19世纪末先锋派艺术开始独立办展,沙龙展的影响力与声誉日益没落。

2. 沙龙脱胎为时装秀雏形 Salon Emerged as the Prototype of Fashion Show

沙龙无形中推动文化品位的培养与教化。一个成功的沙龙不仅在于参与者的身份与话题的高度,沙龙空间的装饰布置亦显现出这个沙龙群体的文化品位与修养,沙龙家具的选择、位子的摆设、色调的搭配、室内的装饰点缀,无不演绎着主人的时代情愫与文化品位。19世纪沙龙的公共属性与媒介属性逐渐被报刊所替代,但沙龙的社交属性与传播作用依旧没有消失。例如,高级时装屋的沙龙成为时尚的汇集之所,成为上流社会女性讨论时尚的聚集地,形成现代时装秀与展览的雏形。

珍·帕康(Jeanne Paquin)是19世纪末20世纪初的一位女性高级时装设计师,她的时装屋延续了查尔斯·沃斯开创的沙龙形式,聘请年轻女性作为模特,在沙龙内为顾客展示服装。如图2-2为20世纪初帕康夫人时装屋沙龙的一些影像照片,沙龙内布置古典优雅,家具、壁纸、摆设完全符合当时社会追求的古典审美。消费者在雅致的室内环境里购买高级定制服装,售货员一边身穿最新的款式向顾客展示穿着效果,一边介绍时新的面料与配饰。

图2-2　帕康夫人时装屋沙龙[①]

第六节 ╲ 小结
Summary

时尚是在大众内部产生的一种非常规的行为方式与流行现象。具体地说,时尚是指一个时期内相当多的人对特定的趣味、语言、思想和行为等各种模型或标本的跟随与追逐。时尚的传播、普及和发展所依靠的主要手段是流行。因此,时尚与流行实际上是同

---

① 图片来源:豆瓣网。

一事物不可分割的两个方面。布迪厄的场域理论从社会学角度将人们的注意力集中在文化系统的分层功能上,即认为社会团体是根据他们的文化品位或他们创造适合他们社会阶层成员的文化机构的能力来确定的,布迪厄关注的是消费文化符号的群体之间的差异。从20世纪后期开始,拥有比较成熟物质基础的城市和国家率先踏入后工业化时期。处于此背景下,创意产业、时尚产业等概念开始出现。英国政府在1998年最先提出创意产业概念,并对其进行定义:"源自个人创新力、技巧以及才干,并对知识产权进行开发、应用,具有拉动就业以及获得财富的行业。"这一定义强调了人是创意产业的主要部分,人的创新能力是它的经济价值,而且它的产品除了有形的实物,还有无形的服务。后来,"创意产业之父"约翰·霍金斯(John Howkins)将专利研发、设计产业加入了创意产业的范畴,创意产业的概念进行了外延。最后,本章介绍了法国高级时装产业的发展及其奢侈品行业的形成基础与特点。法国奢侈品牌时尚特征包括材质稀贵、手工制作、质量精良、设计创新、服务卓越。

第七节 提问与思考
Questions and Thinking

(一)思考19世纪的沙龙文化对于时尚的影响。

(二)就本章提及时尚与社会生活的关系,谈谈19世纪时尚女性社会生活与着装规范的关系。

(三)时尚产业与创意产业分别指什么?

第八节 核心词汇
Key Words

leisure class 有闲阶级　　　　　　social stratification 社会分层

salon culture 沙龙文化　　　　　　female fashion 女性时尚

第三章　时尚演变历程

Chapter Three　Fashion Evolution

第一节 \ 导 论
Introduction

本章以时间为轴线,聚焦典型案例,还原中世纪、19世纪中期至20世纪的时尚面貌。伴随以宫廷为中心的时尚规律与19世纪的时代精神与流行现象的演变,探寻与时尚密切相关的贵族社交圈、贵族礼仪以及两性关系,展现早期宫廷社会时尚对追求权力表达与荣誉的需求,并逐渐演化为时尚的内在与外在特质。19世纪以后,时尚品味形成的社会空间不再仅限于宫廷,贵族沙龙和艺术沙龙逐渐代替宫廷成为品味形成和教化的场所。新兴资产阶级与设计师成为时尚的主要驱动力量。本章列举了19世纪具有影响力的几位设计师,研究他们从宫廷时尚文化的追随者到设计师身份的转变。此外,还探讨了20世纪艺术与时尚的交织、年轻一代与街头文化驱动的时尚、亚文化群体运动的时尚以及边缘与细分市场的时尚,以呈现更加多元、丰富的时尚维度。

This chapter takes time as the axis, focuses on the findings of typical cases, and discusses the fashion in the Middle Ages, the mid-19th to the 20th century. With the fashion rule centered on the royal court, the evolution of the zeitgeist and popular phenomenon of the 19th century, the chapter explores the aristocratic social circle, the aristocratic etiquette and gender relations closely related to fashion, showing the demand for the pursuit of power expression and honor in the early royle court, as well as its evolution into the inner and outer qualities of fashion. After the 19th century, the social space formed by fashion tastes has been no longer just in royal court. The aristocratic and art salons gradually replaced the court as a place for the formation and cultivation of taste. The emerging bourgeoisie and designers have become the main driving force of fashion. This chapter lists several influential designers in the 19th century, to study their transformation from the followers of the royal court fashion culture to the identity of designers. And the chapter also explores the intertwining of art and fashion in the 20th century, the fashion driven by the young generation and street culture, the fashion of the subculture group movement and the marginal and segmental market, to present a more diverse and prolific fashion dimension.

第二节 \ 中世纪上层阶级的时尚
The Upper Class Fashion in the Middle Ages

一、贵族社交圈与时尚 The Aristocratic Social Circle and Fashion

1. 宫廷的建立 The Establishment of the Court

中世纪的国王并没有固定的宫廷，大多数是在巡行中施行自己的统治。直至 12 世纪，法、英等国才开始逐渐建立固定的统治中心。国王把宫廷的部分管理机构和文献档案馆，逐渐从巡游队伍中分开，并将其固定在某个地方，由此开始建都。此后，大多数宫廷仍然一直处在流动之中，直到 17 世纪才安定在某一个地方。譬如，在 17 世纪 70 年代路易十四扩建凡尔赛宫之前，法国宫廷还处于流动之中。固定宫廷的出现意味着社会和文化中心的形成，正如约阿希姆·布姆克（Joachim Bumke）①所说："这对于文学史来说意义重大，因为固定的贵族宫廷作为社会和文化中心有巨大的影响力。"固定的宫廷也给贵族的排场提供了新的形式，尤其是在建筑领域，把贵族住宅扩建成城堡就是这时开始兴起的。同时，固定的宫廷也为资助和促进文学的发展提供了新的途径。

宫廷能够成为社会和文化中心，也是由宫廷社会的特点所决定的。我们知道宫廷是围绕国王这个人建立起来的，按照 12 世纪的政治和法律思想，国王既是一个公共人，同时又是一个单独的个体。与此对应的是宫廷的双重性，它既是一个私人生活的空间，同时也是一个重要的社交场合。中世纪把宫廷看作一个不断变化的具有魅力的中心。有学者这样描述宫廷："宫廷是生活在君王周围的侍从、供应商、大臣和受到宠信的贵族的集合体。"艾利森·科尔（Allison Cole）这样定义宫廷："宫廷指王侯（土地的领主）、王妃、王室成员、朝臣、官员所居住的空间，这类空间具有由代表王侯行使权力的人划定的无形边界。"总之，宫廷指的就是围绕在君王周围的一群人形成的社会，只是这个社会具有特殊的功能和表现形式。

2. 社交圈与时尚 Social Circle and Fashion

人际间的交往构成社交的概念，指通过语言、行为等表达方式所进行意见、情感、信息交换、交流的过程。齐奥尔格·齐美尔在其《时尚的哲学》中讲道："时尚的魅力，一方面

---

① 阿希姆·布姆克：德国作家，著有《宫廷文化——中世纪盛期的文学与社会》，该书是充满神秘感的骑士时代的史学著作。

使既定的社会圈子和其他的圈子相互分离；另一方面，它使一个既定的社会圈子更加紧密——显示了既是原因又是结果的紧密联系。"他的话解释了社交圈成员间模仿彼此的现象，于是社交圈成员所形成的时尚具有团体性风格。时尚作为一种社会形式的存在方式，展现了由某一时代、某一阶级、某一群体所确立的某种标准。

社会心理学家库尔·勒温（Kurt Lewin）在界定他的场域的概念时，引用了爱因斯坦的物理学定义"场是相互依存的事实的整体"与布迪厄的"结构同源性"理论中提到的"设计师在时尚领域中的地位与消费者所在阶级关系中所属地位是相匹配的，杂志社、商店等机构则是促成这种'同源性'产生的工具"。从中可以发现，社交圈的结构体系也是建立在上流社会同一阶层之中，彼此有各取所需的共同交叠利益存在，社会身份、地位、荣誉的崇拜与比较是构成该时尚领域内设计师社交圈的社会隐性因素。

因此，我们对社交圈构成体系的理解为：

（1）社交圈是围绕中心人物社交网络集群的还原；

（2）社交圈所属同一阶层中具有共同客观关系（情感、利益、荣誉）的个体以及群体；

（3）社交圈中同一群体的个体具有某些相似的社会特征与个性，并在传播媒介的作用下相互影响，进而造成部分群体的扩张；

（4）伴随社会时代背景的变迁，社交圈存在动态变化。

由于技术的限制，19世纪人类的日常活动范围有限，依托于所在社会阶层、以社交圈为中心的活动是有闲阶级女性主要的人际交往方式，因此，她们将大量的时间和精力、金钱放在社交上，沙龙、舞会、剧院都是必不可少的社交场合，时尚信息也由这些场所传播开来。

查尔斯·沃斯及其创办的高级时装屋的发展与成名基于其社交圈的影响力。成为皇后的御用裁缝之后，原本寂寂无名的沃斯声名鹊起。沃斯早年所积累的对上流阶层客户的了解以及熟悉的经验，使得他的商业头脑与越加广泛的人脉相得益彰。在当时是没有品牌概念的，但他已经开始利用名流或者报纸进行宣传。在经营高级时装屋的过程中，沃斯不断强化自身品牌与品牌标识，并进行了海外宣传与业务拓展。

繁华的舞会和娱乐，填满了皇室贵族以及新贵和资本家们的生活。身着沃斯设计的服装的贵族女性在舞会宴席上获得了众人的夸赞与注目，她们会在日常社交圈交往中将这位优秀的高级时装设计师推荐给自己的同伴朋友。而沃斯作为皇后的裁缝，凭借着他的才华和口才深得上流社会人士喜爱，能够参与这些聚会。据记载，当时去往舞会的贵族夫人们都会希望能够定制到沃斯制作的衣服，而受邀前往枫丹白露宫（Château de Fontainebleau）和贡比涅宫（Compiègne）的夫人们也要准备许多礼服。前往度假的夫人们不能够穿重复的礼服，她们居住一个月的度假时间就需要准备50套礼服甚至更多，其中包括散步服、日常服和礼服等。而皇后所需要的礼服更多，每次多达100多套。这些礼服大多由沃斯准备，所以他拥有的社交机会很多。

到1865年，沃斯的顾客已遍及俄罗斯、奥地利、西班牙、意大利等国的王室和贵族，他的名声还越过大西洋传到美国。沃斯身上体现了那个时代所赋有的"斗争"精神，他寻找到了符合上流社会高级时装的"口味"，并不断审时度势，开创了具有"沃斯"时代风格的高级时装屋，为法国高级时装行业做出了巨大贡献。

图3-1　查尔斯·沃斯的时装屋[①]

二、贵族礼仪与宫廷时尚 The Aristocratic Etiquette and Court Fashion

宫廷文化受严格的礼仪约束，这些礼仪是精心制定的，必须非常准确地遵守，不能发生任何意外。禁止混乱、蔑视和无秩序，禁止在跳舞、餐饮和游戏的时候放纵。这种礼仪化的生活方式，不仅表达宫廷的排场和气势，也是宫廷社会内部次序的表达和控制的手段。

Court culture is governed by strict rules of etiquette, which are carefully formulated and must be followed with great precision. No accidents can occur. Chaos, ignorance, disorder, indulgence during dancing, dining and games are prohibited. This kind of ceremonial lifestyle not only expresses the pomp and grandeur of the court, but also serves as a means of expression and control of the internal order of the court society.

正如社会学家埃利亚斯（Elias）所说："在宫廷机制之中，一个人对于地位的渴望使得其他的人保持着警惕。而一旦权力的某种平衡产生了，如果一个人没有获得这些作为个人和社会存在基础的权力，他就不可能脱颖而出。""因此，陷入这一机制中的人也将其他人牢牢地置于这种境况之中。来自较低地位或拥有较少权力之人的压力，逼使更受宠的人要维持自己的有利地位。相反，来自上面的压力又逼使它所压迫的人要借助于效仿来

[①] 图片来源：搜狐时尚网。

逃避,这样就使得这些人也被迫加入地位的竞争中。一种态度会产生另一种态度,通过压力和反压力,这种社会机制就获得了一定的平衡,而这种平衡正是在可见的礼仪中得以表达的。这对于每一个陷入其中的人来说,都是对其被细心划分的社会存在的一种确认,尽管这是一种非常脆弱的确认。因为考虑到这种社会机制既得以形成又得以维持的冲突,社会机制之中的每一种联系都在不断地受到低层甚至同级竞争者的攻击,这些攻击者或者通过提供服务获得国王的宠爱,或者借助聪明的策略,试图在礼仪上因而也在等级的次序上造成某些改变。"所以,"在激烈的宫廷竞争中,要想确保一个人的举足轻重的地位,避免受到别人的嘲笑,避免当众出丑,避免名誉扫地,他就必须使他的外表和举止,使他整个的人都符合宫廷社会变化中的衡量标准,这个标准日益注重宫廷社会人士的相互区别和彼此的差异。一个人必须穿一定面料的衣服,一定款式的鞋子,他的一举手一投足都必须符合宫廷社会人士的身份,甚至他的笑容也必须按照宫廷的礼节来绽放"[1]。宫廷内部的这种竞争在客观上就成为文明形式进步的动力,因此这也就是时尚形成和发展的动力。

三、两性关系与时尚 Gender Relations and Fashion

(一)两性时尚观 The Pointview of Gender Fashion

在宫廷社会中,越来越多的中小封建主离开自己的领地,围绕在君主的周围。在大封建宫廷自身的生活空间里,男人的武士职能至少有一定程度的削弱。这时在西方社会里,为数众多的人第一次在中央集权者——君主的眼下按照尊卑顺序、互相经常密切往来地生活在一起。仅此一点也迫使所有下属和仆役谨慎小心行事。在这里,一大堆无关征战的行政管理事务要加以处理,一大堆文书工作要做。所有这一切造成一种较为平和的气氛。

在那些男子被迫放弃以蛮力动武的地方,妇女的社会地位也得以提升。于是,宫廷生活使妇女有可能充实其空余的时间,满足奢华的需求。女主人有能力将诗人、歌者、教会学者罗致到身边来;如此这般,便出现了以妇女为中心的平和的、精神活跃的圈子。

女性新形象的产生具体体现在对女性身体的表现上。在此之前,女性的身体必须是要遮蔽的,绝对不能由服装来突出身体的性别特征。但此后,新的服饰时尚开始产生了。加洛林王朝(Carolingian Dynasty)时期普遍流行袋装衣袍,而新的宫廷时尚却带来了款式迥异的服装。人们开始穿着经过裁剪加工的服装,于是出现了剪裁颇有特点的束胸紧身上衣。

---

[1] 杨道圣:《时尚的历程》,北京大学出版社2013年版, 第48页。

（二）时尚与男性观念 Fashion and Masculinity

德国著名艺术史学家爱德华·福克斯（Edward Fox）在描述资产阶级服装变化时指出："资产阶级服装最醒目的特点是国际性的划一，那么它有别于君主专制时代的特点，首先就是男子不再扮演早先的伴党的角色——男装的标志性线条已经不再突出对妇女的崇拜和殷勤恭敬。男子的装束变得更为英俊刚毅，这十分符合资产阶级文化的本质，因为资产阶级文化无疑是一种进取的、创造性的、有效益的文化。所以它真正的代表者是男子。"[①]这种体现出资产阶级文化本质的男装是何时出现，又是哪些因素影响了这种男装的形成呢？它体现了什么样的品味，又是如何影响新时尚形成的呢？

一般的服装史都会接受弗吕格尔所谓18世纪出现了"放弃大男子主义"的说法。18世纪末，"服装史上发生了一件非比寻常的事，我们仍然生活在这一事件的影响之下，但这一事件没有得到应有的关注。男人放弃了各种更鲜艳的、华美的、更精巧的、多样的装饰，将这些完全留给女人去使用；而将自己的裁剪变成最阴郁、简朴的艺术"。总之，在裁剪上，男性放弃了自己对于美的要求，而仅仅专注于实用。就服装对于男人仍然很重要而言，他最大的努力也仅仅在于"正确的"穿着，而非优雅或复杂的穿着。在此之前，男性一直在服装的华丽上与女性竞争，女性唯一的特权在于低颈露肩；此后，一直到今天，女性享受到了成为唯一拥有美和华丽的角色特权，甚至仅仅在裁剪的意义上也是如此。

由查理二世（Charles II）[②]（图3-2）确定的英国男装可以说是现代男装的开端，它使得性别成为此后时尚发展中的一个决定性因素。库查（David Kucha）说："自从1666年，男性贵族就一直同服装上的适当和简单相联系，而将时尚作为越来越女性化的领域而远远避开。"[③]查理二世的服装宣告了男性美学进入到一个全新的、本质上是现代的时代，一个同长期坚持复杂的展示与高级的社会地位之间的联系相对立的时代。[④]

在英美传统中，"炫耀性消费"已经成为一个贬义词，被用来将不合法的消费者的行为同精英阶层较含蓄的消费行为区别开来。库查认为，这一变化产生的原因有三：第一，乡村贵族反对宫廷华丽的服饰，认为这是女人气的，这种奢侈的时尚使得英国宫廷的贵族过于女性化而不适合统治国家；第二，清教徒把俗艳与天主教的教皇制联系在一起，因为二者都把仪式看得比实质更重要，而要发展出一种新的绅士行为的理想，把风格上的庄重看作绅士的美德；第三，17世纪后期商业的发展，把生产和节俭当成经济和道德的标

---

① 爱德华·福克斯：《欧洲风化史：资产阶级时代》，辽宁教育出版社2006年版，第53页。
② 查理二世：苏格兰及英格兰、爱尔兰国王，生前获得多数英国人的喜爱，被称作"欢乐王"（Merrie Monarch）。
③ David Kucha. *Studies in the History of Society and Culture*. Berkeley and London: University of California in Press, 2002, p.163.
④ 杨道圣：《英国风格和近代男装的形成》，《服饰导刊》2012年第1期，第39—42页。

准,鼓励男性消费者购买英国本土生产的羊毛布料服装而放弃国外进口的丝绸制品。

图3-2　查理二世与他的皇后(Catherine of Braganza)①

美国历史学家安妮·霍兰德(Anne Holland)在一定程度上也赞成以上说法,她也注意到,17世纪下半期,特别是60年代到90年代,男女之间服装审美观念上的距离开始拉大。原先男女服饰之间的那种密切关系被改变了,这一变化预示着服装现代化的开始。霍兰德虽然也说1660年以后出现了和传统男装非常不同的新样式的男装,但她认为产生这一结果的具体原因出现于1675年,这一年路易十四批准成立专门制作女装的女裁缝行会。这一事件的影响是整个服装流行样式逐渐被划分为备受尊崇的男装和轻浮的“流行”女装。这一变化是男女两性服装之间分化的开始,它影响了整个18世纪,并在19世纪达到高峰,而且还在持续。

如果说在17世纪和18世纪前期,对于一种简洁、沉郁外观的强调,确实是英国贵族所特有的,具有一种地方性色彩,但到了18世纪后期和19世纪,这种外观就在整个欧洲具有了一种阶级性。很多历史学家都指出了这一点,如福克斯很明白地说道:“资产阶级的服装首先出现在英国,犹如宫廷服装当年诞生于西班牙一样,因为英国首先确立了资产阶级的统治,正如西班牙当初确立了君主专制制度一样。不过,只是在法国第一帝国崩溃之后的时代,其主要线条至今仍在男装和女装常见的那些服装式样中鲜明地显露出来。”英国艺术史家贡布里希(E.H.Gombrich)指出:“在18世纪,英国的制度和英国的趣味受到所有追求理性规则的欧洲人的一致赞扬,因为英国的艺术并没有用来加强那些神化的统治者的权力和光荣。”②英国文明史家肯尼思·克拉克(Kenneth Clarke)则提出:“19世纪

---

① 图片来源:搜狐时尚网。
② 贡布里希:《艺术发展史》,天津人民美术出版社2001年版,第59页。

的英国对欧洲外观上的影响有两大方面，一是英国式庭园，一是男子的服饰。"①

这种男装时尚甚至改变了法国时尚一统欧洲的地位，法国人也开始接受英国男装的影响，出现了所谓"英伦癖"（Anglomania）。英国学者布伦特·夏农（Brent Shannon）指出，法国出现于1770年的"英伦癖"服饰风格在威灵顿（Wellington）战胜拿破仑之后得到强化。1889年，《波美公报》（The Pall Mall Gazette）宣称：巴黎人不再领导男装时尚，所有关于男人时尚的观念都来自英国。1892年的《最好着装男士行为手册》提到，在英国女性仍然追捧法国时尚之时，英国男性更偏爱本土的风格。到1870年第二帝国垮台以后，法国失去了在服饰上的优越性，因为英国社会越来越多地选择支持伦敦的裁缝和服装制作者，而不再到巴黎进行曾经风行的一年一度的旅行，以至人们感到非常诧异："曾经以自己富有、辉煌、丰富的民族服装令世界目眩的法国人怎么——作为进步的结果——竟以这种破烂的、清教徒的、简朴的服装而告终。"正如库查所说，对于炫耀和色彩的放弃不仅是一种单纯的"英伦癖"。新的服装体现了资产阶级在意识形态上的合法化以及社会的合法性。服装重新肯定了节俭、努力、保守和"自我控制"，这是资产阶级"尊严"的基础，他们将对于色彩的道德上的拒绝同政治上的拒绝结合在一起。

第三节 19世纪中期的时尚
The Fashion in the Mid-19th Century

一、旧资产阶级与沙龙驱动的时尚 The Old Bourgeoisie and Salon-Driven Fashion

传统的贵族依赖于军功、出身和土地。但到15世纪，由于政府管理的需要，开始出现参与国家行政管理的官员，这些人由于享受到一定的社会地位和荣誉，也被看成贵族。这些贵族所依赖的不再是军功、出身和土地，而是他们的教育、能力和品德。比如，法国贵族很早就形成了带剑贵族与穿袍贵族的区别，前者就是在封建社会中靠军功获得头衔的贵族，后者则是在君主专政时代靠自己的教育和能力承担法律和行政职务而获得头衔的贵族。贵族内部具有的差异使得很难对贵族有一个准确的界定，但按照阿历克西·德·托克维尔（Alexis de Tocqueville）②的描述，可以发现这个团体具有某种一致的精神：它使整个团体都遵守某些固定的规则，按照某些一成不变的惯例统治，并维持某些全体成员

---

① 克拉克：《艺术与文明：欧洲艺术文化史》，东方出版中心2001年版，第63页。
② 阿历克西·德·托克维尔：法国历史学家、政治家，社会学（政治社会学）的奠基人。

的共同理想。其中最重要的一条就是禁止从事工商业,这一点使得贵族和资产阶级明显区别开来。资产阶级可以分别从经济、政治和社会三个方面去描述。从经济上看,最典型的资产阶级是指从资本中获取收入者,像大商人、银行家以及自由职业者(以医生、公证员和律师为代表);从政治上看,就是那些高级行政管理人员;从社会上看,主要指富有并且具有稳定社会地位的人。总之,财富和权势成为资产阶级的重要标志。第一代资产阶级是贵族眼中的暴发户,他们缺少引以为傲的家世,粗俗无礼,富有但不懂得享受和如何过奢侈的生活。这个时候,他们的品味和时尚基本上是通过仿效贵族而获得的。

资产阶级的品味和时尚很早以前就形成了,只不过还不能像宫廷品味和时尚那样发挥巨大的影响。纳尔逊·古德曼(Nelson Goodman)①在《18世纪的沙龙》中写道:"在18世纪,在乔芙林夫人、莱丝比纳斯小姐和内克尔夫人等人的引导之下,沙龙从一个贵族的、闲适的机构变成了一个启蒙运动的机构。"古德曼认为启蒙沙龙是工作场所,和其他18世纪的社交聚会不同,因为启蒙运动不是一场游戏,沙龙女主人也不仅仅是有闲的女人在打发时间。

18世纪的品位和时尚之间的关系,在下面一段话中论述得比较清楚:

> 当然,在更为严格的意义上,品位就是专注于美的心灵,因此它决定着包括诗歌、绘画以及业余人士作品的美的艺术的世界。在英国,它甚至规定着人们对于外在自然的观赏和看法,而法国人还没有像英国人这样关注自然,直到让-雅克·卢梭(Jean-Jacques Rousseau)②和丹尼斯·狄德罗(Denis Diderot)。但是品味也决定被社会称为'高雅之物'的东西,因此它就成为高雅社会的关键……从历史上来看品味就完全规定了这样一个建立在"审美的"、形式的、传统的而非仅仅经济上的社会。在这个方面,品味受时间的限制,因此不过是注定要随其所规定的社会而消失的时尚的一部分。③

上文中提到了沙龙启蒙了人文思辨,通过这类聚集了各界名流的社交方式,在一定程度上对文学和时尚的讨论产出有了一定的社会价值。譬如,一幅名为《若弗兰夫人沙龙里诵读伏尔泰的悲剧〈中国孤儿〉》的油画,记录了启蒙运动的思想领袖伏尔泰在一个沙龙中阅读法语版改编中国元杂剧《赵氏孤儿》的情景(如图3-3),通过他所理解的中国儒家文化对法国的现状提出见解。

---

① 纳尔逊·古德曼:著名的分析哲学家、逻辑学家、科学哲学家和美学家,现代唯名论、新实用主义的主要代表之一。
② 让-雅克·卢梭:法国18世纪伟大的启蒙思想家、哲学家、教育家、文学家,18世纪法国大革命的思想先驱,杰出的民主政治家和浪漫主义文学流派的开创者,启蒙运动最卓越的代表人物之一。
③ 范玉吉:《试论西方美学史上趣味理论的变迁》,上海复旦大学出版社2004年版,第23—25页。

图3-3　油画《若弗兰夫人沙龙里诵读伏尔泰的悲剧〈中国孤儿〉》①

二、新兴资产阶级与设计师驱动的时尚 The Emerging Bourgeoisie and Designer-Driven Fashion

(一)新兴资产阶级背景 Background of the Emerging Bourgeoisie

随着资本主义的发展,原来17、18世纪等级森严的社会阶层结构被瓦解了,经济的发展让很多人能够买得起大批量生产的时尚产品,时尚作为阶层区分的符号已不足以解释各种时尚现象。如何定义资产阶级,法国历史学家皮埃尔·米盖尔(Pierre Miquel)认为:"资产阶级是这样一些人,他们认为保持一定的社会地位是必须的。"19世纪的资产阶级积聚了大量财富,经济地位赋予他们一定的社会地位。但贵族因血缘、家族传承而长期巩固的社会阶层难以被打破。作为当时社会的中产阶级,他们是积极推动当时社会进步的重要力量,他们的思维方式超前,对政治地位的渴望也逐渐凸显。他们有自己独特的思想方式、特殊的习俗等。

此外,资产阶级本身也不是一个统一的整体,如果我们进行分类的话,大致可分为大资产阶级、中等资产阶级、小资产阶级三个部分。他们并非截然分离,而是相互交叉。大资产阶级(Grand Bourgeoisie),即富裕的银行家和一些大实业家。大资产阶级与封建贵族有着千丝万缕的联系,这一方面表现在大资产阶级发财以后通常也购买地产,甚至购买贵族头衔,或者与贵族通婚使自己与贵族更接近;另一方面,有些贵族也从事商业活动。但资产阶级毕竟与贵族有别,一个最显而易见的区别是:贵族炫耀的是出身,而资产阶级炫耀的是财富。中等资产阶级(Middle Bourgeoisie),包括手工工场主、中等商人和海运业者。与大资产阶级不同,他们与旧制度是水火不相容的。他们认识到旧制度对自己的发展不利。因此他们要求取消资本主义发展道路上的一切障碍物,甚至要求彻底废

---

① 图片来源:国学中国网。

除封建土地关系。处在资产阶级下面的城市居民便是小资产阶级(Petty Bourgeoisie),其中有小商人及小作坊主人,他们参加劳动,同时也是独立经营者。因此他们既反对大资本家,也与无产者有矛盾。不过,他们更仇恨僧侣贵族及专制政府,因为前者的特权和后者的苛捐杂税最使他们难以忍受。比小资产阶级的地位更为低下的便是无产阶级的前身手工工场工人、作坊工匠及城市贫民。

(二)新兴设计师 Emerging Designers

与现代设计的形成时期一致,现代时装设计的形成是在19世纪末20世纪初。那时法国超越了意大利以及英国等文化重地,渐渐成为公认的世界时装发展中心。这个欧洲魅力之都成就了时装设计师,同时也造就了大批时尚的追捧者,并逐一形成繁华的时装商业。造就整个巴黎时尚繁荣景象的设计师中最有影响力的一位是查尔斯·沃斯(图3-4)。

图3-4 查尔斯·沃斯[1]

1. 查尔斯·沃斯

1858年,英国人查尔斯·沃斯在巴黎开设了第一家高级时装店(图3-5)。从小就学习纺织、裁缝技术的沃斯对服装的面料和工艺都十分精通,他的时装店以贵妇人、舞台明星以及有钱的中产阶级为对象,专门为这些顾客量身定制高级时装。每次在服装制作完成后,沃斯总要把自己的名字缝制在衣服上。随着顾客的增多以及贵妇人和明星的宣传,沃斯时装店的名气越来越大,其本人也成为最早有品牌意识的设计师,同时他也成为引导巴黎高级时装业流行的第一位时装设计师。19世纪70年代,沃斯的名字经常出现在当时的时尚杂志中,他的名声也逐渐从宫廷圈扩大到了普通女性群体中。

---

[1] 图片来源:百度百科。

图3-5　沃斯在 Rue de la Paix 的时装店①

　　沃斯成名之后，周围聚集了一批当时的欧洲时尚追随者，其中不乏上流社会的皇室和贵族们。沃斯的社交圈对象不仅仅是为了一场舞会挖空心思，提前几个月就开始定制礼服、设计发型、调制香水的贵族妇女小姐们，还囊括了当时最有势力与财力的政治名流与资本家们，以及当时巴黎社会的演艺界明星和高级交际花，他们共同参加沃斯的家庭晚宴，如同参加沙龙聚会一般，展示着当时的法国资本主义上流社会奢靡、优雅、华丽的生活方式。

　　起初，沃斯通过自己的方式与上流社会有了交集。当时，奥地利的麦太尔尼黑公爵来到巴黎就任驻法大使，公爵夫人梅特涅正为即将到来的欢迎舞会的着装而发愁。精明的沃斯马上让妻子带着几张专为公爵夫人设计的时装效果图前去拜访。刚到巴黎的公爵夫人为沃斯的高雅品位心动不已，立刻就定购了两套。沃斯使出浑身解数在最短时间内精心制作了公爵夫人的舞会"战袍"。我们无从考证当年宴会上的奥地利公爵夫人是何等光彩夺目、艳惊全场，但是史料上记下了欧仁妮皇后（Eugónie de Montijo）和她的一段对话："这件衣服是谁设计的？""是一个刚刚立足于巴黎时装界的年轻人。""是吗？ 如果是个新星的话，往往实力难测，明天11点请他到这里来！"后面的故事顺理成章，欧仁妮皇后将沃斯领入了欧洲贵族及富豪圈。这让他本人以及他的时装屋声名鹊起，甚至在美国的杂志上也可以看到他的名字和服装。

　　沃斯当时的社会交往对象不仅仅局限于法国本土最具权威的政治人物、皇室名流等，英国的皇室名流以及美国的金融大亨也囊括其内。除此之外，沃斯高级时装的客户

---

① 图片来源：VOGUE官网。

遍及欧洲其他国家,如奥地利的茜茜公主(Elisabeth Amalie Eugenie)①,或是意大利、俄罗斯、波兰等国上流社会阶层的贵妇人。这些国家上流社会的社交往来、外事活动或者政治名流聚会毋庸置疑对当时沃斯高级时装的推广起到了关键作用。

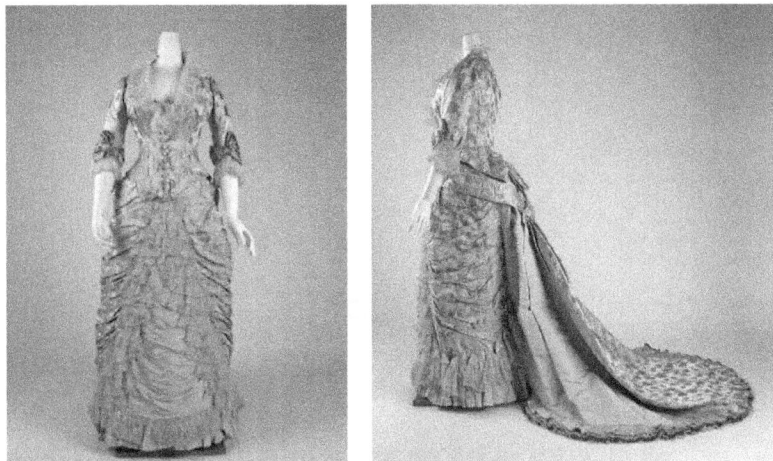

图3-6 沃斯作品②

2. 保罗·波烈（Paul Poiret）

20世纪初,世界经济、文化、意识形态都发生了空前的变化,新的生产方式和新的生活节奏带来了各领域内的革命。世界在大踏步地前进。这时期的一个显著标志是服装款式上的大起大落,它亦标志着新旧世界的矛盾与冲突。这是一个动荡不安、令人困惑的时代,也是一个生机勃勃、激动人心的时代。不管怎么说,到20世纪,沃斯的光辉不得不趋于暗淡,20世纪的世界等待着、孕育着新的时装大师和他们所带来的思维与艺术的革命。

保罗·波烈(图3-7),这位充满幻想的时装大师于1879年4月生于巴黎,他的一生和事业都在巴黎,他在巴黎度过了最辉煌和最惨淡的时光。保罗·波烈年少时对文学、戏剧有着浓厚兴趣,不断寻找机会结识艺术家,也常常溜进时装发布会场,默默地欣赏当时的流行服装。稍后,保罗·波烈到一家雨伞厂工作,他收集起废弃的绢布片,试做了第一件日本风格的服装。同时他开始绘制服装设计图,他的设计被一位女服装师购去,并约定继续购买他的设计,这大大鼓舞了波烈在这一领域发展的决心。

---

① 茜茜公主:巴伐利亚的伊丽莎白女公爵(全名伊丽莎白·亚美莉·欧根妮,1837—1898),奥地利帝国皇帝弗兰茨·约瑟夫一世的妻子。
② 图片来源:搜狐时尚网。

图 3-7　保罗·波烈①

　　20岁那年，保罗·波烈的才华得到了巴黎著名时装师雅克·杜塞（Jacques Doucet）②的赏识，他被聘为杜塞的特约服装设计师。对此，杜塞的职员、模特，甚至他的父亲都不以为意。但是杜塞是位有远见的师长，他送波烈到一个好裁缝那儿学手艺。保罗为杜塞设计的第一件作品"赤罗纱斗篷"（Red Cloth Cape），被销售一空。波烈更加刻苦地学习设计，杜塞也常常修改他的设计稿。这时期，保罗的内心开始煽起了服装"革命"的梦想之火。不久，波烈离开杜塞，应召入伍。服役后，他到沃斯兄弟的时装店工作，最终因观点不合而与之分道扬镳。

　　东方感的、浪漫主义的或者新古典主义的，一切都基于这位巴黎设计师丰富的设计思想与天生的趣味：一方面，保罗·波烈痴迷于古希腊与文艺复兴时期的艺术风格；另一方面，他为东方各民族的艺术特色所倾倒。他曾经访问过俄罗斯，为其浓郁的色彩所吸引，并对古代美索不达米亚、阿拉伯及土耳其的服装充满兴趣。在保罗·波烈设计的服装中，我们总是隐约可以找到古罗马裙袍、日本和服、中国旗袍、阿拉伯长裙、印度纱丽等的痕迹；而他开创性的设计包括胸罩、单肩睡衣和灯笼裤等（图3-8）。这种糅合了诸多艺术元素及浪漫风格的现代服装，与一种极端理性的、内敛低调的现代风格，比如可可·香奈儿（Coco Channel）的黑色小礼服，形成了完全的对比趣味。

---

① 图片来源：百度百科。
② 雅克·杜塞既是一位神话般的时装大师，又是一位流行偶像。

图3-8　保罗·波烈充满异域风格的作品①

　　保罗·波烈的设计方法是非常现代的,因为其手法是自然的:他通过宽松平直的T型连衣裙把被紧身胸衣箍紧的女性解放了出来,因而他塑造了一种更符合20世纪精神的新的理想形象:一种纯真纤长的少女形象。这与19世纪末沃斯所塑造的丰满成熟的S形女性形象是截然不同的。这种新的手法是在胸部采用抽褶或打褶的方法自然处理,抛弃了过去对胸部的固定,使腰线自然下降,最低可达臀部。或者也会采用多层下摆的裙子,裙的下摆线成为腰线的替代,使视觉中心下移。研究发现,腰线的下移是为了强调腹部,这也意味着服装的视觉中心从成熟女性高耸的胸部转移到少女平坦的腹部。这是一种全新的审美观,符合新时代的发展;同时也是一种更符合事物本质的审美,因为它是建立在以人为本的审美理念基础之上的。

　　然而,保罗·波烈的设计并不是极端或泾渭分明的,而是基于女性化的特征和真实的使用场景。风格对于保罗·波烈来说是可以改变的,某些时候甚至是非常独特的,因其可以依据个体特征去改变风格,并且无视主流的趋势。

　　波烈式的典型轮廓是没有接袖的连袖式或插肩袖,采用宽松平直的直线条,不强调腰线或腰线下移,以及中国旗袍式的臀部放宽、下摆收拢,两边开衩的样式;而其更为著名的是被称为"蹒跚裙"的款式,愈加收紧的下摆,穿着后只能迈小步走路,甚至外套也受到了这种极端裙式的影响,外套造型接近日本和服,中间宽松两头削窄,如陀螺一般(图3-9)。

---

① 图片来源:纺织网。

保罗·波烈继续把艺术和商业相结合，并于1911年冒险进入了香水行业。当然，不仅仅是这些，他与室内设计师的交往使其成为生活方式营销的先驱，那些追赶潮流的贵妇们不仅身披保罗·波烈设计的衣服，并且梦想在家居中统统布置上保罗·波烈风格的图案装饰。这一切使保罗·波烈的产品达到了前所未有的装饰艺术效果与异域风情（图3-10）。

图3-9　保罗·波烈的设计手稿①

图3-10　波烈风格的家居装饰②

保罗·波烈丰富的艺术思想及对艺术特质的深刻尊重，构成了其事业发展的基石。与今日的服装工业相比，保罗·波烈的浪漫主义思想以及他所推崇的高品质的定制店，具有更为浓郁的幻想和个人主义精神，也令人倍加怀念那个逝去的优雅时代。

表3-1　不同时期的部分代表设计师与时尚偶像

时期	代表设计师	时尚偶像
维多利亚时期	查尔斯·沃斯	欧仁妮皇后 维多利亚女王
爱德华时期	保罗·波烈	亚历山德拉皇后（Queen Alexandra）
20世纪20年代	威利特（Willetts & Sons） 简奴·朗万（Jeanne Lanvin） 可可·香奈儿（Coco Chanel）	葛丽泰·嘉宝（Greta Garbo） 克拉拉·鲍（Clara Bow） 玛琳·黛德丽（Marlene Dietrich）
20世纪30年代	艾尔萨·夏帕瑞丽（Elsa Schiaparelli） 玛德琳·薇欧奈（Madeleine Vionnet）	费雯丽（Vivien Leigh）
20世纪40年代	克莱尔·麦卡德尔（Claire McCardell） 古驰奥·古驰（Guccio Gucci）	贝蒂·戴维斯（Bette Davis） 丽泰·海华丝（Rita Hayworth）

①② 图片来源：海报网官网。

续表

时期	代表设计师	时尚偶像
20世纪50年代	克里斯汀·迪奥(Christian Dior) 贝尔·纪梵希(Hubert Givenchy)	奥黛丽·赫本(Audrey Hepburn) 玛丽莲·梦露(Marilyn Monroe)
20世纪60年代	玛丽·匡特(Mary Quant) 安德烈·库雷热(André Courrèges) 伊夫·圣罗兰(Yves Saint Laurent)	崔姬(Twiggy) 披头士(the Beatles)
20世纪70年代	薇薇恩·韦斯特伍德(Vivienne Westwood) 川久保玲(Comme des Garcons)	黛比·哈利(Debbie Harry)
20世纪80年代	詹尼·范思哲(Gianni Versace) 山本耀司(Yohji Yamamoto) 卡尔文·克莱因 拉菲·劳伦(Ralph Lauren)	麦当娜(Madonna) 戴安娜王妃(Lady Diana)
20世纪90年代	亚历山大·麦昆 渡边淳弥(Junya Watanabe) 马丁·马吉拉(Martin Margiela)	凯特·摩丝(Kate Moss) 詹妮弗·安妮斯顿(Jennifer Aniston)

　　顺着历史演进的脉络,查尔斯·沃斯、雅克·杜塞、保罗·波烈以及艾尔萨·夏帕瑞丽这4位高级时装设计师,分别围绕各个时期的社会上层群体实践着高级时装屋的设计运营管理。见表3-2。从时间跨度看,这些历史样本映射了时代精神的演变与设计对象的更迭。纵览19世纪以来的法国时尚系统,这4位高级时装设计师分别贡献于法国高级时装产业的萌蘖成型与发展演变,承接前后且跨越了一个半世纪续写着法国时尚的历史。

表3-2　各个时期主要设计师们的设计风格和设计运营方式比对

设计师	查尔斯·沃斯	雅克·杜塞	保罗·波烈	艾尔萨·夏帕瑞丽
生卒年份	1826—1895	1853—1929	1879—1944	1890—1973
高级时装屋运营阶段	1858—1946	1896—1929	1903—1929	1935—1954
设计风格	西式古典设计	西式古典设计	女性主义与东方风格设计	结合艺术的时装设计
设计运营方式	组合式设计装配提高效率,公主线与西套装; 品牌视觉设计与标识; 以贵族阶层为目标的沙龙展示	包含褶裥、曲线和花边等设计元素的晚礼服设计; 戏剧、舞台剧时装设计,通过明星个人影响力来推广; 以贵族阶层为目标的小范围沙龙展示	以"女性自由"为主题,廓形宽松、线条流畅的女装;东方主义系列设计; 以巴黎上流社交圈为目标的主题"派对式"展示	以独特的艺术鉴赏力和现代美学表现力打破了时装与艺术的堡垒,开创出不同的服装样式及风潮; 社交圈推广,名人效应,品牌植入等

3. 马瑞阿诺·佛坦尼（Mariano Fortuny）

马瑞阿诺·佛坦尼（图3-11），于1871年5月11日出生在西班牙格拉纳达的一个艺术家庭。年轻的时候，佛坦尼就表现出了极大的绘画天赋和对纺织品的热爱。佛坦尼最出名的成就是在时装设计领域，他的妻子亨利埃塔（Henrietta）是一位经验丰富的裁缝，她帮助佛坦尼完成了许多设计作品。他们在威尼斯的家中装饰了他父亲收藏的许多艺术品以及各种启发影响他的艺术品。佛坦尼从过去的风格，比如希腊女性轻盈的服装中汲取灵感，这些衣服紧贴着身体，突出了女性身体的自然曲线和形状。

佛坦尼一反当时的流行风格设计创造了德尔斐（Delphos）褶皱礼服（图3-12），这件礼服运用丝绸材料，衣服会随着身体而摆动。他所使用的褶皱都是手工制作的，没有人能够重现他的作品，或者像他的衣服一样维持多年造型依然不变。佛坦尼因Delphos Gown褶皱服装而出名，玻璃质地的穆拉诺（Murano）珠串联在丝线上沿着服装的每条边进行缝合，既起到了装饰的作用，又可以确保服装的外形不受影响。

图3-11　马瑞阿诺·佛坦尼[①]　　　图3-12　Delphos Gown礼服[②]

他还用古老的方法为他的织物制造染料和颜料。凭借这些染料和颜料，他将自己制作的带有纹样的图案印在天鹅绒和丝绸上，他的衣服现在被认为是精美的艺术品，被许多博物馆和收藏家收藏。

---

①② 图片来源：搜狐时尚网。

第四节 \ 20世纪以来的时尚

Fashion Since the 20th Century

一、20世纪艺术与时尚的交织 Interweaving of Art and Fashion in the 20th Century

如果说20世纪以前,艺术风格存在的目标是在传统的基础上发展出新的艺术题材、技巧、方法和观念的话,那么20世纪以后,所诞生的艺术风格很明显就是要对现存的、一直作为权威的传统加以反抗。19世纪后期的诸种艺术流派实际上已经在预演这样的一种反叛,但是到了20世纪,艺术家们才有明确的意识这样去做。

If we say that before the 20th century, the goal of art style was to develop new subjects, techniques, methods and ideas based on tradition, then after the 20th century, the art style born later is clearly to rebel against existing traditions that have always been regarded as authoritative. The schools of art were actually rehearsing this rebellion in the late 19th century, but only in the 20th century, artists had a clear sense of doing this.

这场对于资产阶级文化传统的反叛,应该是从未来主义开始的。未来主义是由意大利的一些艺术家所发起的一场艺术运动,主要代表人物菲力普·马里内蒂（Filippo Marinetti）①、翁贝托·波丘尼（Umberto Boccionil）②、贾科莫·巴拉（Giacomo Balla）等③。未来主义者崇拜速度、战争、机器,对于一切传统的惯例持激烈的反叛态度,甚至要将其摧毁。在1909年发表于《费加罗报》的《未来主义宣言》中,他们宣称:"我们是从意大利向全世界发出我们这项充满猛烈的、烈火般震撼的宣言的,正是通过这项宣言,我们今天建立了'未来主义',因为我们要把这个国家从由教授、考古学家、卖弄学问者、厚古薄今者构成的脓蛆中解放出来。"未来主义者表现了对于资产阶级主流文化激烈的反叛,在当时实际上也是一种青年亚文化,他们所表现出来的充满激情、冲动、能量的行为和言论充分反映了青年亚文化的特点。

---

① 菲力普·马里内蒂:意大利诗人、小说家、文艺理论家,未来主义的创始人。1909年在巴黎发表《未来主义宣言》,主张作品用新的手法表现生活,否定传统文学的价值。

② 翁贝托·波丘尼:意大利未来派画家和雕塑家,绘画作品有《城市兴起》（1910）,雕塑作品有《空间连续的唯一形体》（1913）等。

③ 贾科莫·巴拉（1871—1958）:意大利画家,未来派最杰出的人物,代表作有《劳动者的节日》《街灯:光的习作》。

未来主义在包括文学、绘画、建筑、服装、烹调等很多领域都发表了自己的宣言。贾科莫·巴拉于1914年发表了《未来主义关于男人服装的宣言》，沃尔特（Volt）于1920年发表了《未来主义关于女性时尚的宣言》，菲利波·马里内蒂和一些第二代的未来主义者发表了《未来主义关于意大利帽子的宣言》，还有画家雷纳托·迪·博索（Renato di Bosso）等人于1933年发表了《未来主义关于意大利领带的宣言》。沃尔特在《未来主义关于女性时尚的宣言》中指出，时尚就等于未来主义女性，当时的风格在他的眼中是僵化的，缺乏创造性和想象力的。未来主义的女装要遵循三个原则：独创、大胆和经济。他呼吁，伟大的诗人和画家要接管那些重要的时装公司，时尚就如建筑和音乐一样是一门艺术，一件独创的时装与米开朗琪罗的壁画或拉斐尔的圣母像具有同样的价值。

在所有这些有关未来主义时尚的宣言中，以巴拉于1920年撰写的《反中性服装：未来主义宣言》影响最大，他在宣言中提出了未来主义对于传统服装的严厉批判："人类总是以丧服、僧袍或斗篷为衣，穿戴中尽显安静、怯懦、谨慎和优柔寡断。一直以来，服装上浅色的和中性的色调压抑着人类的身体，墨黑的颜色磨灭人类的勇气，腰带抑制着人类的正常呼吸，褶裥禁锢着人类的思维创新。直到今天，人们仍然穿得有如僧侣一般。他们打褶的、不舒适的服装颜色暗淡、式样呆板、风格压重严肃，是怯懦、忧郁和奴役的表现，是对惨淡的、丧葬的、沉闷的、宁静的色调和图案的诠释，更是对生气和活力的否定。人类的生气和活力，早已被反卫生的守旧主义以太过沉重的服装和沉闷的、女人气的以及颓废的中间色调压得透不过气来。"这样一类的传统服装一概被称为"中性服装"，都是必须要消灭的，而未来主义所提倡的服装则是进攻性的、轻巧的、活力四射的、简朴而舒适的、卫生清洁的、发光的、不对称的、多边的等等。在宣言的最后他提出："既然中性是集一切守旧主义之大成，我们未来主义者就在今天高举反中性服装的旗帜，引领好战的、振奋的服装潮流。"

由于未来主义艺术强调表演性强，强调事物在空间中移动的连续状态，所以他们也会特别关注积极运动的身体，这可以解释他们对于时尚的关注。巴拉不仅提供未来主义的服装观念，而且还把这种观念应用于服装设计之上，为当时的戏剧、芭蕾舞设计服装。未来主义的时尚观念带着重新塑造意大利文化的民族特性的政治目的，对以后意大利时尚的发展产生了很大的影响。其后形成于1916—1922年间的达达主义更进一步摧毁了传统的艺术趣味和价值观念。达达主义的创始人是汉斯·阿尔普（Hans Arp）[1]、特里斯

---

[1] 汉斯·阿尔普：德国艺术家，以雕刻出名，热衷于诗词和版画创作，代表作有《绝妙的丑角》《花》和《矩形》等。

坦·扎拉(Tristan Tzara)、曼·雷(Man Ray)[①]等。达达主义的出现是对"一战"爆发的反应，他们认为战争的深层原因是资本主义社会的理性和逻辑，所以他们反对资产阶级的传统文化，而以混乱和非理性代替。他们的口号是"破坏一切"，以古怪而令人震惊的表演或者说胡闹代替艺术。有人说，达达主义的艺术实际上是反艺术。德国达达主义画家乔治·格罗兹(George Grosz)在《论达达运动》中写道："所有这些运动都有某种纲领，但是我们的运动是彻底的虚无主义。我们唾弃一切，包括我们自己。我们的象征是乌有，是真空，是空无。"在德国科隆举办的一次达达主义的展览上，非裔画家马克斯·恩斯特(Max Ernst)[②]把一把斧子挂在自己的一件雕塑上，并且怂恿观众把雕塑捣毁。法国艺术家马塞尔·杜尚(Marcel Ducham)[③]虽没有正式加入达达主义的圈子，却成了达达主义最好的代言人，他的创作非常能够体现达达主义的精神。他在《蒙娜丽莎》上加上小胡子，并加上标题"L.H.O.O.Q"，据说含义为"她有一个性感的屁股"，这是通过对经典艺术的篡改来诋毁传统。又是杜尚第一次把工厂里生产出来的现成品——一个小便器，签上自己的名字，拿到艺术展览会上展览。杜尚自己宣称是要以现成品来打击传统的美学，告诉人们艺术与美没有任何的关系。在达达主义之后，艺术和非艺术之间界限变得含混不清了，资产阶级的高雅趣味在这里受到了严峻的挑战。

1924年，法国作家安德烈·布列东(André Breton)主编了《超现实主义革命》杂志，并发表了《超现实主义宣言》。宣言提出："超现实主义(Surrealism)，阳性名词，指纯粹的精神的自动性，主张通过这种方式，口头地、书面地或以任何其他形式表达思想的实实在在的活动。思想的照实记录，不得由理智进行任何监核，亦无任何美学或伦理学的考虑渗入。"这种观念深受弗洛伊德[④]潜意识心理学的影响，在艺术手法上强调将完全不相联系的事物并置在一起，以产生令人震惊的效果来反对传统的理性化的次序，而追求一种无序。超现实主义者特别强调对于人们传统和日常经验的革命，同达达主义一样反对理性和逻辑。马克斯·恩斯特、萨尔瓦多·达利(Salvador Dali)[⑤]、勒内·马格里特(René Magritte)[⑥]是三位最著名的超现实主义画家。他们的作品喜欢表达黑暗邪恶或是带有暴

---

① 曼·雷：美国著名达达和超现实主义艺术家，是一个擅长绘画、电影、雕刻和摄影的艺术大师，代表作为《一个女郎和她五颗眼泪》。他是有史以来第一个摄影作品价值远远超越其他所擅长的形式的艺术家。

② 马克斯·恩斯特：德裔法国画家，雕塑家，被誉为"超现实主义的达·芬奇"，他在达达运动和超现实主义艺术中，均居于主导地位。

③ 马赛尔·杜尚：法国艺术家，20世纪实验艺术的先锋，对"二战"前的西方艺术有着重要的影响，是达达主义和超现实主义的代表人物和创始人—之一。

④ 西格蒙德·弗洛伊德：奥地利心理学家，开创潜意识研究新领域，促进动力心理学和人格心理学发展。

⑤ 萨尔瓦多·达利：著名的西班牙加泰罗尼亚画家，因其超现实主义作品而闻名。

⑥ 雷尼·马格里特：曾于1916年4月在布鲁塞尔美术学院学习，两年后，获一家画廊的资助，潜心研究超现实主义绘画实验。

力色彩的神秘感。这些艺术家不仅用自己的作品影响社会的品味，而且他们也同样参与服装设计，直接影响时尚领域中风格的变化。比如，达利不仅创作超现实主义的绘画，而且还设计家居，与服装设计师可可·香奈儿、艾尔萨·夏帕瑞丽以及迪奥合作设计服装，对时尚界产生了很大的影响，其中尤以与夏帕瑞丽设计的"龙虾服装"最为闻名（如图3-13）。

1. 艾尔萨·夏帕瑞丽

艾尔萨·夏帕瑞丽（图3-14）是20世纪30年代巴黎时装界的杰出代表人物。1927年，夏帕瑞丽在法国著名的时尚区设旗舰店。她的设计大胆奔放，有想象力，追求新奇、刺激，因此她被誉为"时装界的超现实主义者"。

1933年，夏帕瑞丽入驻伦敦，凯瑟琳·赫本（Katherine Hepburn）[1]也是她的拥护者。第二年，夏帕瑞丽发布了3款香水。直至1935年间，葛丽泰·嘉宝[2]、格洛里亚·吉尼斯（Gloria Guinness）和温莎公爵夫人（Duchess of Windsor）[3]都曾多次光顾她的时装店。夏帕瑞丽陪同朋友参观保罗·波烈的工作室，她为波烈的设计所痴迷。波烈则送她一件大衣为礼物，就此两人开始了长达一生的友谊。

图3-13　龙虾裙[4]　　　　　图3-14　艾尔萨·夏帕瑞丽[5]

不同于20世纪20年代女装的直线造型，夏帕瑞丽提倡古典式凸显女性特征的设计，她的作品重视女性腰部和臀部的曲线，让丰满的胸部表现出自然的线条，同时在肩部增

---

[1] 凯瑟琳·赫本：美国影视演员。
[2] 葛丽泰·嘉宝：瑞典籍好莱坞影视演员。
[3] 温莎公爵夫人：本名 Bessie Wallis Warfield，生于美国，是温莎公爵的夫人。
[4] 图片来源：搜狐时尚网。
[5] 图片来源：搜狐时尚网。

加垫肩强调肩的形状，整体廓形细长雅致，在展现腰身的同时体现了女性优雅的姿态，引领了20世纪30年代女装的流行趋势。此外，她的大胆设计还表现在服装的装饰方面，如纹理明显的面料、大胆荒诞的图案、华丽的刺绣品以及比例夸张外露的拉链和纽扣。

总之，她的作品总是给人耳目一新的感觉。她第一次将拉链和合成纤维运用在时装上，给时装设计带来了更多的可能性。夏帕瑞丽的设计满足了保守女性对新奇感觉的心理追求，在服装史上添加了重要的一笔。

2. 理查德·汉密尔顿（Richard Hamilton）

英国艺术家理查德·汉密尔顿[1]于1956年完成的拼贴作品《究竟是什么使今天的家庭如此不同，如此具有魅力？》（图3-15）被认为是第一幅波普艺术（Pop Art）的作品。汉密尔顿通过拼贴大众杂志上剪裁下来的图案表现消费主义对人们生活的巨大影响，显然是对物质主义强烈的嘲讽。当波普艺术越过大西洋来到美国，安迪·沃霍尔（Andy Warhol）（图3-16）[2]和罗伊·利希滕斯坦（Roy Lichtenstein）[3]似乎很庆幸找到了一种艺术手段来表达他们对于商业文化的喜爱。他们不仅用艺术来表达人们日常生活中最为常见的消费品，而且也尽力使他们的创作成为最受人喜爱的消费品。沃霍尔甚至宣称："商业艺术是纯艺术的下一步……商业上的成功是艺术最吸引人的方面。在嬉皮士时代，人们不去理睬经商，他们会说'金钱不好''工作也不好'，但是创造金钱是艺术，工作也是艺术，成功的生意是最好的艺术。"这些波普艺术家使得艺术同商品、创作与时尚之间的界限变得模糊不清了。

杜夫海纳（Mikel Dufrenne）[4]在谈到现代的艺术家时指出："在历史迷宫中迷路的艺术家，当他决定创作之时，更多地致力于行为，而不是他的产品。由于这个缘故，他的创作带有仓促性，有时还有粗野性。在这场无休无止的求新活动当中，一个艺术阶段很快成为过时。只要这种冒险既奇特而又激动人心，那么它所留下的痕迹是什么都无关紧要。"这一时期越来越多的艺术流派、艺术运动、艺术团体出现，每一个都会提出令人震惊的口号和宣言。他们的作品相对而言却变得不是那么重要了，由于总想表现出与以前哪怕是出现不久的艺术的不同，他们对新奇的追求胜过了对品味和风格的追求；或者说，他们的风格或品味根本来不及成熟甚至形成就已经表达出来了。到20世纪，曾经作为品味的表达者和教化者的艺术家在这方面失去了他们应有的作用，可以说，这个时代的艺术

---

① 汉密尔顿：英国著名艺术家，世界上最有影响力的当代艺术家之一，波普艺术的领军人物，被称作"波普艺术之父"。

② 安迪·沃霍尔：被誉为20世纪艺术界最有名的人物之一，是波普艺术的倡导者和领袖，也是对波普艺术影响最大的艺术家。

③ 罗伊·利希滕斯坦：国画家，波普艺术大师，是美国最重要的艺术家之一，美国艺术学院成员。

④ 杜夫海纳：法国美学家，现象美学家的主要代表之一。

正表明了有教养的资产阶级的时代及其艺术的终结。它所产生的后果是，品味的表达出现了越来越多具有同等地位的形式，没有哪一种形式能够占据主导地位；另一方面，品味本身也不能像以前一样以一种成熟的形式出现，而越来越依赖于新奇，越来越追求令人震惊的效果。正因为如此，它在青年亚文化上面找到了极好的替代物。

图3-15　理查德·汉密尔顿的
　　　　拼贴作品图①

图3-16　安迪·沃霍尔②

二、年轻一代与街头文化驱动的时尚 The Young Generation and Street Culture-Driven Fashion

　　1945年，"二战"结束，各国都纷纷进入了战后重建阶段。这段时期虽然没有炮火的袭击、生命的威胁，生活水平依旧被紧缺的物资牵绊着，但是这也无法阻止时尚的重生。1947年，迪奥推出了"新风貌"（New Look）风格，这种浪费布料、过度装饰的穿着经历了一段时间的诟病后立刻成为时尚潮流。在20世纪50年代，各国渐渐摆脱战争的阴影，军装和工装的打扮被舍弃，时尚圈迎来了高级定制时装的回潮，迪奥、巴黎世家、纪梵希都是这场革命的先锋，女性的地位再次发生变化，经历过节衣缩食的简朴风格后流行起了俏丽优雅的贵妇风潮。尼龙、聚酯纤维、氨纶等人工面料具有耐洗和易保存的特性，在战后受到了人们的青睐。

　　战后和平的生活催生了丰富多彩的艺术文化，轻松愉悦的娱乐项目纷纷涌现，音乐剧、电影、摇滚乐的发展欣欣向荣，出现了猫王（Elvis Presley）、琼·卡特（June Carter）等知名歌手和演员。年轻人渐渐成为服装市场的潜在主力军，他们生活放荡不羁、追求自由，在经济独立的情况下极度想摆脱父辈的思想束缚，追求电影、音乐中的潮流，在服装中也是追求那些难以被父辈认可的叛逆造型，比如詹姆斯·迪恩（James Dean）③在电影中身穿

---

① 图片来源：百度百科。
② 图片来源：搜狐文化网。
③ 詹姆斯·迪恩：著名美国电影演员，以扮演20世纪50年代惶惑、急躁、空想的青年典型而受到崇拜。

T恤衫、皮夹克和牛仔裤,骑着摩托车的经典"小混混"打扮。在这种文化下,美国催生了被称为"垮掉的一代"的文学流派,推崇经典的条纹衬衫和宽松裙子,还有统一的黑色短袖、铅笔裙和紧身裤。

因为"二战"后第二次生育高潮中出生的婴儿到20世纪60年代均达到青春期,此时全世界掀起了一场规模空前的"年轻风暴"。以法国为例,法国在1962年、1963年前后,十几岁的青少年人口增加到接近战前的两倍,在欧美其他国家都有类似的现象。在服装方面的体现是无视腰部的设计以创造一个更年轻的廓形。随着时间的推移,时尚变得更加激进,风格吸引特定的群体或者风格部落。风格部落是特殊群体,他们穿着独特,以证明群体属性。青少年有他们团体的自我认证,他们的穿着时尚又与主流文化区分开来。反主流文化看起来是基于生活方式的选择,从音乐兴趣到闲暇时间的追求,新的流行趋势经常出现在大街上的款式而不是来自时装T台秀。

20世纪60年代,时尚几乎不分男女,反映在态度上的变化就是对性别的传统观念。男人和女人都穿着类似的衣服,包括牛仔裤;女性的穿着也出现了西装和吸烟装。女性在努力寻找平等,建立起关于女性美的观念。

这一时期的代表设计师包括了玛丽·匡特(Mary Quant)。玛丽·匡特出生于英国,于1966年创立了她的同名品牌,在英国时尚界掀起了迷你裙旋风。她的设计推陈出新,自由发挥,并结合几何发型、烟熏妆,创造出经典的"Chelsea Look"(切尔西风貌)。

玛丽·匡特成为20世纪60年代红极一时的时尚代表。她不同于以往的设计大师,并不是一个自始至终的时装家,但她是20世纪60年代伦敦时装"狂飙运动"的领袖,被誉为"迷你裙之母"。她并不是"迷你裙"的发明者,但是她将这一概念商业化,让其席卷全世界。玛丽·匡特起初在一家高级女帽时装店工作,这段经历让她意识到"时尚应是大众化的必需品,而不是富人的专属品"。之后,1955年她在伦敦开了一家名为Bazaar(芭莎)的服饰店,生意一路红火,更是在1961年增开分店。1964年,安德烈·库雷热在巴黎时装发布会上推出膝上6—7英寸的迷你裙而产生更大的影响。他让迷你裙变成更高、更体面的服装,而不是街头的流行服饰,改革后的迷你裙被封为"切尔西女孩造型"。

三、亚文化群体运动的时尚 The Fashion of Subculture Group Movements

(一)亚文化的概念 The Concept of Subculture

在社会发展的任何时期,青少年文化的发展总是引人注目。惊世骇俗的亚文化因其涉及边缘文化、弱势群体对主导-霸权文化的反抗,经常成为文化研究的探索焦点。后现代西方亚文化的发轫,给主流文化带来了难以抵挡的冲击和活力,正如"当代文化研究之父"斯图亚特·霍尔(Stuart Hall)①所说,"青年文化最能够反映社会变化的本质特征"。青年亚文化在进行风格抵抗的同时,也给旁观者带来了解读的困境。

"亚文化"这一术语最早由芝加哥学派使用,正式提出于20世纪40年代中期,指在特定时期和特定的社会环境里,一个与主流文化相比规模较小的文化,亚文化的概念总是代表着少数对抗多数。亚文化关注多数人行为的局限性,并以提供与众不同的另类行为或文化形式为目标。亚文化群体与社会中其他群体的不同之处在于,他们背离现存社会的规范,流浪于主流社会之外,在非寻常的空间内生存,并在这种空间内形成一个共同体,如英国的青年亚文化群体。在西方后现代社会时期,尤其是20世纪60—80年代亚文化有着井喷式发展趋势,包括"垮掉的一代"、嬉皮士、朋克、摩登族等。青年亚文化在文化研究领域的意义,被认为是通过风格化的和另类的符号对主导文化进行挑战,从而建立认同的附属性文化,主要特点为抵抗性、风格化以及边缘性。人们对亚文化现象的兴趣与日俱增,而关于亚文化青年的描写虽然浩如烟海,却并不总是有用的。关于亚文化,有些方面我们依然一无所知。在这样的研究背景下,本章将运用符号学编码解码理论探讨亚文化时尚符码及其所承载的社会文化意义,从而为人们深入理解西方20世纪60—70年代流行一时的青年亚文化提供新的视角和阐释。

(二)亚文化时尚的代表 The Representatives of Subculture Fashion

1. 嬉皮士时尚 Hippies Fashion

嬉皮士出现于20世纪60年代的美国,主要由出身中产阶级的白人青少年构成,前身是"二战"后出现在西方的"垮掉的一代"——他们不满现实,反叛传统,追求自由,我行我素,过着放荡不羁的生活。

The Hippies appeared in the United States in the 1960s. They were mainly composed of white teenagers from middle bourgeoisie. They were formerly "the Beat Generation" that appeared in the West after World War II. The Beat Generation was dissatisfied with reality, rebelled against tradition, pursued freedom, went their own ways, and lived a Bohemian life.

总体来讲,美国嬉皮士的服装算不上时髦,而是稀奇古怪,且常常粗制滥造、肮脏破旧。嬉皮士所要表达的意义体现在其时尚符码上,主要有三种风格特点,每一种风格都与嬉皮士的身份僭越息息相关。

第一种风格是服装上的"回归贫穷"。与主流时尚背道而驰的"贫穷感"服饰在嬉皮士群体中形成了一种奇怪的"圈内时尚",并逐渐扩散到圈外,为当时青少年所喜爱。这种以"回归贫穷"为主题的着装,包括粗陋的外套和牛仔裤、脏兮兮的被单和破旧的凉鞋,

① 斯图亚特·霍尔,当代文化研究之父、英国社会学教授、文化理论家、媒体理论家、文化研究批评家、思想家。

嬉皮士们有时甚至赤脚行走,部分嬉皮士还会自己在家里拼凑修补衣服,比如百衲衣和扎染衣服。

第二种风格是嬉皮士对印第安人的模仿。嬉皮士们觉得穷人不够低下、不够边缘,穷人也属于大部分人,很少有异乎寻常的。这时候印第安人作为"局外人"的代表便成为一个更加特立独行、更加强有力的身份。嬉皮士们穿上了印第安人的服装,认同了印第安人的文化和精神。嬉皮士"印第安式"的时尚符码,包括毛织布、响铃、念珠、头巾、鹿皮靴等核心符号(这些核心符号成套出现、局部搭配或者层叠套合,是一种组合段,具有一定延展性;而系统则是印第安式衣片和零件的集合,零件的改变对应着服饰意义的改变,比如头巾的颜色变换等),穿着这些服饰符号要根据印第安人的穿着规则实行。

第三种风格是服饰上的性别模糊。嬉皮士文化中的男性与女性一样穿着柔性、颓废的服饰,这种风格打破了自19世纪以来,西方传统男性在服饰形象上以阳刚英武为主的风格,出现了颠覆以性别来区分服饰模式的中性服装。嬉皮士核心服饰符号如凉鞋、牛仔裤、马甲、头巾、被单等都没有两性区别,在花色和纹样上更为自由,男女均可穿着大胆绚丽的印染服装。

2. 朋克时尚 Punk Fashion

朋克原指流氓、胆小鬼、窝囊废、无赖,这个以朋克摇滚为核心的青年亚文化群体是"二战"后英国青年亚文化的集大成者,其成员多是英国社会下层青年人(如失业者、辍学的学生)。其实早在1957年伦敦的SS乐队就为朋克的出现铺平了道路,但是直到性手枪乐队建立,朋克才以一种清晰可辨的风格亮相。

Punk originally refers to hooligans, cowards, wimps and scoundrels. This youth subculture group with Punk rock as the core is the integrator of postwar British youth subculture, and most of its members are British lower-class young people (such as the unemployed and students who droped out of school). The SS band in London paved the way for Punk as early as 1957, but it wasn't until the establishment of the Sex Pistols that Punk came out in a recognizable style.

朋克真正意义上的登场是1976年的夏天,音乐刊物《新音乐快讯》第一次刊载关于朋克音乐的评论文章,引起了巨大反响。朋克混合了华丽摇滚、美国原生朋克风格,同时又吸收了伦敦酒吧摇滚、布鲁斯乐队以及北方灵魂乐和雷鬼乐的元素。这些风格迥异的音乐表面看起来水火不容,没有融合的可能性,但是它们在朋克的号召下神秘地实现了结盟。这种结盟也体现在服装上,在视觉层面创新制作出同样的噪音效果。

朋克的整套行头像是由安全别针拼接起来的,朋克惊世骇俗的着装为当年的高雅报刊提供了一系列有趣又精彩的解码素材,也是当时通俗小报源源不断的耸人听闻的话题。与20世纪60年代的口号"爱与和平"相反,朋克的口号是"性与暴力",连衣着材料也反20世纪60年代的自然之道而行之,各种人造材料和塑料随意搭配,朋克服装塑造了一种反唯美的、颓废的、破裂的、冲突的"美学精神"。

3. 摩登族时尚 The Mods Fashion

摩登族作为无赖青年的后继者,首次出现在20世纪50年代末的伦敦以及伦敦周边地区。在"二战"后英国的工人阶级青年亚文化中,摩登族是第一个对西印度群岛黑人亚文化的出现予以正面响应并试图效仿的亚文化群体,这种仿效体现了工人阶级青年"向上爬"的愿望。摩登族的英文"Mods"是"Modern Cultures"的缩写,名称起源与美国现代爵士乐有关,他们喜欢听爵士乐,有钱有闲寻找刺激,对个人外观极为重视,裁剪一流的意大利服装、手工鞋子是他们的基本行头,维斯帕(Vespa)和蓝贝塔(Lambretta)摩托车是摩登族狂热社交生活的必需品。此外,他们对细节的捕捉几乎到了痴狂的地步。

据统计,摩登族多是半技术工人或办公室职员、商店职员,相对于其他工人阶级子弟,他们的消费水平要高一些,另外还有一些艺术学院的学生,跟随玛丽·匡特的步伐,发展了另类的服饰品味,成了工艺上的"摩登族"。摩登族的理想生活围绕着夜总会和市中心展开,每一个摩登族成员在心理上都做好了准备,一旦有了金钱,一旦有了机会,他们可以随时狂欢。摩登族对狂欢的向往也体现在随时准备好参加派对的夸张的行头上:他们外表精致有加、举止节制,喜欢样式体面、保守的西装,过分讲究匀称和整洁。一般留着干净利落的短发,流行所谓的"法式平头",使用并不显眼的发胶而不是摇滚派爱好的耀眼发油。古德曼形容这种风格为"典型的下层阶级的花花公子"。摩登族创造的这种风格让他们在学校、工作与休闲活动之间达成了妥协,悄然打破了从能指到所指条理分明的秩序,逐渐颠覆了"衣领、西装与领带"的传统意义,讲究整洁到了荒谬的程度,甚至显得过于时髦、过于机警了。摩登族通过风格化的尝试意识到了社会中赋予工人流动的风格,他们的服装尽管从未在形式上被主流社会所正视,但是也在一定程度上反映了摩登族的享乐主义与消费至上之间的共谋关系。

而光头仔作为铁杆摩登族的演变,呈现出一种更加光鲜的风格:光头,穿吊带裤、实用免烫裤或李维斯牛仔裤、班·薛尔曼的衬衫以及擦得油亮的马丁靴,戴有纽扣的平纹或条纹领尖。菲尔·科恩认为,这一整套行头似乎再现了整个社会流动过程中的元叙事,这种元叙事诞生于摩登族风格中,显然是对无产者元素的无限夸大,是一种对任何想象中的资产阶级影响的补充性压抑。菲尔·科恩用"向上"和"向下"两个术语来解释从摩登族到光头仔的转换:摩登族探索了向上流动的选项,而光头仔则探索了无业游民向下的生活选择。然而迪克·赫迪伯格认为,这种所谓的"向上的选择"看起来不过是从摩登族过分夸张的外表以及处于压抑或兴奋状态下的自夸做出的错误推论,摩登族的华丽外表只是作为对白天相对较低下的低沉状态的弥补,好让自己不受控制。从这个角度来看,摩登族的装扮旨在通过转换和歪曲他们雇主和父母所喜欢的形象来创作一种风格,公然抵抗主流社会,造成不被理解的局面。

四、边缘与细分市场的时尚 The Fashion of Marginal and Segmental Market

二次元 Animation, Comic and Game Elements

"二次元"一词最早来源于日语的"二次元(にじげん)",意思是"二维",在日本的动画爱好者中指动画、游戏等作品中的角色。该用法始于日本,早期的日本动画、游戏作品都是由二维图像构成的,其画面是一个平面,所以被称为"二次元世界",简称"二次元",即"我们所存在的这个次元",也就是现实世界。随着漫画与动漫产业的蓬勃增长,二次元人物形象也被许多时尚设计师和服装品牌公司所发掘。比如,近几年的优衣库频繁地与许多漫画会社合作联动,发布了许多印有动漫人物形象的衣服。例如,优衣库与日本集英社下属 *JUMP* 杂志50周年合作纪念T恤(图3-17)。二次元漫画与动漫虽不能作为主流文化的一种,但在年轻人中仍有着巨大的受众群体,所以其与时尚相结合,结果必然是成功的。

图3-17　优衣库与 *JUMP* 合作款[①]

正是这样,以日本为例,受潮流影响极大的时尚产业毫无意外地与二次元紧密地联系在了一起。1974年问世的凯蒂猫(Hello Kitty)不仅有覆盖各项日常用品的周边产品,还有主题万事达卡,三丽欧单凭这只没有嘴巴的小猫就能够获得高达7.59亿美元的年收

①图片来源:优衣库官网。

入；诞生于 1988 年龙猫是吉卜力工作室的标志，日本历年电影票房排行榜中，前 10 名中有 6 名都来自吉卜力工作室；从 1969 年就开始连载的《哆啦 A 梦》成为许多人成长过程中的珍贵回忆。很多在日本的品牌门店也打造成了卡通人物的可爱造型。

　　不少品牌也推出了二次元主题的单品，莫斯奇诺（Moschino）就是其中之一。从动画卡通人物海绵宝宝到兔八哥，超级马里奥到飞天小女警，这个敏锐的品牌基本上是什么卡通角色受欢迎就做什么设计。罗意威（Loewe）2016 年春夏季漫画系列以高达为主题，起源是其品牌设计师乔纳森·安德森（Jonathan Anderson）在日本旅行时受到了灵感启发。优衣库的品牌服装 UT 系列也经常与二次元相交接，比如海贼王、阿童木、史努比、漫威系列、LINE 的兔子和熊、漫画版星战等。还有中国设计师品牌 XANDER ZHOU 借鉴日本动画导演大友克洋的作品 *AKIRA*，以其中人物阿基拉的"赛博朋克风"着装（图 3-18）作为灵感来源进行设计，具有工业感和未来感（图 3-19）。中国时尚品牌太平鸟与动漫《花木兰》合作，将古典的旗袍用现代剪裁手法呈现出中式侠气的韵味（图 3-20）。

图 3-18　*AKIRA* 人物
阿基拉[①]

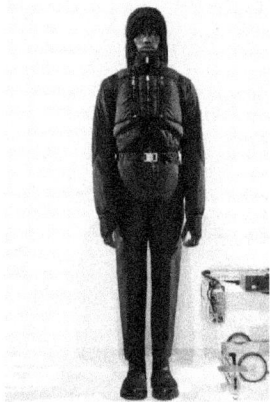

图 3-19　XANDER ZHOU
的 2020FW 系列服装[②]

图 3-20　太平鸟与《花木兰》
联名款[③]

　　全球规模最大的 4 个漫画节，分别是日本东京都的 Comic Market、意大利托斯卡尼卢卡国际漫画节、法国安古兰国际漫画节和美国加州圣地亚哥漫画节，还有中国国际动漫节的举办满足了中国二次元市场的需求。可见二次元爱好者确实已经遍布全球，在世界各地展示出对二次元的热爱。

---

①② 图片来源：YOHO 官网。
③ 图片来源：太平鸟官网。

五、当代时尚与定制精神 Contemporary Fashion and Customerization Spirit

尽管时尚生产从孕育、发展到高潮经历了漫长的时间洗礼,但成熟的时尚产业直至19世纪下半叶才真正形成,这一方面是因为一种史无前例的生产和扩散制度形成于那一时期并保持了一个多世纪的巨大稳定性;另一方面,则更因为这一时期活跃于欧洲的服装企业迅速增加而且融合。欧洲市场可能已经形成,而这一进程显然已经预示着欧洲消费市场的出现。庞大的中产阶级以其不可抗拒的巨大消费容量,不仅残酷地淹没了小众贵族社会时尚生活的封闭、自恋、矫情和惶惶不可终日的身份特权感,而且也在激荡中冲洗出消费社会的大众日常生活价值秩序,以及这一秩序支撑起来的开放性时尚潮流。

随着资本属性的拓殖与资本布控功能的更加强大,进入20世纪以来,资本和市场对时尚生活空间的兴趣和覆盖力发生了质的飞跃,由此带来的时尚消费浪潮及其所卷起的高额剩余价值利益诱惑,直接推动着时尚产业的发展规模和产业链延伸长度以几何级数增长。在这样的增长态势下,资本及其开拓的市场,不仅将传统手工艺的时尚版图完全纳入其布控范围,而且还在大工业和新要素基础上打造规模化巨量生产航母,由此形成传统与现代叠加的时尚工业体系,以及因承载这一体系而获得全球时尚辐射力及世界市场牵引力的所谓的"时尚之都"。21世纪,经济全球化、市场全球化乃至消费全球化的提速过程中深刻地改变着既有的相对稳定的边际经济秩序,时尚文化的全球激变与时尚产业全球格局重新定位。

定制服装无论国内外都起源于封建宫廷,体现了这种服装艺术形式出现的历史必然性。随着上海的开埠并逐渐建立了作为远东乃至世界时尚中心的地位,历史的机遇使"红帮"登上中国近现代服装变革的历史舞台。来自宁波的男式红帮裁缝以西服为主营业务,后来演变为西装。来自上海的女式红帮裁缝则以女西式服装为主营业务,后来演变为时装业。于是,出现了一大批享誉全国的定制服装百年老店,但当时的服装定制充其量只能算作来料加工,与真正的高级定制差距很大。而后,由于社会文化的变迁、服装业态的变革和消费需求的变化等因素的影响,定制服装在中国的发展一度低迷,甚至处于一种被边缘化的状态。

当今时代,高级定制从艺术品的象牙塔走上街头,走向大众。定制化趋势成为年轻一代时尚生活的组成部分,是当代消费者个性化需求的回归和自我观念的再现。时尚大师们纷纷与大众品牌联手,原本以顾客需求为导向,专属于高级定制领域的设计师纷纷走向大众,大众品牌则趋向于个人特质、个性化,二者呈现出前所未有的融合态势。同时,电子化量身定制服装(EMTM)技术的发展更加速了这一趋势的演进。纵览服装定制从对时尚的绝对话语权,到被大众化成衣湮没,再到二者的互融互补,服装定制以其自身的独特魅力延续发展着。

第五节 \ 案例
Case Study

一、法国时尚发展 Development of French Fashion

法国巴黎是当今四大时尚之都之一，在当今时尚领域有着举足轻重的地位。时尚产业作为法国国民经济中重要的战略性产业，300多年来得到了持续发展，并被视为法国传统文化的核心组成部分。纵观法国时尚系统发展历史，则会发现法国时尚系统与高级定制的独立、制度化、变化密不可分。其大体可以分为萌芽阶段、发展阶段、挑战阶段三个阶段。

Paris is now one of the four major cities of fashion, and has a pivotal position in the fashion field. As an important strategic industry in the French national economy, fashion industry has been developing continuously for more than 300 years and is regarded as the core component of French traditional culture. Throughout the development history of the French fashion system, it can be found that the French fashion system is inseparable from the independence, institutionalization and change of haute couture. It can be roughly divided into three stages: budding stage, development stage and challenge stage.

1. 始于18世纪70年代的萌芽阶段 Budding Stage from the 1770s

18世纪70年代，从路易十四（Louis XIV）①以时尚的名义把奢侈纺织品业作为支柱出口产业开始，法国的裁缝地位升高，出现第一批独立的时装设计师，在19世纪的沃斯高级定制时期形成制度化生产。18世纪70年代，路易十四作为政策的制定者以及对时尚的身体力行，可以说在一定程度上扮演了一个权威设计师的角色，而玛丽·安托瓦内特皇后为代表的宫廷需求，使得罗斯·贝尔坦等女裁缝师从裁缝、成衣匠中脱颖而出，成为具有"前卫"含义的设计师雏形。他们实践了路易十四时期形成的时尚业规则——高度品质、独特性和顾客服务，为法国时尚业的发展奠定了基调。到19世纪60年代，行会制度逐渐取消，裁缝师才真正有了自由选择面料、设计款式的权利，在此之前是由顾客提供面料和款式，这

---

① 路易十四，全名路易·迪厄多内·波旁（Louis Dieudonne Bourbon），自号太阳王（法语：le Roi Soleil），1680年接受巴黎市政会献上的"大帝"（le Grand）尊号。1643年至1715年在位，长达72年110天，是法国在位时间最长的君主之一，也是有确切记录在世界历史中在位时间最久的独立主权君主。他建造了凡尔赛宫，奠定了法国宫廷文化制度。

一种被动的关系一直到沃斯时代才得以改善。沃斯以推广里昂丝织业的名义"逼迫"欧仁妮皇后穿上他设计的锦缎花裙,并从此获得官方和市场的认可,则意味着裁缝和顾客的主从关系开始转换。作为首个获得宫廷肯定的男性定制设计师,沃斯不但提高了男裁缝的地位,还创造了现代意义上的时装生产。

沃斯以自己的设计作品创店开业,使其本人与传统意义上根据顾客要求定制服装的裁缝划清了界限。沃斯介入制造、销售等各个环节,创造了采购面料、设计工作室、拥有专属模特、每年举办4次作品发布会等一系列设计和经营相结合的新方法,使得他的"定制时装"脱离宫廷沙龙和乡间裁缝的手工艺制品层面。从此,时装的概念也与服装区别开来,定制设计师和裁缝师都有了新的专属定义:定制设计师"被尊称为绝对的艺术家,而非无名手工业者,这份荣耀不仅反映在职业方面,同时也反映在他们社会地位的迅速提升上"[①]。如果说在此之前的时尚具有一种泛而广的宫廷趣味、贵族情调,那么从沃斯开始,时尚就是设计师个人的特定风格。沃斯创立的时尚生产体系,使定制师专注于时尚,从而推动了一系列的附属产业,使得纺织业、刺绣手工业等都围绕着服装的时尚而运转。

沃斯建构的从设计、生产到消费的新关系结构——销售设计图纸、设计师的个人标签缝制在定制服装上,顾客可在时尚沙龙上看到设计师的创意预告,开创动态时装表等,都凸显了在法国时尚系统中设计师的重要性。

在路易十四执政时期,法国时尚行业组织已慢慢成型,男女裁缝、售卖服饰和面料的商家都分属于不同的行会;此外,行会还在劳动力供给、薪酬、工时、生产工具和技术等方面拥有制定权,并对贸易壁垒设置标准。1868年,沃斯组织的成衣及女装少年装定制协会(La Chambre Syndicale De La Confection Et De La Couture Pour Et Fillettes)成立,该协会成员包括了定制业和成衣业的从业人员。协会既是行业自发的贸易联合体,也是权威的训练技术中心。该会的总章程写道:"协会致力的不只是缝纫艺术的研究,而是为装扮每一位女性所必需的一切创造装饰的艺术。"

2. 始于沃斯时期的发展阶段 Development Phase since Worth

法国时尚系统的发展与政府和行业协会的努力密不可分。在法国近现代历史的几个关键阶段,政府的决策和行动都起到了决定性的作用——奢侈手工业政策的指定、"二战"期间通过特殊政策保护高级时装定制业、通过政策法规对高级时装等行业定义并进行立法等,法国政府从政策法规等方面都对法国的时尚生产进行扶持和保护。除此之外,政府的行政机构也承担了部分管理和组织工作,如工商部主管时装贸易出口和产业法规制定;文化部则负责时尚活动对外宣传以及国际交流事务,把时尚作为法国重要的文化活动进行国内和国际的推广。同时,政府还授予优秀设计师荣誉勋章和爵位,肯定

---

① 迪迪埃·戈巴克:《亲临风尚》,法新时尚国际机构译,湖南美术出版社2007年版,第121—122页。

其所做的贡献。另外，还设立专项国家奖金资助设计新人。以上政府部门工作都是通过行业协会协调进行，行业协会除其本身职能外，还在设计师和政府之间扮演中间人的角色，协助法国时装活动及设计师的扶持和调控。

法国时尚产业现代体系的形成，与时尚行业组织的发展密不可分，标志着法国高级时装业真正从服装业中独立出来。基于这样的时尚系统，20世纪初期大量高级时装屋在巴黎成立。可可·香奈儿、克丽丝汀·迪奥等成为影响全球时尚产业的国际品牌。

3. 20世纪50年代后的挑战时期 Challenge Period After the 1950s

20世纪50年代，法国的成衣制造商整合了分销商，开始自己选择顾客并掌握产品形象，因此而带动企业生产中的设计、销售和产品等多个领域，开始创建成衣品牌。成衣商的独立，使得服装企业慢慢成长为时尚行业中的一部分。在此期间，制版师和风格设计师作为新的设计力量开始凸显。风格设计师起源于百货公司的"时尚顾问"，掌管时装设计的样式风格和艺术性，随后被定义为时尚的创意设计师。制版师的工作是根据草图制作服装纸版，制版师通常受过专业教育，拥有文凭。和过去相比，设计师们都普遍受到良好的专业教育，具有现代知识背景。而政府和协会组织还通过时装设计大赛选拔和培养人才。两位划时代的大师卡尔·拉格菲尔德（Karl Lagerfeld）和伊夫·圣·洛朗（Yves Saint Laurent）就是通过1954年11月的国际羊毛组织设计大赛获奖而从此登上时尚舞台的。

20世纪60年代之后，流行文化不再只受精英阶层的影响，大众文化对时尚的影响日益显著，流行的传播也由原先从高级定制到成衣的下传模式，转变成为街头大众文化影响高定的上传模式。彼时，以高级定制为主导的法国时尚系统受到了新的挑战，具体体现在：高级定制和成衣之间的权力争夺、持有传统时尚观念的老牌设计师和代表新锐观念的前卫设计师之间的话语权争夺、新旧市场的冲突即意大利、美国、日本等新兴时尚区域对以巴黎为中心的法国时尚市场地位发起的挑战等等。

随着成衣产业的兴起，1973年，高级时装协会和高级成衣设计师协会（the Chambre Syndicale Du Pret-A-Porter Des Couturiers Et Des Createurs De Mode）及男装协会（the Chambre Sydicale De La Mode Masculine）联合组成法国高级时装公会（Federaton Francaise De La Haute Couture）。从此，法国行业组织以公会为最高权力机构，形成了法国特色的时尚个性、设计师制度以及时尚价值体系，巩固了巴黎国际时尚之都的地位，发展至今成为世界时尚界的权威组织。

高级时装公会在法国时装体系中是联系其他组织或个体的桥梁，它组织起草和落实各个行业协会所接受的整体行业政策。在高级时装协会成立时，沃斯之子嘉斯顿·吕西安（Gastion Lucien）推行的高级时装发布会，成为现代时装生产制化的内容之一，一年两季的高级时装发布会和赴国外的法国高级时装表演是历年来公会最重要的工作。公会为活动指定时装展示会的时间表、提供表演场地、预先联系世界范围内的买家和记者；为会员指定用于时装发布会的媒体名单;公会还在女装周期间设立国际新闻中心,为买家、记者、摄影师及其他时尚专业人士提供接待和咨询服务。在宣传工会活动方面,公会除了把正式的稿件发给公会成员、记者及合作伙伴、相关政府权威机构之外,还会在公会自己的权威信息发布机构上发布。此外,公会利用高新技术在时尚产业各环节间建立协作优势,维护知识产权,还拥有自己的教育培训机构——巴黎高级时装公会学院,该学院是国际权威的设计与制版专业学院,伊夫·圣·洛朗、三宅一生等时尚大师都是这所学院的学生。

二、拿破仑的衣橱 Napoléon's Wardrobe

拿破仑·波拿巴,是法兰西第一帝国缔造者,法兰西第一共和国第一执政者(1799—1804),法兰西第一帝国皇帝(1804—1815)。拿破仑执政后对于法国的纺织业也极其重视。战后,为了重振法国里昂的纺织业,抵御外国廉价工业产品,曾下令限制纺织品的进口,重塑法国的时尚文化,因此对于自己的服饰也尤为重视。拿破仑去世后留下了许多书信资料,历史研究的学者整理后多次出版,其中包括了一些关于服装订单的书信,从中可以得知拿破仑执政时期服饰的细节。

Napoléon Bonaparte was the founder of the First French Empire, the first ruler of the First Republic of France (1799—1804), and the first emperor of France (1804—1815). Napoléon also attached great importance to the textile industry in France. After the war, in order to revive Lyon's textile industry and fend off cheap foreign industrial products, he ordered restrictions on the import of textiles and reshaped French fashion culture. Many of Napoléon's letters have been published by scholars of historical studies since his death, including some letters about orders for clothing, from which details of the clothing worn during Napoléon's reign can be found.

1811年8月,拿破仑写信给宫殿的大马歇尔将军杜洛克,谈到他的衣橱,并提供了他想要订购的物品的完整清单:

请告诉伯爵雷米扎他将不再与我的衣橱有任何关系,我已经剥夺了他的衣柜主人的头衔。你继续他的工作,直到我找到一个代替他的人……把我的东西列个清单看看它们在那里,然后核对一下……一定要确保裁缝安排好了,不要把工作做得不好,也不要超过他的预期。凡新衣服送来的时候,你要亲自拿来给我看看是否合宜。若是合宜,我就拿去。规矩向来如此,每当我任命一位大师的衣柜时,这些职责总是老生常谈……

表3-3 拿破仑的衣橱的预购清单 Estimate for the Emperor's Wardrobe

类别(Category)	订单(Order)
Uniforms and Greatcoats 制服与大衣	1 Grenadier's tail coat on January 1st with epaulettes, etc. 近卫兵燕尾服带肩章1件等,1月1日 1 Chasseur's tail coat on April 1st with epaulettes, etc. 猎装燕尾服带肩章1件等,4月1日 1 Grenadier's tail coat on July 1st with epaulettes, etc. 近卫兵燕尾服带肩章1件等,7月1日 1 Chausseur's tail coat on October 17, with epaulettes, etc. (Each tail coat will have to last 3 years.) 猎装燕尾服带肩章1件等,10月17日(每件服装必须持续供应三年) 2 Hunting coats: one for riding, in the Saint-Hubert style, the other for shooting, on August 1st. (These coats will have to last 3 years.) 打猎装2件:1件圣-舒伯特风格骑马穿着,1件射击穿着,8月1日(必须持续供应三年) 1 Civilian coat on November 1st (to last 3 years.) 便装1件,11月1日(必须持续供应三年) 2 Frock coats: one grey, and the other another color. (They will be supplied on October 1st every year and will have to last 3 years.) 双排扣长礼服2件:1件灰色、1件其他颜色(将在每年的10月1日供应,并且必须持续供应三年)
Waistcoats and Breeches 背心与紧身裤	48 pairs of breeches and white waistcoats at 80 francs (They are to be supplied every week, and must last 3 years.) 马裤、白色背心48件,80法郎(每周供应且持续三年)
Dressing Gowns, Pantaloons, and Vests 晨衣、长裤、马甲	2 dressing gowns, one quilted, on May 1st and one of swans-down, on October 1st. 晨衣2件:1件绗缝,5月1日;1件天鹅绒,10月1日 2 pairs of pantaloons, one quilted and one of wool, supplied in the same way. (The dressing gowns and pantaloons will have to last 3 years.) 长裤2件:1件绗缝,1件羊毛,供应时间如上(晨衣与长裤必须持续供应三年) 48 flannel vests (one a week) at 30 francs. (The vests will have to last 3 years.) 马甲48件,30法郎(每周供应一件,持续三年)
Body Linen 贴身衣物	4 dozen shirts (a dozen a week) 衬衫4打(一周一打) 4 dozen handkerchiefs (a dozen a week) 手帕4打(一周一打) 2 dozen cravats (one a fortnight [two weeks]) 领巾2打(两周一次) 1 dozen black collars (once a month) which must last a year. 黑色立领1打(每月一次,持续一年) 2 dozen towels (a dozen a fortnight) 毛巾2打(两周一次) 6 Madras night caps (one every 2 months) to last 3 years 马德拉斯睡帽6件(两个月一次,持续三年) 2 dozen pairs of silk stockings at 18 francs (one pair a fortnight) 丝绸长袜2打,18法郎(两周一双) 2 dozen pairs of socks (one pair a fortnight) (All this linen, except the black collar and night caps will have to last 6 years.) 袜子2打(两周一双) (以上除了黑色立领与睡帽,其余持续供应六年)

类别（Category）	订单（Order）
Footwear 鞋靴	24 pairs of shoes (one pair a fortnight, which must last 2 years.) 鞋24双（两周一双，持续两年） 6 pairs of boots, to last 2 years 靴子6双（持续两年）
Headwear 头饰	4 hats a year, supplied with the tail coats 帽子4件（与燕尾服搭配供应）
Miscellaneous 其他杂项	Scents slimming mixture, eau de Cologne, etc. Washing the linen and silk stockings Various expenses. (Nothing to be spent without His Majesty's approval.) 清香的混合物，如古龙水 清洗内衣与丝袜 各种费用（没有皇帝的批准，什么都不用花）

列表信息来自 J. M. Thompson (1934). Napoléon self-revealed. Oxford, UK: Blackwell.

三、19世纪的上海时尚 Shanghai Fashion in the 19th Century

清末以来东西方时尚交汇、频繁碰撞。本部分从城市时尚传播文化起源为出发点，还原时尚作为一种城市现象，其产生和传播发展的轨迹。同时时尚的传播也为城市的气质特征提供了表层的传播符号和内在价值意蕴。国际时尚城市的探寻也表明了城市时尚风格与城市的政治、经济和文化密不可分，时尚城市正是来自不同区域、不同文化背景阶层的碰撞、融合进而达到时尚创新和传播的目的。东西方文化交融的上海，无疑是近代世界最具有世界意识和国际心态的城市之一，其"海派"特色更是在中西文化交流碰撞中更新换代、中西合璧。

Since the end of the Qing Dynasty, the exchange of East and West fashions has been frequent. From the origin of urban fashion communication culture as the starting point, this section restores fashion's development track of production and communication as a kind of urban phenomenon. At the same time, the communication of fashion also provides surface communication symbols and intrinsic value implications for the temperament of the city. The exploration of international fashion cities also shows that the urban fashion style is inseparable from cities' politics, economy and culture. The fashion cities are the result of the collision and fusion of different regions and different cultural backgrounds to achieve the purpose of fashion innovation and communication. Shanghai, where the East and West cultures blend, is undoubtedly one of the most world-consciousness and international mindset in the modern world. Its "Shanghai Style" features are updated and integrated in the collision of Chinese and Western cultures.

（一）上海的城市化进程 Shanghai's Urbanization Process

上海是一座融合东西方文化、有着悠久历史文化传统的现代大都市。"上善若水,海纳百川"这八个字很好地概括了其城市精神。作为面向世界的国际化大都市,在上海,东方和西方的、传统和现代的文化,和谐、恰如其分地并存共荣。在上海可以看到各国文化、传统交织并存,也可以看到明清以来形成的江南士大夫文化、开埠后形成的移民文化延续与发展。

1. 开城之初 The Opening of the City

上海于1843年11月17日正式开埠后,随着外国商船云集于黄浦江畔,各国商人、传教士、外交人士纷至沓来。这个原本匍匐于长江边上,以砂船为主要运输工具的吴越小城,成了开放型的城市;但是这种社会转制和城市转型是在强权入侵和殖民压迫下被动地开始的。上海成为中国近代史意义上最先成熟的城市;上海的城市结构是中西合璧,变通互补;上海的城市特征是内外兼容,多元互惠;上海的城市生态是五方杂居,移民为主。正是在这样一个东西文化交汇的社会环境中,孕育和形成了带有鲜明地域特色和充满勃发生机的城市主体精神——东西文化交汇、兼收并蓄、开拓创新。由此上海这座城市具有了精神取向上的先进性和文化观念上的前卫性,也融合创造出三种优势和都市经济发展优势、都市文化中心优势、都市社会意识优势,并云集了一批精神领袖和思想精英,如梁启超、蔡元培、陈独秀、鲁迅等人,成为当时全国重要的思想库和文化源。

上海在那个特定的历史时期所形成的城市风骨与气度,正是上海作为一个真正意义上现代城市所必备的精神内核和文化基因,从而使上海突破了内陆文化圈的封闭及滞后,以其新兴而勃发的都市文化展示了强劲的发展势态。

2. 兴城之本 The Basis of Urban Development

从上海的城市特性和社会形态构成来看,是由本土文化、外省文化、外域文化所体现出来的文化共识和目标确认,从而潜移默化地塑造着上海的形制、经济结构、文化模式、市民素质乃至消费需求、艺术品位、人文底蕴、生活氛围等。这正是上海城市风范的物质文明化和精神主体化。由此而孕育发展成特有的海派文化艺术大系统,如以周信芳、盖叫天为代表的海派京剧,以任伯年、吴昌硕为代表的海派书画,以茅盾、巴金为代表的海派文学,以吴永刚、蔡楚生为代表的海派电影,以田汉、于伶为代表的海派话剧,以庞莱臣、吴湖帆为代表的海派收藏等,均独树一帜、成就卓然,而且其运作手段也是相当市场化的,并形成了相关的产业链。与此同时,海派金融、海派商业、海派建筑、海派餐饮、海派服饰等的形成与发展,亦印证了上海这座城市的原创能力和开拓实力,从而把上海打造成当时远东第一流的国际化大都市。如20世纪30年代,一些东西方的著名人士都到过上海,如爱因斯坦、罗素、泰戈尔、萧伯纳、杜威、卓别林等。可见上海的国际影响和城市魅力。

一座城市的思想观念、社会的生态结构、市民的言行举止,群体的伦理道德、生活的方式理念等,约定俗成地形成了一种城市性格。城市性格是构成一座城市最具个性化的城市美学底蕴和最具代表性的城市文明景观。一座城市的硬件建设可以在短时间内突击完成,并凭借经济实力快速达标。然而,一座城市的性格却需要历史的磨合和几代人的持续不断努力。上海的城市性格为这座都会所增加的美学风采和人文形态,曾留下了不少经典性的历史场景和雅致文明化的社会风情,乃至老上海的一些细节也是十分精彩而独一无二的。如汇丰银行(现上海浦东发展银行,图3-21(a))考究精致的仿希腊风格的装饰,不仅是当时上海最豪华典雅的,而且也是号称"从苏伊士运河到远东白令海峡最讲究的一座建筑"。上海总会(现东风饭店,图3-21(b))当年有世界上最长的酒吧,成为黄浦江畔一道亮丽的风景。当时上海的一些书画家、收藏家定期雅聚,切磋艺术、释疑解难,坦诚相见,展示了一种良好的文化人格和艺术氛围。

图3-21(a) 上海浦东发展银行(原汇丰银行)[1]

图3-21(b) 东风饭店(原上海总会)[2]

3. 立城之根 The Foundation of the City's Prosperity

人口的自发涌入、时尚产业、产品的历史积淀推动城市不断时尚化。此后的建设过程中,城市管理者基于经济和文化需要积极介入时尚并传播时尚,已经成为当前城市时尚的新趋势。城市时尚地标建设以及其所发挥的经济、文化作用被充分挖掘,而作为都市时尚景观、刻意修饰的城市天际线所具有的象征价值也日益被社会所认可。

上海新天地时尚·购物中心位于黄陂南路和马当路之间,这里原是旧法租界内一片残留的石库门弄堂(图3-22),在城市管理者的精心改造下,目前已成为展现上海历史面

---

[1][2] 图片来源:视觉中国官网。

貌的都市旅游景点。在传统的基调上赋予了古老事物以商业化的新元素，在政府推动下的旧城改造，通过对其街区、建筑群、功能的重新设计，使其成为城市的时尚名片。当地的建筑群落，依托城市的特定区域，精心规划的布局融合新的景观创意，形成新的城市功能，其在外形上能够高效率地打造新城市形象的同时，也丰富了城市日常生活，在商业、旅游、休闲娱乐的合力展示下，提升了整个城市的时尚品位。

同时，作为都市形象传播符号的时尚地标建筑，不仅仅是纪录片、宣传片、广告片以及各种类型的电影和视频中的背景或场景，城市天际线既构成宏大叙事的组成部分，又通过作为个体生活模式的参照物，渗透其中或陪衬着城市居民的衣食住行等日常生活。既吸引媒体报道，同时又充当媒介。城市时尚地标及其构建的城市天际线在日益激烈的城市影响力竞争中发挥着越来越重要的作用，这也是近几年国内诸多城市不断建设"新""奇"建筑以博取眼球的动力所在。

图3-22　上海新天地时尚·购物中心

（二）海派时尚发展历程 Development Process of Shanghai Style Fashion

海派文化具有十分丰富的文化艺术内涵，具有极强的包容性、深厚的文化底蕴、多元的文化交融、丰富的文化活动和宽容的文化态度。独特的海派文化更是丰富了时尚内涵，引领了上海百年时尚发展。中国近现代的服装，从农耕文化的衣着文明到中西服装的交融并轨，从平民化、革命化到国际化、个性化。自晚清以来各个时期，中国的服装具有既相互关联又各有特色的时代风貌。从19世纪60年代开始，上海逐渐发展成为中国的服装中心城市，并在其后的整个近现代历史上占据中国服装流行之都的地位；20世纪30—40年代的上海作为东方的巴黎，不仅引领中国服装潮流，也是远东的时尚样板；1949—1978年，上海依然是中国服装商业、工业和流行的中心城市；1978年，上海开始了时尚之都的复兴和再造，并致力于打造国际时尚中心城市。上海的海派服装风尚在不同时期具有鲜明的特色。上海大都市精致出众、温润典雅的衣着传统得以流传，并不断添加时代内涵,引来中国其他城市和地区的模仿。

尽管"海派"一词在20世纪初因京沪两地文风之争作为"京派"的对应词而设立并出名,但是在关于上海地方史的研究中,"海派"通常被用来指称上海特色。在中国近现代服装史上,海派时尚具有引领地位,海派服装在不同历史时期也具有自己独到的特色。

1. 晚清时期的海派时尚 Shanghai Style Fashion in the Late Qing Dynasty

1843年11月17日,上海开埠;直到19世纪60年代之前,上海的时尚并未脱颖而出,基本以苏州为榜样。此后,随着上海城市的发展和地位的提高,加上通商城市四方移民华洋杂处的特性,以及历史机遇、特殊的地理位置、商业功能和社会环境,上海逐步取代北京发展成为晚清中国的时尚中心城市,到19世纪80年代中期已经完全左右了当时中国的服装流行。"时髦"是晚清上海时尚的主要特征,并逐步成为中国服装流行的风向标。海派时尚引导中国服装流行在撞击交融中宽容地接纳和采用西式服装。中国的服装文明也就此开始偏离了五千年的传统轨迹逐步与西方服装体系并轨。

晚清上海的时尚,逐步具有融贯古今中西、追求时新炫耀、强调新奇变化的所谓"时髦"的海派风格。西方服装文明的影响逐渐上升,这在上海较之于中国其他地区、在上海男装中较之于女装表现得更加明显,一些中西合璧的服装及衣着配伍风行一时。在此基础上,各种流行服装品类各具特色。在"西风东渐"中,上海的服装材料、纹样以及着装装饰出现了特色化发展,服装行业具有工商融合、中西共存的特征。

2. 1912—1949年时期的海派服装 Shanghai Style Clothing from 1912 to 1949

这一时期的上海是中国最大的经济、贸易、金融、工商业和文化中心,远东首屈一指的大都市。其独特的政治、经济和文化环境,与海外的频繁交流以及延续发展的城市特性,创造了其独有的海派"摩登"时尚。在如此背景下,当时的上海不但是中国唯一的时尚中心城市,也是远东服装流行的样板。

这一时期的上海作为中国最大的城市,在服装时尚方面独领风骚。所谓"摩登"的海派服装,可以归结为时尚的、精美的、独到的、新奇的,变化迅速、融贯古今、紧随西方、兼蓄中西。部分名媛、娱乐明星、学生以及知识分子以特有的服装形象成为时尚先锋,新兴的中产阶级则是服装时尚的中坚力量。传统服装的影响和使用趋减,部分服装品种和配饰退出时尚行列,其流行高度风格化、精致化和简单化。西方服装的影响进一步加剧,上海的服装流行几近与巴黎同步,部分西式服装直接用于日常生活,西式服装因素被更加广泛地采用。近代中国纺织业的发展,使得服装面料和纹样有了更大丰富。在西潮东来的影响下,发型化妆等打扮装饰出现了新的特色。在此期间,上海的中式成衣业、西服业以及其他相关行业逐渐具备了现代产业概念和经营特色,取得了较大发展,并处于全国领先水平。

3. 1949—1978年时期的海派时尚 Shanghai Style Fashion from 1949 to 1978

1949年5月7日，上海解放，从此翻开崭新的一页。当时政治和经济对于上海人的衣着装扮具有决定性的影响，服装同时也是社会风云的显性符号。上海人民怀着满腔激情掀起社会主义改造和建设的浪潮，在劳动人民的大众化生活中，塑造了理想主义的时尚风尚。而上海城市本身则是中国衣着流行和服装生存、商业流通的中心，在中国现代服装演进中起到重要的引领作用。

这一时期的上海服装风尚在理想主义的旋律下演进。当时的政治运动和上海的经济状况对服装时尚有很大影响。服装打扮在不同的阶段有与社会背景相对应的风尚，流行变化缓慢。先有从建国初期的新旧并存到平民化，到以整齐大方为特色的俭朴化，再有"革命化"，还有1977年、1978年的时尚觉醒。在大众化生活背景下，海派服装风尚的特点可以描述为美观的、雅致的、大方的、式样新颖的、高质的、城市的、实惠的、劳动人民化的，并且具有明显的时代和社会的符号化特征。追求衣着精致的海派都市传统依然在自觉和不自觉中得到延续。工人阶级等劳动人民式的着装成为风尚的理想形象，社会有明显的衣着同一化现象。在此阶段，上海人通过多种形式的自我装扮，表现出内心对于衣着美好和出众的追求。纺织品的品种和纹样多有创新，发型、化妆和配饰也呈现明显的大众化生活特色。上海作为全国的轻纺工业和商业流行基地，代表中国服装产业的最高水平，是当时中国服装商品的中心。上海的服装以式样新颖、用料做工精细而引领全国，上海人的衣着格调和形式是其他地区仿效和羡慕的对象。但是在当时的时代背景下，上海服装时尚已经和国际流行相分离。

4. 1979—1999年时期的海派时尚 Shanghai Style Fashion from 1979 to 1999

1979—1999年期间，上海依然是中国的服装时尚中心，并致力于国际时尚之都建设。基于时尚都市传统的海派服装文化得以回归，并增加了国际化和个性化的显著特征。海派服装时尚从主流社会对于西方服装流行的茫然到几乎与国际同步，其变化跨度之大，尤其在20世纪90年代表现得尤为突出。着装理想形象也随时代而变，从改革开放初期的亚文化群体、20世纪80年代末90年代初的外企白领发展为20世纪90年代后期的多元化形象。流行也从最初的向上传播形式转变为水平传播为主的混合传播形式。上海的流行风潮和流行服装品类变化速度逐渐加快。上海人开始逐渐接受国际化的时尚流行和国际品牌，服装的流行品类也逐渐向西方看齐。由于技术进步和国际交流的日益频繁，纺织品、发型和化妆、配饰等也逐渐多样化、群体化和国际化。在此期间，20世纪80年代的上海服装产业以恢复传统、创新发展为特色，在全国保持领先地位。进入20世纪90年代后，上海开始时尚之都的再造。随着城市转型的发展，上海的服装产业受到来自广东、浙江和北京的挑战，并进行了产业结构调整。

（三）19世纪的上海定制业 Shanghai Customerization Industry in the 19th Century

无论中西,定制服装都起源于封建宫廷,体现出这种服装艺术形式出现的历史必然性。定制服装这一概念在中国古已有之,古代的龙凤朝服就是典型的定制服装。从历史角度看,"江南三织造"（江宁织造、苏州织造和杭州织造）与清王朝的兴衰休戚相关,在体现古代封建王朝专制的同时,也折射出定制服装在当时达到的技艺巅峰与审美趣味。[1]鸦片战争后上海开埠,在之后百余年的发展中,上海成为远东乃至世界大都市。今日的上海是中国其他城市无可比拟的服饰中心。[2]

中国近现代定制服装的发展始于"红帮"裁缝的出现。伴随上海开埠并逐渐建立起作为远东乃至世界时尚中心的地位,"红帮"抓住历史机遇,登上了中国近现代服装变革的历史舞台。"红帮"在近代工商的繁荣、社会经济增长及人们生活方式、价值观念的综合因素影响下不断发展壮大,中式裁缝在清末迫于生计压力改做西服并逐渐形成一定规模,后大部分逐渐演变成时装业。宁波传统本帮裁缝的成功转型,是特定的社会历史机遇、独特的地域精神、深厚的传统服装行业积淀等内外因素共同作用的结果。他们由接触、缝制西服领会西方服饰文化,再到将之与中国传统服饰形制相结合,创造出中西合璧的服装款式——中山装与旗袍这两种款式被奉为独具中国特色的男女现代服饰经典——对促进中国近现代服饰的转型影响深远。

上海服装定制发展史映射着中国高级定制的发展史。上海滩用东、西方相斥相融的文化滋养了"红帮"。中国的第一套西装和中山装均在上海诞生和定型,中国的第一家西服工艺学校在上海开办。至20世纪40年代,上海已有701家西服店。目前上海仍有上百家定制服装店,有的专长于男女套装定制,有的专长于婚纱、礼服定制,还有专长于中式旗袍的专业定制店。许多定制店以工作室的形式出现,散落在上海的各个角落,茂名南路、长乐路、新乐路、泰康路、田子坊、南昌路、进贤路等地聚集了许多专业定制店,经营的品类包括旗袍、礼服、洋服、衬衫、皮鞋等。[3]

上海除了拥有并称"四大名旦"的本土经典高级定制品牌,如培罗蒙、亨生、启发、德昌外,还拥有南京路上的六大定制店:王兴昌、荣昌祥、裕昌祥、王顺泰、王荣康、江利。另有一些设计师品牌的定制系列,如吉承品牌旗下的高级婚纱定制子品牌（Wedding by La Vie）。定制服装在上海的发展折射出中国服装定制业的跌宕起伏与文脉传承。

不得不提及的还有上海与香港定制业的关系。20世纪40年代以前,香港几乎无工

[1] 刘丽娴:《定制与奢侈:品牌模式与演化》,浙江大学出版社2014年版,第11页。
[2] 刘丽娴:《基于动态多维定位的定制服装品牌设计模式》,《纺织学报》2014年第2期,第117—122页。
[3] 刘丽娴:《定制服装的品牌模式研究》,《丝绸》2013年第3期,第71—74页。

业可言,制衣在20世纪30年代只有几家家庭式的山寨厂生产童装、女裙。以西装为主要经营项目的"红帮"人于20世纪中期从上海移师香港和海外各地寻求发展,移居香港的人数占这些移民人数的80%,著名"红帮"裁缝车志明、许达昌(品牌"培罗蒙"创始人)、陈荣华(W.W.Chan&Sons创始人)、张诚康("恒康"创始人)、王铭堂("老合兴"创始人)等都是在这一时期迁往香港的。上海服装企业和"红帮"人移师香港后,香港制衣业迅速起步。20世纪60年代,香港制造业取代转口贸易业主导地位,其中制衣业占香港制造业生产总值的1/3。陈瑞球在《香港服装史》中提及"制衣,替本港工业创造力奇迹"。《香港服装史》亦明确指出:"香港西装与意大利西装同被誉为国际风格和最精美的成衣,全因香港拥有一批手工精细的上海裁缝师傅。"所谓"上海裁缝师傅",其主体就是"红帮"师傅。一位著名企业家曾说:"搞经济必须有政治头脑,就是说要胸怀全局,要有战略思想、长远眼光,随时要耳听六路、眼观八方,善于适应各方面的变化,大胆果断地捕捉战机,把握机遇。"这段话是对移师香港的"红帮"人士的最好概括。

自20世纪中期开始,东南亚诸国、日本、英国、美国、德国、加拿大和非洲一些国家及地区都已成为香港服装的主要市场。不同于内地市场,香港时装定制市场发展历史悠久,更拥有诗阁(Ascot Chang)等多家实力雄厚的本地企业,这些企业在国外也占有一定的市场份额和较高的知名度。除了一批稳步发展的本地企业,国外著名的定制服装企业早已进入香港市场并多设有直营店,与香港的时装定制市场共同成长。此外,香港的定制市场层次丰富,不仅拥有像奇顿(Kiton)、诗阁(Ascot Chang)这样的位于五星级酒店、针对顶级顾客的高级定制店,还有很多位于路边的小型定制店,为普通消费者提供价格低廉的定制产品。它们共同构成了层次丰富、成熟的香港定制服装市场。

四、萧山花边源流考 Origin and Development of Xiaoshan Lace

萧山花边,又名"万缕丝",是由意大利城市威尼斯的名字音译而来。欧式花边在19世纪后半叶先后经由4条路径伴随宗教而来,以传教士布道和教会学校建立的形式,由意大利和法兰西的教徒们相继传入中国。20世纪初威尼斯花边传入萧山坎山(旧时为"龛山"镇),在华近百年的发展中不仅见证了中西艺术文化的

Xiaoshan Lace, also known as "Venetian Lace", is transliterated from Venice, Italy. In the latter half of the 19th century, European lace was introduced to China by Italian and French Christians in the form of missionary sermons and missionary schools. At the beginning of the 20th century, Venetian lace was introduced to Kanshan Town in Xiaoshan. In its development lasting for nearly a century in China, it not only witnessed the exchange of Chinese and Western art and culture and the mixing of Eastern and Western religious

交流和东、西方宗教文明(天主教)的糅合,更是中国工匠们结合民间抽纱技艺存在集体智慧的世界工艺美术创作的表现。[①]

civilization (Catholicism), but also represented the collective wisdom of Chinese artisans in the creation of world arts and crafts combined with folk yarn drawing techniques.

(一)欧式花边传入中国各地的路径 European Lace Introduced to China

鸦片战争后,随着通商商埠的开放、洋行工厂的开办,欧洲货商和文化随之而来,也包括西方的手工艺技术和工艺品种。欧式花边首先传入山东沿海的烟台、威海,而后是上海、广东、江苏、浙江等通商口岸和地区。山东胶东半岛以棒槌花边为主,潮汕的抽纱是刺绣与欧洲抽纱相结合的产物,宁波花边以威尼斯花边为基底。上海的结花边与萧山花边大同小异,由棉麻线编结而成但又融合了当地特殊的技艺形成两个新品种,一种是莘庄钩针编结;另一种是以意大利威尼斯针绣花边为基底的上海针绣花边,而后又辗转迁移进入萧山坎山镇,被称为"萧山花边"。

1. 欧式花边的传入路径 The Pathway of European Lace Introduced to China

山东区域花边传入情况。有记载称,"早在1868年天主教意大利籍神父昂智鲁斯到烟台传教,将西方花边织物首先以烟台为中心进行传播,他被认定是首个将西方花边技术带到中国的传教士"[②]。以山东、上海为据点,最初意大利、法兰西的传教士登入山东发展花边业,先是创办教会学校传授工艺,再开设洋行工厂,将花边远销意大利、法国等欧洲国家或美国、加拿大等以花边为急需品的美洲市场。故花边传入最初的目的是以中国地区为生产加工点,借助于开埠的通商便利和劳动力廉价的因素,以及当地妇女对花边工艺迅速掌握并做出改良等因素,使之形成完整的产业规模供销出口市场。由于时间优势和传教士的决定性影响,山东作为最早传入欧式花边的地区和中国花边业的起源地,目前在学界最受认可。

上海区域花边传入情况。19世纪下半叶,上海徐家汇天主教堂的传教士开始传授欧洲花边编织技艺,并在当时天主教区管辖下的土山湾孤儿院与徐家汇圣母院设立了工艺院、花边织造工场进行该手工工艺品的延承。[③]"1869年,圣母院建筑落成之后不久便在这里建立刺绣车间,车间里的工人是已婚的妇女们。不久之后,花边车间也随之建立。"[④]商人洋行不断在沪设厂,利用低廉的劳动力成本,用洋纱与洋布按欧式图案纹样和针法,制成花边产品再运回欧洲销售。

① 刘丽娴,徐颖洁,沈李怡:《萧山花边的历史传承与产业发展》,《上海工艺美术》2018年第3期,第86—88页。
② 姚君洲:《近代胶东半岛花边织物的发展诱因与分析》,《纺织学报》2014年第4期,第52—55页。
③ 刘丽娴:《土山湾遗泽——木工作品"世间百态"解读》,《装饰》2017年第11期,第83—85页。
④ 冯志浩:《徐家汇圣母院女工工场始末研究》,《上海工艺美术》2018年第3期,第48—51页。

随着花边逐渐被作为馈赠品以及定制品扩大了其需求量,徐家汇圣母院将花边织造工场作为生产事业的一个据点。由于转化为贸易出口商品,花边织物的需求量更多,其所出品刺绣花边等为各界所欢迎,行销欧洲、美洲等地。①

圣母院下的教会见有利可图,除了让工场孤女女工和教会教友生产花边外,还向土山湾周边地区延伸了许多加工点,拓宽为周围居民都进行加工生产,也论证了花边由教会用品成为一般商品这一说。土山湾周边地区发展最好的属近代上海花边业的发源地——莘庄镇,由于当时镇上北边有个天主堂以及交通便利的沪杭铁路,许多传教士和教徒携带花边技艺往上海周边地区发展收发点,奠定了在徐家汇圣母院女工工场的宗教影响下,欧式花边逐步往浙江杭州扩张的基础。

图 3-23(a)　　　　　　图 3-23(b)　　　　　　图 3-23(c)

图 3-23(a,b,c)　土山湾附属徐家汇圣母院女工工场资料图片
（来源:上海档案馆资料 U101-0-2-2 上海徐家汇圣母院的育婴堂概况）

"浙省之花边业,分布于宁波、温州、萧山一带,最初发起于宁波,亦由天主教徒传授,城内药行街之仁慈堂,即宁波花边业之策源地。"②《宁波通史·民国卷》中记载:"仁慈堂曾有女工千余人,均以织造花边为业。此后织造花边技术外传,到民国初年,临近宁波的许多乡村妇女开始普遍以织造花边为生,鄞县、镇海、慈溪等地从事花边织造的女工一度达三四千人,该时期是宁波乃至浙江花边织造业的全盛时期。"故宁波花边与萧山花边同宗同源,从时间维度上看其至比其发展得更早,最大原因是 1844 年宁波港开埠,成为近代浙江第一个开放的贸易口岸。但在"一战"爆发后,因受战争影响,花边销路受阻,加之战后欧美西方国家采取贸易保护政策,提高花边进口关税,使得花边出口遭受沉重打击,花边企业纷纷倒闭,除仁慈堂尚在惨淡经营外,"宁波一带,近年来已无所谓花边业矣"③。与欧式花边中的威尼斯花边传入上海发展的路径相形比较,宁波花边的从属宗教性质与之有着惊人的共同点:宗教慈善机构下设的工场为发源开端。

---

① 佚名:《徐汇纪略》,上海土山湾印书馆 1933 年版,第 18 页。(古籍编号:300161)
② 实业部:《中国实业志》,实业部国际贸易局 1936 年版,第七六(庚)—七七(庚)。
③ 傅璇琮:《宁波通史·民国卷》,宁波出版社 2009 年版,第 285—288 页.

2. 杭州萧山花边传入情况 Introduction of Hangzhou Xiaoshan Lace

关于萧山花边传入,研究文献分为两源。一说是在1919年,根据《中国实业志》,"民国八年(1919),沪商徐方卿携4名天主教传教士辗转传入萧山坎山镇","据史籍记载,1919年上海花边商人邀请4名妇女匠师来到萧山县坎山镇,传授花边织造法。当时最先创办的乔治花边厂拥有绣工近500名"[①]。是1919年农历8月16日,上海商人徐方卿带了4位天主教徒到浙江萧山传授意大利挑花技术,并招收了24名妇女当学生。另一说是"民国十二年(1923)夏季,上海商人徐方卿带着4名女基督教徒,从徐家汇来到浙江省萧山县坎山镇,看中这一带农村妇女擅长植棉织布和养蚕缫丝,以勤劳和手巧著称。而且工价低廉,便在此创建了花边加工作坊,取名沪越花边厂,首批组织24人学习针绣花边(当地俗称挑织花边)。可惜因产品花色单调,货不适销,不到两年就倒闭了"[②]。对于两个时间点,笔者在考证了相关史料后认为,清光绪三十一年(1905),随着天主教传教事业范围、层次的扩大和深入,宗教产品生产需求与贸易需要凸显。开办的附属工艺院与传习所,客观带动了西方工艺技术的融合,并在某种程度上激发了商品经济活力,上海花边需求旺盛,萧山花边也日渐发展。

在黄绍筠编著的《商道流芳录 中国商业文化百例》中有一篇《徐方卿开发萧山花边》记载道:"他们就盯住女人们的手,专看双手的灵巧如何,而不管相貌、身材等其他条件。最后选中了24名能手,出示意大利的万缕丝样品,教她们学着做。不久都能上手,甚至模仿十分逼真。徐方卿教她们把这个工艺传授给亲戚朋友,再扩大传授亲戚的亲戚,朋友的朋友们。……不到4年,1923年坎山第一家乔治花边厂就开业上市了。产品由徐方卿包销,从上海出口美国、瑞士、奥地利、德国和中东等国家和地区。"[③]故沪商徐方卿在民国八年(1919)进入坎山传授技艺,至1923年建立了乔治花边厂并开始以坎山为中心发展至义蓬、瓜沥等周边地区。"民国六年(1917),江苏省常熟县浒浦镇绣女季根仙,来到上海探望在徐家汇土山湾工艺场做木匠和绘画师的两个妹婿,看到编结工艺甚为喜欢。经人介绍,季根仙进入徐家汇圣母院作坊,学了半年针绣花边工艺。……民国十一年(1922),常熟县大义乡绣女赵倪氏也在徐家汇圣母院学会了'万缕丝'花边工艺,带回家乡传授后也很扩散。"[④]从上述文献可知,萧山花边缘由上海徐家汇的宗教教会——圣母院,而当时花边业最兴盛的生产事业点就是上海徐家汇天主教堂为中心的土山湾地区。从工艺技法上看,"花边在教会开始传出时,系一种用白棉线编织的阔1—5(英寸)吋的弯直型花边码

① 彭南生,徐凯希,马俊亚,严鹏:《固守与变迁:民国时期长江中下游农村手工业经济研究》,湖北人民出版社2014年版,第142—143页。
② 彭泽益编:《中国近代手工业史资料 1840—1849 第三卷》,中华书局1962年版,第176页。
③ 黄绍筠:《商道流芳录 中国商业文化百例》,浙江工商大学出版社2005年版,第338页。
④ 张乃清:《莘庄钩针编结》,学林出版社2012年版,第26—27页。

带。后来陆续出现用线编织成方格细网、挑上花朵的'非来边'，用钩针编织的'钩针花边'，用白色和米色线盘出花朵轮廓、又挑出小花朵做成大小各种网状的'万里斯'，以及用粗线织成方格网并在网上花的网扣、台布和窗帘等"①。故萧山花边从属于上海针绣（挑花）花边一源。

"1908年之前，上海出现花边业。由于花边生意有利可图，花边商人极力设法开阔他们的牟利范围。1923年，上海花边商利用内地工资低廉，到萧山传授花边织造之法，同时发给花线，收买出品。"②至此萧山花边的传入带动了整个镇及地区逐渐经营开来。1924年，本地花边商高德良在花边联系所聘请教师向本乡妇女免费传艺，并创办了沪越花边厂，因产品单调，货不适销，不到两年便倒闭了。后来花边艺人在针法和图案上进行创新，逐步形成自己的风格，销路好转，吸引花边商前来采购。20世纪30年代初，仅萧山地区经营花边的厂商就有30余家，挑花女工有近3万人。经过花边师傅结合当地地方特色完善后，萧山花边的针法从最先2种拓展到10种，甚至产品的品种品类也延伸到了家具品上，如最常见的长茶几套、床罩等。《关于萧山花边业概况》记载："发放制作之花样亦有外国源源供给，因国内市场随时代转变，日新月异，彼等为迎合购买者心理，利用广告鼓吹，一面尽量改良花样，使成为大众化。"③故花边商人纷纷设厂置洋行，使杭州萧山发展为当时浙江花边业的重要出产地，并通过沪港远销海外。"浙省花边业全盛时，全年营业达150万元以上，其中萧山占三分之二，温州占三分之一。"④

（二）欧式花边传入缘由及本土化 Reason and Localization of European Lace

花边（抽纱）、刺绣和蕾丝是同宗同源的古老手工艺术，既可以说起源于意大利，也可以说源自东方。⑤而19世纪欧式花边自欧洲传入中国的原因包括三点：

（1）战争和工业革命促使欧洲手工花边产业转移。花边出现于15世纪末16世纪初，包括两大类：梭织花边和针绣花边。梭织花边，起源于意大利，通过捻纱线绕在小梭上按照一定的图案编结而成。这类花边演化到16世纪后半叶称作镂空绣（英国称法），是一种镂空几何图案花边——以针织亚麻为底，使几何形状显露出来，在法国被称为挖花花边绣。针绣花边，源自透孔刺绣，即一次只用一根线由织针按特殊织造而成。威尼斯的花边工人将针绣花边改良为立体织法，其工艺精美、结构篇幅大、视觉上因立体织法具有浮

---

① 中国民主建国会上海市委员会：《文史资料选辑·第六辑 上海花边抽绣产品出口史料》，上海人民出版社1979年版，第170—171页。

② 南京艺术学院美术系：《花边图案设计》，中国轻工业出版社1978年版，第16页。

③ 《关于萧山花边业概况》为档案资料，档案编号为J112-006-024，第5页。

④ 彭泽益：《中国出口花边》，《中外经济周刊》1962年第26期，第10—11页。

⑤ Rosemary Shepherd. *Lace Classification System*. Sydney: Powerhouse Museum, 2003, p.6.

雕的效果,被称为威尼斯花边。到19世纪的机织花边时代,由于1809年约翰·希思科特发明了梭织花边织机和1813年英国J.利弗尔斯发明了花边织机,欧洲的手工花边逐渐衰落,进入机织花边时代,手工花边业转向亚洲和拉丁美洲国家,如中国、土耳其、斯里兰卡、巴拉圭、巴西等,"一战"的爆发则更加速了这一进程。

（2）特定历史背景下伴随宗教传播而来。鸦片战争之前,中西花边发展各成体系,鸦片战争打开了中国国门,随之而来的是更加频繁的贸易往来和宗教传播。沈从文先生曾在《沈从文谈艺术与文物》一书中述道:"花边的使用,由来已久,在古代不仅妇女独擅专利,男子衣服也必用边沿。……19世纪中期,……一面用鸦片烟和宗教双管齐下毒害中国人民,一面起始大量流入外来机织羽纱、毕叽、咔喇和棉纺织物,进行贪婪无情的经济掠夺。随后且更进一步,就租界设纱厂、丝织厂,和其他出口原料加工厂,剥削万千人民累代的血汗,造成了租界十里洋场的假繁荣现象和藏污纳垢。因为花边流行,他们便利用中国人力、物力和美术设计力,针对社会风气,或自设作坊,或就津、广、申、苏各地丝绸行业定织各种花边,贴上'怡和''茂隆''安利'等洋行商标,向全国运销,只是一转手间便赚了许多钱去。"①所以这些花边也标志着近百年来被侵略和剥削的中国劳动人民血汗的痕迹。

（3）中国传统工艺技术的被动融合创新。宋朝时期,浙江是刺绣制品的重要出产地,种类繁多,较为接近现代花边的制品是民间艺人在棉麻布上所做的"挑绣"。自宋代以来,老百姓就开始种植棉花,以棉麻布为主要衣着原料,以布上的"挑绣"（"挑花"）为主要装饰样式。早期的挑花只是依靠布匹的经纬纹路挑织出花纹,大多装饰在衣领、袖口等当时的服装上以及帐沿边等日用品上;小部分用线编结而成一类工艺品,称为"花绦""绦子",多用于扇袋、香囊和披肩等。②而杭州萧山以盛产棉、麻闻名,萧山花边的原料也是以棉、麻制成的丝光棉线。正因如此成熟的技艺和丰裕的原料背景,萧山针绣才能联姻意大利威尼斯花边,进而演化创造出闻名海内外的萧山花边。

（三）萧山花边的特性分析 Characteristic Analysis of Xiaoshan Lace

欧式花边在19世纪后半期相继传入中国,以传教士布道和教会学校建立的形式逐渐传入中国沿海地区。因杭州萧山紧邻上海,劳动力相较于当时视作金融中心的上海来说廉价了许多,又有重要交通要道沪杭铁路的流通,20世纪初,沪商徐方卿携带4名女基督教徒到萧山坎山镇以设立加工作坊的形式,传授针绣花边技艺。从传入情况看,萧山花边不同于烟台花边、宁波花边和上海针绣花边的主要原因是,萧山花边是从中国其他区域经过流变融合后传至萧山地区,继而发展的。因此,萧山花边虽源自欧洲,但在流传进

---

① 沈从文:《花花朵朵　坛坛罐罐　沈从文谈艺术与文物》,重庆大学出版社2014年版,第158—159页。
② 杭州市政协文史委:《杭州文史丛编　文化艺术卷》,杭州出版社2002年版,第288页。

程中不断融合了各个区域技艺技法特点，是一种特有的工艺美术品种。

1. 宗教传播属性 Religious Communication Attribute

中式花边包括萧山花边、上海结花边、宁波花边以及其他地区的抽纱花边，其工艺技法、纹样图案都与天主教艺术息息相关。从15世纪末开始到16世纪初，欧式花边的制作大多数集中在修道院，在路易十四统治时期，这些由威尼斯蕾丝手工工匠制作而成的蕾丝受到妇女的喜爱。而在16世纪初的意大利，蕾丝制作成为贵族太太和小姐们消磨时间的活动，其后这些贵族妇女又把她们的技术传给教会修女。蕾丝制作不仅有助于修女们沉思冥想，又为修道院赚取收入，使得编制蕾丝这项活动很快传遍整个意大利的女修道院[①]（图3-24），故威尼斯花边（图3-25）与宗教的关系显然。

图3-24　意大利佛罗伦萨
百花圣母大教堂建筑[②]

图3-25　意大利威尼斯绣花边[③]

随着中国教会的发展，对绣品的需求量逐渐增大。出于传教需要，教会内部需要一批既有圣教特色又有中国风的装饰品，以用于教堂建筑以及仪式上的饰品、堂旗等，并使教堂与本土文化相适应。坎山1905年就有天主教，天主教绍兴总堂派神父应乐善、史济仁来坎山老街传播天主教，教徒有一定数量，传教有基础，传艺有立足场所；此外，与萧山坎山的历史条件和地理环境也有相应关系，这里是萧绍平原的商埠重镇，人口密集，水路顺畅，自然也是传教士眼中传教的重要区域，萧山花边的传入也随宗教而来。

2. 工艺技法特点 Characteristics of Xiaoshan Lace

萧山花边为何被称为"万缕丝"？因其制作工艺包括了挑花针法技艺和近20道的复杂工序，其创作主要靠复杂的图案、丰富的层次及精巧多变的针法。它往往用一根单线

---

① Giuseppe Dell'Olio. "Venetian Lace: A Famous Craft". *East and West*, 1951, 2(1), p. 55–59.
②③ 图片来源：新浪博客。

挑织出清晰明快的层次感和凹凸有致,宛若"浮雕"的视觉效果。而其既不同于刺绣,又不同于抽拉丝,为镶嵌装饰用。绣工也演化出了独特制法,称为"小块"或者"装方"。先根据设计的图样划分为许多小块(如果面积较小的工艺品则无须划分),这些小块被称为"猛方",然后将每一小块分别衬以牛皮纸(图3-26),在牛皮纸上打底定线,再依据所定之线绣成花纹,后撕去纸稿,逐块拼接(被称为"装方",图3-27),经洗烫整理而为成品。再从技艺操作方面来看,要经过缀、挑、绷、绕、空、缀、补、扣八个步骤,其中"绷"则用于旁扶——用一支线和一根针,一针套一针,或连续挑几针,间隔一定距离再挑几针,挑出各种各样的奇异花纹。再用特有的旁扶图案加以连接,萧山花边特有的旁扶图案有六角旁扶、龟背旁扶、菊花旁扶、茴香旁扶等等(图3-28和图3-29),从而完成一件精美的作品。

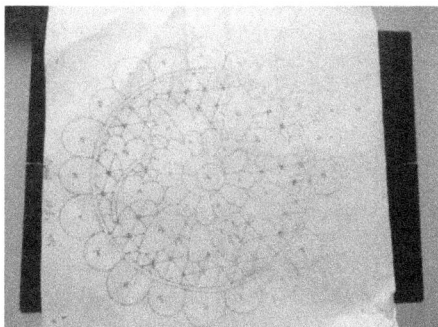

图3-26 图样牛皮底稿(在图上进行挑绣)

图3-27 "装方"成品

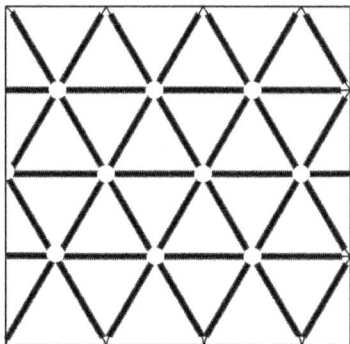

图3-28 萧山花边的常用旁扶

图3-29 萧山花边图案

萧山花边虽是手绣,但具有编结效果,其品种逐渐增加了台布、床单、沙发靠垫等,有白色线和米黄色线两种。全用万缕丝的,称"纯万缕丝",是花边工艺中最精美的品种之一。亦有将万缕丝与其他工种结合,或被镶嵌在显著地位,或用作布制品的镶边。

3. 文化艺术特点 Cultural and Artistic Characteristics

萧山花边的文化艺术特点体现在纹样图案上强调主题突出,即骨架突出和花型突出。萧山花边的骨架多由不同的几何形组成，或无规则自由排列，或有序排列；有的以两点拼方式排列，有的则跳格式排列；还有镶嵌式组合排列等，结合巧妙。传入时期的花纹图样多以欧洲风格为著，特别是具有欧式风格的葡萄藤以及花卉，并且设计图稿多从国外流入。如图3-30—图3-33所示。

图3-30　欧式花边[①]

图3-31　萧山花边[②]

图3-32　龙纹（萧山花边作品）[③]

图3-33　对称纹（萧山花边作品）[④]

而随着历史风俗习惯的慢慢演化，在中华民族优秀文明的浸染下，万缕丝的纹样涵纳了东西方物种，并以缠枝花卉为主，玫瑰、牡丹、菊花、水仙、梅花不等，同时加以形态各异的藤蔓、富丽优雅的花卉牡丹、傲然挺立的秋菊以及生灵活动的走兽等2000多种图案。在纹样四周通常穿插各类不规则的几何图案，凸显花卉的亭亭玉立和疏影横斜。而花卉纹样和几何纹样之间通常加入萧山花边特有的图案形式加以连接，就是上文提到的"旁扶"，使其进一步融合，凸显整体感。

---

① ②　图片来源：视觉中国官网。
③ ④　图片来源：堆糖官网。

（四）东西方宗教、艺术、文化交融的媒介——萧山花边 Xiaoshan Lace: A Medium of Integration of Religion, Art and Culture Between the East and the West

鸦片战争爆发,帝国主义入侵,传教士来华布道,洋商工厂利用我国丰富的资源和廉价劳动力进行生产,产品再运往他们本国销售。萧山花边诞生在这种背景下,宗教的力量和贸易流通的力量成为推动其生存并发展的必然因素,进而演化为萧山花边的百年传播与中西融合的艺术风格。悬挂于杭州笕桥机场的《西湖风景》窗帘、转型而出的"王牌"产品5801万缕丝全雕镶边、风靡海外的格欣绣等,不仅是审美价值较高的工艺美术品,更是作为经济贸易往来的交流载体,凸显了极大的产业价值。比如,在20世纪70年代,萧山花边作为国家的出口支柱产业,曾积极推动了国家的建设发展。萧山花边的近20道工序、古老的熨烫制作方式以及呈现的精美绝伦的样式,无一不映衬了当地人民的智慧结晶,更是中西传统工艺融合渐进的独特载体。

萧山花边的流变体现了东西方文化、工艺、宗教的交融并举的进程。从工艺性质来看,萧山花边是一种自西方传入,出现于中国,经百年历史演变的独特工艺美术品。客观来看,萧山花边的流变,一方面促进了中西文化的交流,使得欧洲威尼斯花边渐渐在华夏土地上植根萌芽;另一方面,则保留了欧洲威尼斯花边的特点,糅合了中国传统及民间针绣工艺的长处,在当时迎合市场需求,创造出闻名海内外的萧山花边,并曾经为中国工艺美术出口创汇做出过贡献。东方文明秉持谦让包容的礼仪之态,融合西方审美技艺特点,自19世纪以来萧山花边为媒介的这场工艺美术交流中,折射出特定历史背景下的东西方宗教、艺术、文化交融情况。萧山花边传入路径的梳理,正是介于这一认知下的工艺美术品传入、发展、创新、产业情况的考证。

第六节 小结
Summary

本章系统梳理了近代时尚演变的整体进程,聚焦于自19世纪以来贵族社交圈自上而下的流行传播方式,向设计师驱动的流行传播方式逐步转变的整体

This chapter systematically sorts out the overall process of modern fashion evolution, focusing on the overall process of the top-down trend spread mode of the aristocratic social circle since the 19th century, and the synergy of various social forces. In the process

进程以及各种社会发展力量的协同驱动。在旧资产阶级与沙龙驱动的时尚与新兴资产阶级与设计师驱动的交错转化的进程中，科技进步与人们生活方式的转变是改变时尚面貌的真正内在驱动力。20世纪以来的时尚与生产力发展、艺术思潮更加紧密联系，年轻一代与街头文化不断驱动新的流行传播方式的出现，并不断催生出新的时尚现象。此外，本章还联系法国时尚发展历程、19世纪上海时尚、萧山花边流传演变等典型案例，加深学生对本章内容的理解。

of the old bourgeoisie and salon-driven fashion being transformed into new fashion driven by the emerging bourgeoisie and designers, technological advancement and the transformation of people's lifestyles are the real internal driving forces for changing the fashion look. Since the 20th century, fashion has become more closely related to the development of productive forces and artistic trends. The young generation and street culture have constantly driven new popular modes of communication, and have continued to generate new fashion phenomena. This chapter also introduces typical examples of French fashion development, Shanghai fashion in the 19th century, and the evolution of Xiaoshan Lace to deepen students' understanding of this chapter.

第七节 \ 提问与思考
Questions and Thinking

（一）阅读本章内容，尝试分析是什么力量驱动了宫廷时尚向设计师驱动时尚的转化？

（二）结合本章提及的一位设计师，以及时代精神与目标消费者，试分析其作品。

（三）20世纪60年代左右的年轻一代与街头文化催生出了怎样的时尚现象？

（四）聚焦某一亚文化群体或细分群体，分析其特有的时尚表现。如朋克时尚与摇滚乐以及哥特风格服饰的联系等。尝试结合图像资料、文字资料等进行综合说明。

第八节 \ 核心词汇
Key Words

gender fashion concept 两性时尚观

the aristocratic social circle 贵族社交圈

the emerging bourgeoisie 新兴资产阶级

the old bourgeoisie 旧资产阶级

the young generation 年轻一代

salon-driven fashion 沙龙驱动的时尚

designer-driven fashion 设计师驱动的时尚

street culture-driven fashion 街头文化驱动的时尚

modern art 现代艺术

subculture group movements 亚文化群体运动

hippie fashion 嬉皮时尚

punk fashion 朋克时尚

the Mods fashion 摩登族时尚

the fashion of the marginal and segmental market 边缘与细分市场的时尚

contemporary fashion 当代时尚

customerization spirit 定制精神

第四章　时尚的系统

Chapter Four　Fashion System

第一节 \ 导 论
Introduction

本章以时尚学与时尚系统理论研究为基础,通过对时尚与流行的语境分析,探讨时尚学作为社会理论微观层面和宏观层面相结合的研究,呈现默顿、杜尔凯姆、布鲁默等学者对时尚系统的理解。以法国的时尚系统为典型进行解构,对其时尚系统的最高权力机构——公会、时尚系统的灵魂——高级时装定制师、时尚系统的卫士——政府文化部、时尚系统的看门人——编辑、记者与公关人员、展览与评价进行挖掘,剖析、归纳和总结19世纪中期后逐渐成型的现代时尚系统,分析整个系统的核心内容、形成背景和主要特征,讨论其各部分的功能以及影响,并且分析系统内部运转过程和各部分之间的内在联系。本章结合5个典型案例加深学生对时尚系统的理解,相关案例包括沃斯时装屋、威廉·莫里斯与纺织品时尚、韦奇伍德与瓷器品牌设计管理、杜塞时装屋运营、VOGUE与时装评论等。本章

This chapter is based on the study of fashion and fashion system theory. Through the contextual analysis of fashion and prevalence, this chapter discusses the combination of fashion theory that contains the micro and macro level of social theory, and presents the understanding of fashion systems analyzed by scholars such as Merton, Durkheim and Blumer. Through deconstructing the French fashion system, and taking it as a typical example, excavating the highest authority of its fashion system—the fashion guild, the soul of the fashion system—the haute couture customizers, the guardian of the fashion system—the government culture department, the janitor of the fashion system—editors, journalists and public relations personnels, exhibitions and evaluations, analyzing and summarizing the modern fashion system, gradually formed after the mid-19th century, analyzing the core content, background and main features of the whole system, discussing the functions and influences of various parts, and analyzing the internal working process of the system and the intrinsic link between the various parts. This chapter goes through five typical cases to deepen students' understanding of fashion systems, including Worth's Haute Couture House, William Morris and textile fashion, Wedgwood and porcelain brand design management, operations of Doucet's Haute Couture House, VOGUE and fashion review. This chapter starts from the perspective

从时尚系统的视角分析当时出现的典型案例,探讨由于生活、生产方式与设计对象的变化,源于19世纪的设计与管理,直面系统视角的时尚面貌。

of the fashion stystem, analyzes the typical cases that emerged at that time, explores the changes in life, production methods and design objects, the design and management in the 19th century, and studies the fashion look from the system perspective.

第二节 \ 时尚学与时尚系统理论
Fashionology and Theory of Fashion System

一、时尚的学理概念 The Concept of Fashion Theory

(一)时尚与流行的语境 Fashion and Popularity Context

原始社会里没有时尚。随着生产力的进一步发展,生产水平得到不断提高。奴隶制的产生使得社会财富进一步分化,社会等级开始出现。而民主化的进程,也使得时尚日渐兴起。早在15世纪,时尚在法国就被视为非常重要的事情,以至查理七世设置了独立的时尚部。

时尚确实是个难以界定的概念。《现代汉语词典》(第7版)将时尚界定为"当时的风尚",而风尚是指"在一定时期中社会流行的风气和习惯",这似乎和流行又有所交叉。在英文中,fashion 和 popularity 也不能完全区分开。《朗文当代高级英语辞典》(第4版)中 fashion 的解释是"The popular style of clothes, hair, behavior, etc., at a particular time that is likely to change"(在特定时期内,处于变化中的流行的服装或者样式、发型或行为方式)。其实在很多英文文献的使用中,大多数学者有时也将 fashion 译作"流行"。流行已经成为社会生活中不可或缺的一部分。服装在流行,时装 T 台上模特引领当季的流行趋势;音乐在流行,一部电影或电视剧的热播带来主题曲的流行;色彩在流行,北京奥运会促成了西瓜红的广泛流行,金融危机促使了灰色的广泛使用;生活方式在流行,"绿色出行"的理念使得城市中越来越多的市民选择骑车外出……如果把这些都算作流行,我们整个社会正处在各种各样的流行现象中,每天都有新的事物开始流行,也有旧的事物退出流行。

《现代汉语词典》(第7版)中将"流行"解释为:"广泛传布;盛行。""流行"一词在《辞海》(第7版)中的解释是:"迅速传播或盛行一时。"

可以将流行理解为一个过程,它是一个事物通过人类的相互模仿而盛极一时的过程。可以说,流行是一个宽泛的社会现象,它包含着丰富的社会内涵,从兴起到衰落具有自身的特定规律。流行现象既具备流行的共同属性,又表现出不同的特殊表征。

Popularity can be understood as a process, in which some things are spurred by human mutual imitation. Popularity is also a broad social phenomenon, which contains rich social connotations, and has its own specific logic from the rise to the decline stage. Popularity phenomena have both popular common attributes and different special representations.

时尚与流行是被包含与包含的关系。换句话说,时尚的一定是流行的,流行的不一定是时尚的。区别时尚与否的首要特征是炫耀性。炫耀性具有很强的感性色彩,它不仅充满直接的感性体验,并且能够引发人们对美的追求,激起感性层面的愉悦体验。T台上的时装发布引领当季消费者对穿着美的追求,缤纷斗艳的时髦服装带给受众的是绚丽多彩的感性外观形象,这种方式被称作"时尚"。时尚正是那些感性内涵丰富且具有炫耀性的流行行为方式。小语境里时尚就等同于流行,大语境中流行的边界大于时尚。在时尚产业中,我们几乎可以认为时尚和流行就是同义词。

(二)时尚与流行的关联 The Association of Fashion and Popularity

可以这样理解,流行是一种广泛的社会现象,时尚则可以被创造,具有前沿性,并且是时代精神的映射。时尚是以规则而系统的在内变化逻辑为特征的一种衣着系统。在为时尚下定义时,还必须考虑到时尚背后的经济、工业和技术问题。"时尚"是一个一般性的术语,可以用来指称诸如建筑乃至学术等社会生活领域中的任何一种系统性变化,而适用于衣着的"时尚系统"则是指服装的生产与发售这一套特殊的经营模式。

It also can be understood that popularity is a wide-ranging social phenomenon. Fashion can be created, and is cutting-edge, and a mapping of the zeitgeist. Fashion is a clothing system characterized by regular and systematic internal change logic. When defining fashion, economy, industry, and technology behind fashion should be considered. "fashion" is a general term that can be used to refer to any systematic change in the social life fields such as architecture and even academics. The "fashion system" for clothing refers to a special operation model of the production and distribution of clothing.

时尚是一种意识形态,也是一个"神话",它可以被定义为信仰、态度或是意见。意识形态构成信念。作为时尚的"神话"特性,没有科学的特性和具体的实质。神话的功能在于认知,它体现了集体经验,代表了集体良知。传统人类学学者关注原始社会的神话研究,并对神话进行结构分析,再应用于现代工业社会。例如,巴尔泰斯·罗兰(Barthes)将神话视为一种交流系统,不仅是存在书中,还是电影、体育、摄影、广告和电视的产物。同样,社会制度的建立和执行构成了时尚中神话的概念。将时尚理解为一个系统,有助于我们揭开时尚信仰的神秘面纱,并更好地分析时尚之都巴黎的体系。富格林(Flugel)认为:"时尚,我们已经被提出并相信是一个神秘的女神,它使我们服从而不是理解,因为这确实意味着超越了所有普通人的理解。我们不知道他们为什么成立,或者他们会忍受多久,但他们必须遵循,并且越快顺从,越能放大自我优点。"宫廷社会与宫廷时尚中,国王、皇后和贵族们发起时尚潮流,而后逐渐流行到群众中,并传播到欧洲其他地区,那时的巴黎是世界时尚的起点。

拉弗(Laver)认为,时尚具有非理性和肤浅的倾向,"变化为生活增添乐趣。时尚造成的流行、狂热、情绪和盲从带来短暂的快乐。那些每天做着同样的事情,穿着同样衣服的人本身是无聊的,并使别人对他们感到无聊。每一种在历史上曾出现的时尚样式,并没有人知道它是如何产生,如何出现,又是如何消失的"。川村由仁夜在关于时尚系统和服装系统区别时说道:"服装是物质的生产,时尚是象征性的生产;服装是有形的,时尚是无形的;服装是必需品,时尚是一种过度消费;服装具有实用功能,时尚具有地位功能;服装可以出现在任何社会或任何文化中,而时尚必须在制度建构和文化传播中存在。"时装系统的作用是将服装展现成具有象征性价值的时装。

(三)时尚学理 Fashion Theory

时尚学是将社会理论的微观层面和宏观层面相结合的研究。时尚学关注的是社会中各时尚组织的宏观社会学分析以及参与其中的设计师和个人的微观互动,以此分析时尚生产。对时尚的解读有很多种,本研究的研究视角在于将时尚视为一个制度化的系统,不仅仅专注于服装和服装风格。人们对时尚制度发展的社会背景缺乏关注,这正是时尚学试图解决的问题。本研究中所指的时尚系统,具体是指产品和服务中所经过的各种与之密切相关的生产行为,包括销售和消费环节。一个社会不能消费它不能生产的东西,也不能在没有消费的情况下生产。此外,时尚产品的生产受到社会成员和社会分配模式的影响极大,主旨在于重复的社会生活模式和其造成的结果之间的因果关系是标准化的。在罗伯特·金·默顿(Robert King Merton)[①]的结构功能观点中,功能或功能障碍归因于现有既定的标准化的系统,如社会角色、制度模式和社会结构。这意味着单个事件不能成为功能分析的主题。在时尚领域中最明显的表现就是时尚机构的作用,行业协会组织一年两次的时装秀,以此调动并连接时尚产品的生产者和销售者。

---

① 默顿:美国社会学家,结构功能主义的代表人物之一,著有《犯罪社会学》等。

　　此外,默顿对显性和隐性功能的区分进一步阐明了其功能主义的观点,显性功能在于人们观察或是预期的结果,隐形功能则是人们不期望或是不被认可的结果。塔尔科特·帕森斯(Talcott Parsons)①的研究主要关注社会行为的显性功能,默顿更关注社会隐性功能并对其分析进行揭示,以此加深对社会的理解。显性和隐性功能的区分,迫使社会学家研究人超越自我意志为现有制度或习俗消费的原因。例如,默顿就引用了凡勃伦对炫耀性消费的分析,实则是为了提升自我的社会地位。再如,向记者、媒体和买手展示新的理念和新的设计风格是时装秀的目的之一。然而从最终的结果来看,时装秀已然变成了时尚产生的地方。时装秀为服装增加附加价值并将其转化为时尚,时尚文化也因此具有持续性。反过来看,它也吸引了各地的设计师到公认的时尚之都办秀,时尚文化和城市的时尚影响力密切相关。

　　支持结构功能主义的学者例如埃米尔·涂尔干(Émile Durkheim)②认为,社会学只应关注决定个人特征和行为的社会结构,个人的行为特征或特殊特征并不重要。结构功能主义者经常采用这种观点,他们只关心社会结构之间的功能关系。由此,影射到时尚学,对设计师的研究应更加专注于设计师的培养模式和创造条件,而非设计师个人特征。比如时尚纸媒的设立,成名的设计师通过其稳固自我的地位和声望,新兴的设计师以此渴望被关注时尚的人发现和认可。

　　相对于社会学家结构功能主义的宏观角度,互动主义支持者提倡的方法从个人、从内部出发定义世界及识别他们的世界的过程。互动主义学者多采用调研的方法,包括观察、采访人群(研究对象包括时尚系统中的参与者和非参与者)、研究大众传媒的相关报道、阅读当地新闻和时事,等等。赫伯特·布鲁默对符号互动主义的重大贡献在于对符号互动主义方法论的阐述。他认为与功能主义不同的是,符号互动主义不是以一个或一组的假设开始演绎理论。符号互动主要解释个人的特定决定和行为,并通过既定规则和外部力量解释这些个体,大多数分析都专注于小规模的人际关系。符号互动关注个人的能动性,个人是自我行为的积极构造者,而不是被外界力量冲击的被动生物,符号互动主义学者解释、评估、定义和规划个人的行为。符号互动主义还研究个人做出决定和形成意见的过程,反映到时尚领域则是人们采访设计师和时尚专业人士,调查他们与时尚组织和机构的关系,以及他们是如何与机构中或是自我社交圈中其他时尚专业人员进行互动的。社会学理论的一个重要争论在于个人与社会结构之间的关系,例如论证结构如何决定个人、如何创造结构以及人的代理权。当我们研究时尚职能机构和时尚参与者如何参

---

① 塔尔科特·帕森斯:美国社会学家,结构功能主义的代表人物,代表作有《社会行动的结构》和《社会系统》等。
② 埃米尔·涂尔干:法国犹太裔社会学家、人类学家,法国首位社会学教授,《社会学年鉴》创刊人,主要著作有《自杀论》和《社会分工论》等,他与卡尔·马克思及马克斯·韦伯并列为社会学的三大奠基人。

与这些机构时，时尚系统概念变得更加清晰，同时我们可以理解这两者是如何相互依赖和相互关联的。

因此，时尚学的主要关注点是制度化的时尚系统。将时尚作为一个系统进行分析，首先需要寻找它的系统特征，它涉及参与者类型以及每个参与者任务。时尚是一个由制度、组织、团体、制作者和实践组成的系统，它们相辅相成。这与服饰或服装制造所表达的"时尚"概念有所不同。如前所述，时尚是制度化体系中的制造文化符号的过程。尽管设计师在系统中扮演着重要的角色，但也不应忽视系统中其他与时尚相关的职业群体，例如记者、买手等等。

The main focus of fashionology is the institutionalized fashion system. To analyze fashion as a system, we firstly need to find its system characteristics which involve the various types of participants and each participant's specific task. Fashion is a system constituted by institutions, organizations, groups, producers, and practices. This is different from the concept of "fashion" expressed in appreal and clothing manufacturing. As mentioned earlier, fashion is the process of producing cultural symbols in an institutionalized system. Although designers play an important role in the system, they should not ignore other fashion-related professional groups in the system, such as journalists and buyers.

二、时尚系统理论 The Theory of Fashion System

许多研究时尚或是服装的学者经常会提到"时尚系统"这个术语，但对其含义和定义并不同意。部分学者认为，时尚系统应是时尚产品创造全过程所构成的系统，与服装制造系统不同；也有部分学者则是模糊时尚和服装之间的界限，并不将其区分。

如学者伊丽莎白·威尔逊(Elizabeth Wilson)和朱丽叶·阿什(Juilet Ash)在《令人激动的时髦：解读时尚》(Chic Thrills: A Fashion Reader)中提及，时尚系统是服装生产过程中的一部分。时尚系统是分散的生产和多样化且不稳定的消费需求中种种关系的总和。她认为，时尚是融合了文化和生产的双重概念，并且时尚为制造服装业的引领侧重点。她还强调了服装生产的重要作用，并列举了历史上种种生产创造时尚的案例，驳斥了布鲁默关于"消费需求创造时尚"的观点。法国社会学家罗兰·巴特(Roland Barthes)[①]则通过时尚杂志上对服装的语言进行系统研究，认为语言学系统和时尚系统在符号学概念中本质是相同的且可互换。许多评论家批判地看待这一观点，毕竟语言不能完全精确地描述服装和时尚，并且尽管巴特的书名为《时尚系统》(Fashion System)，实则描述的是服装

---

① 罗兰·巴特：法国作家、思想家、社会学家、社会评论家和文学评论家，代表作有《神话》《符号学基础》和《批判与真理》等。

系统;但通过巴特以符号学为基础的复杂分析,明确了服装系统和时尚系统的区别。服装系统的主旨在于人如何穿着服装,在特定的社会和文化背景下应该穿着什么样的服装以及西方服装有着哪些繁复的规定。这等同于在社会驱动下,我们得知衬衫通常有两个袖子,一条裤子有两条裤腿。比起时尚系统,服装系统更多像社会公约约束人们的穿着。

罗奇(Roach M.E)和穆萨(Musa K.E)在《西方服饰史的新视角》(*New Perspectives on the History of Western Dress*)一文中,将简单的时尚系统和复杂的时尚系统进行了一定的区分。比如,在尼日利亚的提夫部族认为疤痕是一种时尚,并且疤痕的类型随着时间而更换。在该时尚系统中,疤痕的形状设计、创造疤痕的方式是通过人与人传播的,时尚的疤痕设计出来后,部族的其他人开始复制、普及,最终该款式被抛弃,逐渐被替代为新的疤痕类型。这样的时尚系统存在于小规模的非现代社会中。而复杂的时尚系统如米兰、巴黎则复杂得多,涉及成千上万的人,如设计师、助理设计师、造型师、纺织品制造商、服装制造商、纽扣等辅料制造商、化妆品制造商、批发商、零售商、广告商和时尚摄影师等专业人士。同样地,布鲁默在自己的书中也使用了"时尚系统"这一术语,他分析了时尚在社会中的作用,尤其是在工业社会中,高度复杂的时尚系统已经发展起来并具有整合资源的功能。他并没有用"衣服"或"服装"一词来描述20世纪时尚系统的本质,他认为服饰只是时尚所影响生活的一个案例。布鲁默为当代大众社会提供了一种适合时尚的理论,他认为时装系统是促进大众社会进行文化变革的复杂手段,而不仅仅是提供身份认同和维持阶级秩序的作用。

戴维斯(Davis)在其著作《时尚、文化和身份》(*Fashion, Culture and Identity*)中也将时尚系统和服装系统区分开来,他认为"巴黎这样的时尚理念创新中心城市,是因为它具有极其发达的高级定制服装产业,并带动着各式各样的时尚消费群体",并认为时尚系统由诸多复杂的环节构成,如设计、展示、制造、分销和销售等等,即从创造到消费的环节。然而戴维斯并没有在此专注中说明时尚系统的内部结构,以及时尚系统中各个环节所经历的过程和其在系统中扮演着什么样的角色。川村由仁夜在此基础上补充了该理论,他在《日本设计师的巴黎时尚革命》(*The Japanese Revolution in Paris Fashion*)一书中,以戴维斯对时尚系统的分析作为出发点,将时尚视为一个制度体系。无论该时尚系统简单或复杂,都有一定的基本特征和统一的规律:时尚系统的最低要求是由人群组成一个网络,包括时尚提议者(即设计师)和采用者(即消费者),并且他们经常沟通。

第三节 \ 法国时尚系统解析
Analysis of French Fashion System

19世纪，巴黎是欧洲乃至世界的艺术中心和时尚中心，象征着高端时尚格调与审美品味。法国的摩登时尚文化也是在这一时期萌芽并发展而来，慢慢衍生出其现代时尚系统的。时尚系统的出现并逐渐完善，为法国时尚的发展提供了制度化的章程。最初的时尚系统是由一系列行业组织构成，包括：以提高高级时装定制师地位为目的的贸易组织、女裁缝之间的默认公约、设计师分层制度和常规时尚表演的传播机制。行业组织也负责区分和定义设计师和裁缝之间的区别。法国时尚系统在发展中经历了几次变革，如添加新兴设计师进入行业组织规则等等，也不断为适应社会环境和人们的服装需求、生活方式变化而调整。法国的时尚系统得到了几乎所有时尚行业从业人员的认可，以及对设计师有着巨大的影响和引领，在当时，得到"法国人"的认可是设计师成功地位的象征。

In the 19th century, Paris was the center of art and fashion in Europe and even the world, which symbolized high-end fashion style and aesthetic taste. The Mods fashion culture of France also sprouted and developed during this period, and slowly derived its modern fashion system. The emergence and perfection of the fashion system had provided an institutionalized charter for the development of French fashion. The original fashion system consisted of a series of industry organizations, including trade organizations aimed at improving the status of high-end fashion customizers, default conventions between seamstresses, designer stratification systems, and communication mechanisms for regular fashion performances. Industry organizations were also responsible for distinguishing and defining the differences between designers and tailors. The French fashion system has undergone several changes in its development, such as adding new designers to join the rules of the industry organization, etc., and constantly adapting to the social environment and people's apparel needs and lifestyle changes. The French fashion system has been recognized by almost all personnels of the fashion industry, and has a huge influence and leadership on designers. At that time, the recognition of the "French" was a symbol of a designer's success.

除了定制师和设计师之外，时尚消费者也是时尚系统汇总非常重要的一环。定制师和设计师在时尚系统中各尊其职制造服装,但只有这两者是无法真正创造时尚的,内在逻辑在于服装若无人穿着,时尚现象就不会产生。因此,定制师、设计师和时尚消费者或者称其为时尚引领者三者之间尽管有着明确的界限规定,实则相互依存无法分离。现代的时尚系统之所以在19世纪中期产生,最主要原因在于时尚生产主导因素由原先的国家控制转变为由时尚贸易组织的设计师群体控制。当然,它也承接了旧政权时期的一些制度,比如在其时尚产生的源头和传播方式方面与路易十四和其权臣科伯特(Colbert)所做如出一辙,譬如在19世纪成为社会主流的中产阶级不断地模仿和渴望上层阶级的穿着,正如此前平民模仿贵族装扮一样。在此,对法国时尚系统剖析、归纳和总结主要是以19世纪中期后的现代时尚系统为对象,大致分析整个系统的核心内容、形成背景和主要特征,讨论其各部分的功能以及影响,并且分析系统内部运转过程和各部分之间的内在联系,主要结构如图4-1所示。

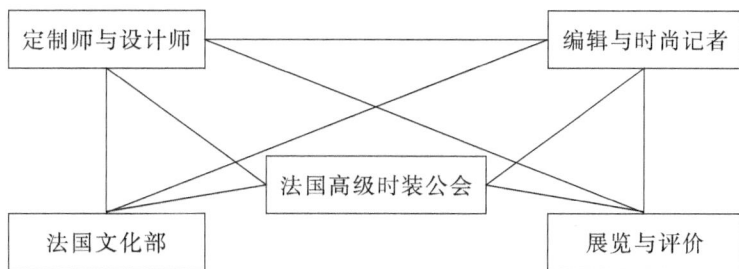

图4-1 以公会为核心的法国时尚系统内部运转和内在联系

一、公会 The Guild

法国时尚系统的中心是法国高级时装公会(简称公会)。公会是历史最悠久也是最具影响力的时尚组织,其发展历程如表4-1所示。公会在法国时装体系中是联系各个体的桥梁,它最主要的职能在于组织起草和落实各个行业协会所接受的整体行业政策,以及一年两次的高级时装发布会和赴国外的法国高级时装表演活动。从其发展历史来看,公会的成长史反映了制度创新和服装创新之间重要的联系,行业组织内部的变化持续影响着服装风格和新兴设计师,自1868年起行业组织就是权力和权威的象征,公会也不例外。公会是法国时尚系统中最高权力机构,是法国特有的组织,是时尚设计师群体的核心价值体现,并且公会作为行业组织是法国社会文化体系中必不可少的组成部分。因此,对公会的研究同时也是个体、社群和社会三者关系的研究。

表4-1　法国时尚行业组织的发展历程

年　份	名　称
1868	成衣及女装少年装定制协会(La Chambre syndicale de la Confection Et de La Couture Pour Et Fillettes)成立
1910	成衣及女装少年装定制协会解散
1911	高级时装协会(la chambre syndicale de la couture parisienne)成立
1945	法国政府对"高级时装"(Haute Couture)和"定制师"(Couturier)进行规范定义
1973	高级成衣设计师协会(The Chambre syndicale du Prêt-à-porter des couturiers et des createurs de mode)和男装协会(The Chambre sydicale de la mode masculine)各自成立
1975	法国国家手工艺及相关职业联合会(L'Union Nationale Artisanale de la Couture et des Activites Connexes)成立

　　对法国时尚系统的研究,首先要对公会进行深度剖析,法国时尚系统的发展一直依赖着公会的声望和在产业中的主导地位。自查尔斯·沃斯以来,巴黎一直是高级时装的中心,不仅是因为法兰西民族的创造基因和巴黎浓厚的艺术氛围使然,更大原因在于公会的前身——高级时装协会的成立。1910年12月14日,高级时装协会成立。作为权力机构,高级时装协会入会资格有着严格的限定,新会员必须由协会委员会的两名委员担保才可入会,早期会员的国籍受到限制,直到1928年修改条例后外国时装屋才被允许入会。"高级时装"的会员名单由专门委员会管理,要获得"高级时装"的称号,必须由法国高级时装协会的审批核准。其申报条件如下:首先,在巴黎设有工作室,能参加法国高级时装协会举办的每年1月和7月两次女装展示;其次,每次展示至少有75件以上的设计是由首席设计师完成;常年雇用3个以上的专职模特;每个款式的服装件数极少并且基本由手工完成。正是因为行业组织的努力,法国的时尚才能被称为一个制度化的系统。行业组织是该系统的中心和基础,促进政府、时尚贸易组织、时尚记者、编辑、展会参展商和设计师等等互相交流沟通,持久地保持时尚新鲜度,巴黎也因此被称为"神话"。法国时尚系统是一个有序的系统,能产生和促使人们消费"信仰",为服装附加文化含义成为时尚。当然,为了保持法国在全球中的时尚霸主地位,从业人士也得不断为之努力,巴黎需要新兴设计师来不断加强巩固自己的时尚之都称号,设计师同样需要通过巴黎来获得全球关注和认可,这样相互依靠的关系构成了巴黎长期不衰的时尚中心地位。

　　设计师需要巴黎,巴黎需要设计师。设计师加入公会后会拥有大量的资源和机会,故在公会内部有一定的等级制度来区分设计师群体。

　　公会将高级定制与其他定制服装进行定义区分,相应地对定制师和其他定制服装设计师群体

The Guild distinguishes haute couture from other customerized clothing, and accordingly differentiates the group of customizers and other customerized clothing

进行区分,旨在提高定制师在时尚领域中的地位;将高级成衣与普通成衣进行定义区分,以提高大众市场中的优秀设计师地位。按照从高到低的顺序,公会为法国设计师制定的等级制度如下。

(一)定制师/高级时装设计师

定制师即为高级时装设计师。定制师的称号由公会独家授予,隶属于高级时装协会,是所有设计师群体中最精英的成员。

(二)创意设计师/高级成衣设计师

创意设计师即为高级成衣设计师,女装创意设计师隶属于高级成衣设计师协会。定制师通常也发布高级成衣系列,故通常也都是该行业组织的成员。男装创意设计师隶属于男装协会。创意设计师是设计师群体中的精英成员。

(三)风格设计师/服装公司设计师

风格设计师即为普通服装企业设计师,通常在服装产业聚集区工作,如同巴黎的提耶地区,或是杭州的九堡地区。风格设计师为公司提供设计服务,并且设计师姓名不为大众所知。

designers to improve the position of the contractor in the fashion field; and defines ready-to-wear (Prêt-à-porter) and clothing to improve the status of outstanding designers in the mass market. In the order from high to low, the hierarchy established by the guild for French designers is as follows:

(1) Customizers/Haute Couture Designers

The customizers are haute couture designers. The title of customizer is exclusively awarded by the Guild and is part of the La Chambre Syndicale de la couture parisienne. They are also the most elite members of all designer groups.

(2) Creative Designers/Ready-to-Wear Designers (Créateurs)

Creative designers are ready-to-wear designers, and the women's creative designers belong to the Chambre syndicale du Prêt-à-porter des couturiers et des createurs de mode. They usually also launch ready-to-wear collections, so they are usually members of the industry. Men's creative designers belong to the Chambre sydicale de la mode masculine. Creative designers are elite members of the designer community.

(3) Style Designers/Clothing Company Designers (Stylists)

Style designers are ordinary clothing business designers, usually working in the clothing industry gathering area, like the Sentier in Paris or the Jiubao area in Hangzhou. Style designers provide design services to the company, and their names are not known to the public.

定制师和创意设计师都是时尚系统中的一员,而服装公司设计师不是。同时精英设计师和非精英设计师之间存在着以文化和时尚为媒介的联系,服装公司设计师通过设计大众化产品,使精英文化和审美渗透到大众中去。

公会最早的前身成衣及女装少年装定制协会(La Chambre syndicale de la Confection Et de La Couture Pour Et Fillettes)由查尔斯·沃斯于1868年创立。不过,从该行业组织的名称也可看出,此时的行业组织尚未将高级定制与定制服装进行区分,并且认为两者的生产方式没有区别,设计师之前既没有分明的等级制度也没有社会地位差异。成衣及女装少年装定制协会基于中世纪的行会模式由巴黎的设计师组成,主要职责在于监管设计师之间的抄袭盗版行为,组织时装发布会,以及联系时尚媒体进行一些推广活动等。该组织成立目的在于保护从事服装生产的女裁缝师的权益,比如制定保险和养老金计划,给予带薪假期等。许多制度都沿用至今,高级时装屋的拥有者是这样说的:"从事高级时装工作的人被行业组织保护得非常好,他们在法国有着非常好的工作条件,公司给予员工很好的福利并且为其支付高昂的服务费用。在时装发布会之前,我们有时会要求他们在星期六加班,并在时装发布会之后给予调休,但我们从来不允许员工星期日持续加班。高级定制对于法国来说是无可替代的。"由此可见,公会的前身就已经为女裁缝的工作环境创造了良好的条件。1911年,高级时装协会成立,为从事高级时装的裁缝争取了更多的权益、福利和薪资。

二、高级时装定制师 Haute Couture Customizers

沃斯作为高级时装定制的第一人,正是从他开始将设计从制作中分离出来,设计师的身份也自此开始独立于裁缝。沃斯以自己的设计作品创店开业,使其本人与传统意义上根据顾客要求定制服装的裁缝划清了界限。从此,时装的概念也与服装区别开来,定制师和裁缝师都有了新的专属定义:定制设计师是"被尊称为绝对的艺术家,而非无名手工业者。这份荣耀不仅反映在职业方面,同时也反映在他们社会地位的迅速提升上"[1]。在此之前,时尚由上层阶级的女性支配,她们对裁缝提出要求,裁缝执行生产。18世纪,定制师与裁缝混为一谈,并且整个社会对裁缝的刻板印象就是低收入、贫穷的弱女子形象,定制师的姓名也从未被世人所知。如果说此时的时尚是一种泛而广的宫廷趣味、贵族情调,那么从沃斯开始,时尚就是设计师个人的特定风格,他反转了顾客和设计师之间的主被动关系。曾经处于服装生产边缘环节的裁缝地位大大提高,随着行业协会的建立和完善,定制师和设计师逐渐有了新的定义。这与17、18世纪艺术家群体的兴起有着非常近似的经历,艺术

---

① 迪迪埃·戈巴克:《亲临风尚》,法新时尚国际机构译,湖南美术出版社2007年版。

家群体通过皇家学会组织以提高自身的社会地位,谋求新的社会权利。[1]李波维斯基(Lipovetsky)在《时尚帝国》(*The Empire of Fashion*)中指出,人的社会地位的提升是通过自我宣称来实现的,最初可以追溯到15、16世纪,雕刻家和建筑师持续不断地在人文领域表达自我,以提高他们在艺术领域的地位。设计师身份独立的初期也遵循着这样的发展模式,并且设计师们认为设计技能与诗人和画家一样是艺术领域中高贵的存在,设计师的行为举措也表现得如贵族一般。

在公会对设计师进行等级分类之后,定制师与奢侈品、品味和能力等词汇联系在一起,被认为是时尚的引领者。沃斯则是整合物质层面的服装生产和文化层面的时尚生产的第一人,时尚也开始拥有了"神话"的属性。沃斯创立了最初的时尚生产体系,定制师开始出售设计图纸,而非此前的为特定顾客专属定制,消费者可以从各地买到设计师的设计作品。设计师的个人姓名缝制在服装上并起到知识产权保护的作用,如此人们提到高级时装,首先想到的是设计师的姓名,而不是穿着者的品味。为了将定制服装和高级时装进行区分,1911年高级时装协会成立。1945年,官方认可了"高级时装"和"定制师"的称号并制定了相应的法律条款。高级时装协会不仅有着控制时装质量的职能,还有保护设计版权和保护高级时装设计师的社会地位的职能。

尽管定制师个人或时装屋开始受到消费者的关注和追捧,但时装上精致的刺绣或是珠缀装饰并不是由定制师完成,而是技艺精湛的手工艺人、工匠和裁缝的成果。华丽的高级定制服装背后所彰显的还有法国历史悠久的高度专业化的传统手工艺。女帽手工艺人、手套手工艺人、羽毛手工艺人、刺绣工匠、花边工匠、裙裥手工艺人、鞋匠、珠缀手工艺人等等都参与高级时装的创作。1927年,巴黎时装联合会成立院校专门培训裁缝,以确保高级时装制作精良。裁缝由学徒开始,逐渐上升到高级裁缝,每个阶段大约需要6个月的学习时间,大约3年才能达到最高等级。各等级的工资由巴黎时装联合会和时装屋共同制定,详情如表4-2所示。

表4-2 莲娜丽姿(Nina Ricci)时装屋的裁缝等级和对应工资(1998年7月)

等 级	月工资
二等初级裁缝(Secondes main débutantes)	$1258
二等高级裁缝(Seconded main qualifiées)	$1393
一等初级裁缝(Premières main debutantes)	$1520

[1] White H.C., White C.A. "Canvases and Careers: Institutional Change in the French Painting World". *Revue Française De Sociologie*, 1993, 44(3), p.13.

续表

等　级	月工资
一等高级裁缝（Premières main qualifiées）	
拥有该称号一年以内	$1731
拥有该称号超过一年	$1866
裁缝工资最多不超过	$1973

注：裁缝基础工时为165.5小时/月（数据来源：Ninna Ricci高级时装屋）。

　　然而，如表4-3所示，高级时装屋的数量有着明显的下降趋势。这从工会现有的记录高级时装裁缝的档案也可得知，1996年从事高级时装的裁缝有684人，到了1998年，则为656人。高级时装经过历史的发展，规模和组织方面都发生了很多变化，唯一不变的是时装屋内部的结构：定制师永远处于最顶端，学徒则始终在最底层。裁缝永远到达不了定制师的位置，除非她们像玛德琳·维奥内特（Madeleine Vionnet）①那样开始创立自己的时装屋。1997年，时装屋的工人们组成了劳工联合会，在时装周场地外举行示威游行，以抗议时装屋的衰落导致他们失去工作。其中一名示威者声称："我不是普通的女裁缝。我是一名高级时装裁缝师。"可见，他们认为自己和其他服装制造工人是不同的。劳工联合会声称，高级时装与普通服装不同，高级时装是一个研究创造力的实验室，它对定制师个人以及所要进行的宣传活动至关重要，盈利并不是时装屋的终极目的。

表4-3　1872—2003年法国高级时装屋总数

年　份	时装屋数	年　份	时装屋数	年　份	时装屋数	年　份	时装屋数
1872	684	1956	45	1969	21	1995	18
1895	1636	1957	38	1970	25	1886	15
1945	106	1958	36	1975	23	1997	14
1946	106	1963	34	1980	22	2001	12
1952	60	1944	32	1984	24	2002	11
1955	51	1967	19	1993	20	2003	11

（数据来源：不同文献资料汇集）

---

① 玛德琳·维奥内特：斜裁大师，曾是Kate Reilly手下的女裁缝，于1912年创立自己的时装屋。

　　此外,1976年建立的巴黎时装联盟商会的金针奖(the Golden Thimble Award)失去了赞助商的支持,在1991年戛然而止。此奖项通常颁发给年度最佳时装系列的设计师,历年设计师获奖情况如表4-4所示,巴黎时装联盟商会试图在1992年重启该奖项,但1992年仅存的17家时装屋中,克里斯汀·迪奥(Christian Dior)、伊曼纽尔·温加罗(Emanuel Ungaro)、可可·香奈儿(Coco Chanel)、森英惠(Hanae Mori)等9家知名时装屋退出了竞争,因而重启计划不得不停止。

表4-4　金针奖历年获奖情况

年　份	春夏系列	秋冬系列
1976	—	格蕾夫人(Madame Grès)
1977	皮尔·卡丹(Pierre Caidin)	朗万设计师朱尔斯·弗朗·索瓦(Lanvin by Jules François Crahay)
1978	路易·费罗(Louis Féraud)	纪梵希(Hubert de Givenchy)
1979	皮尔·卡丹(Pierre Caidin)	佩尔·斯布克(Per Spook)
1980	伊曼纽尔·温加罗(Emanuel Ungaro)	让·路易·雪莱(Jean Louis Scherrer)
1981	朗万设计师朱尔斯·弗朗·索瓦(Lanvin by Jules François Crahay)	伊曼纽尔·温加罗(Emanuel Ungaro)
1982	纪梵希(Hubert de Givenchy)	皮尔·卡丹(Pierre Caidin)
1983	迪奥设计师马克·博昂(Christian Dior by Marc Bohan)	皮埃尔·巴尔曼设计师埃里克·莫坦(Pierre Balmain by Erik Mortensen)
1984	路易·费罗(Louis Féraud)	朗万设计师朱尔斯弗朗·索瓦(Lanvin by Jules François Crahay)
1985	菲利普·韦内(Philippe Venet)	姬龙雪(Guy Laroche)
1986	克里斯汀·拉克鲁瓦设计师简·帕图(Christian Lacroix by Jean Patou)	香奈儿设计师卡尔·拉格斐(Chanel by Karl Lagerfeld)
1987	克里斯汀·拉克鲁瓦设计师莲娜·丽姿(Christian Lacroix by Nina Ricci)	皮埃尔·巴尔曼设计师埃里克·莫坦(Pierre Balmain by Erik Mortensen)
1988	克里斯汀·拉克鲁瓦(Christian Lacroix)	迪奥设计师马克·博昂
1989	姬龙雪(Guy Laroche)	迪奥设计师奇安弗兰科·费雷(Christian Dior by Gianfranco Ferré)
1990	帕科·拉巴纳(Paco Rabanne)	朗万设计师克洛德·蒙塔那(Lavin by Claude Montana)
1991	朗万设计师克洛德·蒙塔那(Lavin by Claude Montana)	

三、记者、编辑与公关人员 Journalists, Editors and Public Relations Personnels

时尚编辑和记者既是时尚的评价者也是系统组成部分,他们的言辞创造了设计师的魅力。为了避免讨论的混淆,本书把在报纸上写作的人称为时尚记者,把代表时尚杂志的人称为时尚编辑。记者和编辑直接参与其中,而公关人员在印刷或电子媒体中扮演着设计师和作者之间的中介角色。

(一)记者与编辑 Journalists and Editors

时尚记者和编辑使用的媒介,如报纸和杂志,有助于时尚的制度化,它们都具有传播时尚的功能,但目的不同。时尚记者的行为更像评论家,而时尚编辑则以新的风格介绍新的设计师,并将设计师的形象传达给公众。在巴黎时装周期间,《法国日报》每天都在报道时装表演。即使没有时装周的日报报道,每星期也至少有一到两篇关于时尚或设计师的文章。巴黎最有影响力的时尚记者之一向笔者解释了时尚新闻的意义以及时尚新闻与时尚杂志的区别:

> 时尚新闻和其他新闻一样,它是作为一个报告,给读者提供关于时尚创意、发明性、购买产品的信息,涉及人员的购买愿望和不同家庭的经济背景。时装编辑也担当艺术评论家、影评家、戏剧点评人一样的角色,对一部作品进行评断和分析。但我认为报告文学是新闻的本质。时尚杂志扮演着不同的角色:它们创造的形象定义了时尚的变化,这也是非常重要的。但是因为时尚杂志依托于时尚广告,它们往往不挑剔,对所有的设计师都很好。评价的好坏在衡量设计师的声誉中起决定性作用,这个重要程度是无法估量的。然而,显而易见的是审稿人在潜在消费者和实际消费者之间扮演了重要角色,占据了时尚系统中的重要位置。从另一方面来说,另一组是创作者和制片人。无论他们的评价有多消极或积极,他们的存在是不可或缺的。一个设计师如是说:即使是严厉的批评,也比被忽视要好。但首要条件是,他们一定要来参加时装周。让他们来参加时装周是一件很难的事情,但我并不想去主动联系编辑。我希望主编们来参加我的秀,因为他们决定了哪些设计师最终会出现在杂志上。虽然时尚杂志每月只发行一到两期,但这些杂志的优势,尤其是法国杂志,在于它们是全球发行的。就像18世纪和19世纪法国,"一战"和"二战"之后的时尚杂志,比如1937年的 *Marie-Claire* 和1945年的 *ELLE* 已经影响了女性的生活方式,包括时尚。

巴黎出版社的一份粗略清单显示,巴黎时尚杂志的数量从1881年的81份增加到1901年的127份,再到1930年的166份。法国时尚杂志的传播不仅在巴黎,而且在世界范围内都对时尚的推广做出了巨大的贡献。*ELLE*以30种不同的语言出版,拥有480万读者,而*Marie-Claire*以24种语言出版,拥有3400万读者。设计师们的名字和视觉形象不断地通过社论和广告传播,这样人们就能记住那些代表着魅力、潮流、时效性和财富的象征。

一位杂志编辑解释了杂志社定位和设计师创建的项目类型之间的关系:"我曾试图采访一位著名的法国先锋设计师,但我的要求被拒绝了,因为他的公关人员认为我们的杂志形象和设计师的形象不符合,我们的杂志迎合了那些对时尚感兴趣的中年女性。如果设计师出现在那种杂志上,可能会损害他的形象。"

一位与年轻前卫设计师合作的公关人员也强调了这一形象的重要性:"杂志编辑会打电话给我们,让我们为拍摄照片寻找特定的衣服,但如果杂志的目标受众与我们的客户不匹配,我们会拒绝借给他们这些衣服。例如,我们不想让自己设计的服装出现在保守、无聊的女性杂志上。这将会混淆设计师的形象,他们对于控制和保持他们的形象显得非常谨慎,一旦被摧毁,形象就很难重塑。"

时尚编辑和设计师在塑造设计师形象的过程中是相互依存的,在维护图片和杂志吸引的观众类型方面,两者都是谨慎的。时尚杂志通过服装的视觉图像来传达信息,而时尚摄影对女性的看法是不可或缺的。杂志和摄影师之间也存在着与设计师地位相关的地位链接,这是属于同一网络链的人共享的元素。时尚编辑创造的审美规范和理想女性气质,其中很多都是由专业化妆师、风格设计师和理发师人为地制造愿景。

(二)编辑与读者之间的关系 Relationship Between Editors and Readers

随着时尚杂志体系的日益庞大,时尚杂志间的竞争日益激烈,读者成为时尚杂志最稀缺的资源。因此读者的重要性,在媒介的话语中首先得到了足够的体现。所有的读者互动版块与栏目都被放置在明显的位置,并且给予读者展示的空间,而且刊物还会直接言明,对于刊物来说读者是最重要的,它们所做的一切就是为了你——"读者上帝"①。

(三)公关人员 Public Relations Personnels

公关人员是在设计师和编辑间的一个中介角色,他们可能是内部的,也可能是独立的。老牌设计师雇用自己的公关人员,而年轻设计师通常与外部公关公司签订合同。公关人员的工作是将设计师与时尚杂志联系起来,因为每一份时尚杂志都有特定的内容。

---

① 王嫣芸:《读者上帝》,《世界时装之苑》2006年第1期,第18页。

五、展览与评价 Exhibition and Evaluation

（一）艺术领域 Art Field

1. 18世纪法国艺术展览的二元结构 The Dual Structure of the 18th Century French Art Exhibition

展览是欧洲近代艺术体系中的重要构成部分，自17世纪以来从宗教性展示和民间庆典活动逐渐演化为专业化的艺术展览。法国的皇家绘画与雕塑学院成立不久便在政府的支持下陆续举办了学院展览，并于1737年正式建立常规性的官方沙龙展览制度，成为欧洲各国艺术界效仿的对象。这里所指的独立展览正是相对于18世纪以后的官方沙龙展览、学院展览等形式提出的概念，指的是非政府机构组织的、无学院和官方等权威力量支持的艺术展览。

创建于1737年的法国官方沙龙展览每两年举行一次，向全体臣民免费开放，是当时法国政府与学院展现法国画派成就、建立国家文化形象的一种手段。随着沙龙展览的成熟化以及艺术批评、艺术出版物的流行，该活动成了整个法国艺术界与公众舆论关注的中心，影响远及海外。沙龙展览不仅为参展艺术家带来了社会声誉，也带来了隐形的商业机会，甚至在很大程度上决定了一名艺术家的职业生涯。18世纪后半期最重要的两位法国艺术家格吕兹和大卫，他们的成功都与善于利用沙龙展览调动公众兴趣和舆论关注有关。

法国官方沙龙展览与艺术批评的兴盛，让展览的观念深入人心，艺术家们积极寻找各种走向公众、获得舆论认可的方式。不过在1789年大革命爆发之前，只有学院的成员才有资格参加官方沙龙展览。皇家绘画与雕塑学院的学员只是当时法国艺术精英阶层的一小部分代表，人数极为有限。从1648年学院成立到1789年法国大革命爆发这段时期，学院接纳的正式学员统共不过450名，这个数字与该阶段美术从业人员总数相比可以说是微不足道。旧王朝时期的学院、沙龙展览以及艺术批评，共同建构了一个针对法国艺术上层社会少数群体的闭合性制度框架。即便在这个闭合结构中，学院艺术家也并不必然能够参加沙龙展览，因为在1748年沙龙评审制度建立之后，他们提交的作品需通过评委会的筛选才能进入卢浮宫的方厅。

第一类是源自宗教庆典的民间展览。这类展览具有悠久的历史和深厚的群众基础，在官方沙龙展览之外为非学院艺术家提供了自由的展示平台，太子妃广场的展览就是这一类展览的代表。这个展览早在官方沙龙展览建立之前就已存在，源于17世纪圣体节游行的绘画展览，在1737年之前是巴黎最主要的展览，包括夏尔丹、布歇在内的学院艺术家都曾参加过这个展览。第二类展览则源于非学院艺术家与学院权力之间的斗争，带有明显的对抗意识,组织者希望通过展览来与沙龙展览争夺艺术公共领域的话语权,1776年的科里塞艺术沙龙展览(Colisée Salon des Arts)与创建于1751年的圣路加学院展览即是这类展览的代表。第三类是面向艺术家与爱好者的更为学术化和专门化的展览,参展人员既有学院艺术家也有非学院艺术家。这类展览与公众之间的关系并不密切,更像是一个知识分子与艺术家交流的俱乐部,与前两类展览有着本质上的区别。第四类展览则源自对沙龙展览制度不满的学院艺术家。

整体而言,旧王朝时期虽然在官方沙龙之外存在诸多展览类型,但这些独立展览从来没有成为艺术世界的重要力量,它们不仅在艺术评论关注度与对公众的吸引力上无法与官方沙龙相媲美,展出作品的质量也比不上后者。同时,由于旧王朝时期的政府将这些展览视为对学院和官方权威的挑战,在各阶段都出台了一些打压独立展览的政策,圣路加学院展览、科里塞艺术沙龙等展览都陆续被政府关闭,独立展览难以获得良性的发展空间,更无法成为官方沙龙势均力敌的对手。

18世纪的独立展览虽然在官方沙龙之外展现了拓宽展览空间的可能,但始终只是艺术世界的支流,也没有在艺术风格的创新方面有显著的贡献。该时期主要的艺术成就与变革依然源自学院和沙龙展览。可以说,该时期的独立展览主要是学院艺术家与非学院艺术家之间阶级分层的结果,体现18世纪法国艺术社会的二元结构。

2. 19世纪的艺术社会转型 The Transformation of Art Society in the 19th Century

1789年法国大革命之后,法国不仅在政治与公民生活方面产生了翻天覆地的变化,在艺术世界的阶层结构与制度体系中也发生了重要转变。尽管传统的学术观念常常将法国19世纪的艺术分歧视为学院与其他阵营的对抗,但从艺术制度的角度来说,随着学院身份与沙龙展览规则的转变,旧王朝时期学院与非学院艺术家之间严格的分层已经不再是主要结构模式。

大革命以来制度性的变化,为法国艺术家提供了一个更加自由的创作与生存环境,而在观念上对艺术家高贵身份的不断强调,对艺术创作与天才观念之间的联系,都造成了18世纪晚期以来法国美术从业人员的增长。官方沙龙所带来的新型的艺术公共领域造就了艺术与舆论之间的密切关联,艺术家从一个普通的传统职业逐渐演变为社会关注的中心,成名艺术家就像明星一般具有崇高的社会声望,并能获得巨大收益,大量关于艺术的出版物也进一步激发了公众对艺术家的兴趣。19世纪随着对公民展览权利的强调以及学院垄断的解除,独立展览的多元化发展为众多艺术家提供了活动平台,不同阶层的艺术家通过各类独立展览获得了与公众联系的平台。

3. 19世纪的独立展览类型 Independent Exhibition Types in the 19th Century

虽然官方控制下的沙龙展览依然是19世纪法国艺术制度的关键环节,各阶层的艺术家经由这个每年一度的全国性展览将自己推介给公众,并由此收获职业声誉和赞助,然而官方沙龙展览的评审制度及其展览方式,违背了近代以来日益高涨的艺术家个体意识和创作观念,艺术人士的增多与展览质量的下滑更是引发了沙龙制度自身的危机。因此独立展览逐渐成长为一种重要的展览力量,在19世纪的艺术风格形成与制度建构中都起到了关键性作用,并以各种方式与日渐壮大的画廊体系密切关联。

欧洲艺术的现代性转型不仅仅是一场关于风格演化的形式变革,艺术制度的变革与重塑才是其背后的深层推动力。制度的革新既为风格的创新提供了舞台,也形成了风格与艺术观念转变的基础。19世纪的独立展览类型呈现为多样化的趋势,以下从艺术社会分层的角度将独立展览分为三种主要类型。第一类是由成名艺术家举办的非对抗性展览,艺术家主要通过展览谋求自主的展示模式和完整的艺术表达。第二类则是具有强烈对抗意图的独立展览,组织者既有成名艺术家也有普通艺术家。这类展览通常源于沙龙落选艺术家对沙龙评审制度的不满,以独立展出作品的形式表示抗议。第三类则是新兴艺术家在现有艺术体系之外谋求突破的自主展览,19世纪后半期印象派的系列展览正是这种类型的代表。艺术社会结构的多元化以及意识形态领域对自由展览权利的伸张为独立展览的发展提供了可能,同时各类独立展览的繁荣也进一步促进了多元化艺术风格的发展。

第四节 \ 法国高级时装与系统
French Haute Couture and Its System

一、法国高级时装 French Haute Couture

1851年,第一届万国博览会在英国伦敦举行,高级时装作为纺织科技与资本主义经济发展的产物也加入了这种世界性的展览,并接受了来自世界各地参展代表与民众的参观与评价。在时尚领域,当时来自法国巴黎的青年查尔斯·沃斯代表加日兰(Gagelin)商店,也参加了这一届博览会,并获得了大奖。自此,沃斯的雇主开始在时尚杂志上宣传沃斯的服装部门。

19世纪中期,法国的工业发展已仅次于英国,位居世界第二。拿破仑三世的第二帝国时代是法国工业革命取得成功的时期,此时法国工业发展的速度与成就都是空前的。经济的飞速发展催生了向世界展示法国的迫切愿望,而世博会无疑是最好的窗口。无独有偶,沃斯新颖的设计再次在1855年的巴黎世界博览会上大放异彩。由于博览会的推波助澜,沃斯独具风格的高级时装作为一种法国巴黎时尚的代表,被迅速推广到欧洲大陆以及大西洋彼岸的整个时尚领域。

二、法国时尚系统纵深 The Depth and Width of French Fashion System

社会学家乌尔里奇·贝克(Ulrich Beck)认为社会定义创造现实。时尚机构有一定的职责研究某些新兴风格是被大众接受与否或时尚与否。这些时尚机构在巴黎、纽约、伦敦和米兰等重要城市定义各自的时尚形象,延续各自的时尚文化。时尚产业中关注的不仅仅是生产合体舒适的服装,更多关注生产满足时尚形象的新兴设计风格和创新思维。

图4-2中所呈现的是社会空间视角下的时尚系统,每个国家其社会空间所囊括的历史、社会、文化、制度都有其独特的姿态,在此背景下所建构的以政府为导向的时尚域场也就有所差异。从时尚系统成员看,可分为组织成员与个体成员两类。组织成员包括政府、行业协会、贸易组织、企业等;个体成员包括时尚记者、编辑、宣传发布、贸易展会、时尚设计师、时尚消费者等。自社会视角,组织形式与个体形式参与者共同发挥时尚力量,构成时尚系统。其中,与时尚系统密切相关的时尚产业链则包括制造、采购、设计、销售、推广、消费、使用、评价等环节,展现了时尚在服装定制业和成衣业之间及其所代表的技术生产、商业模式的市场争夺和价值体系的话语权争夺过程。

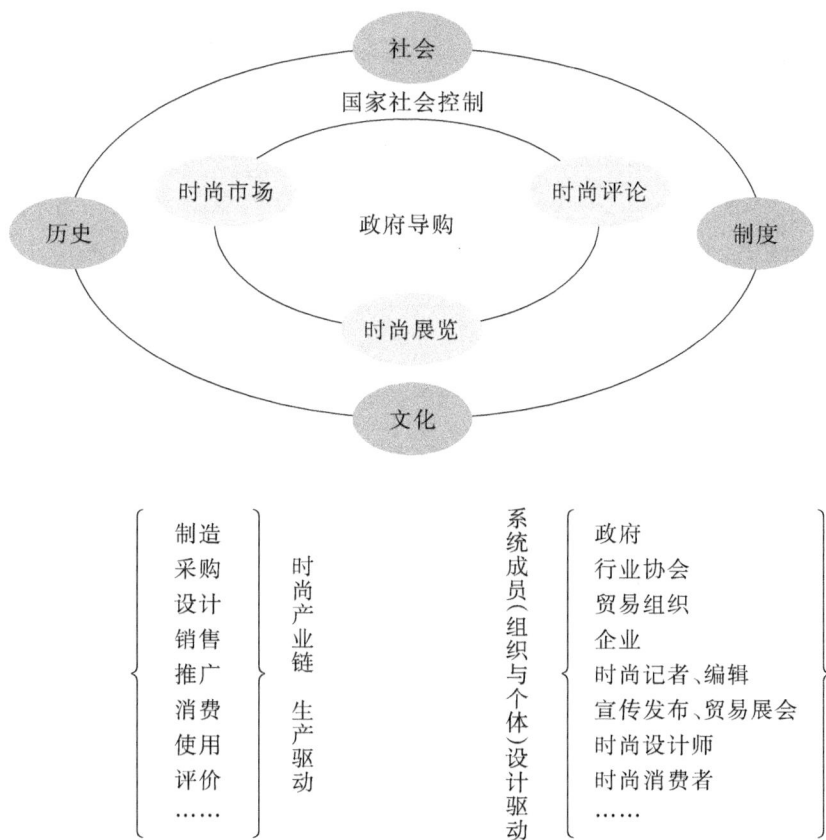

图4-2　法国时尚系统的空间关系

相对于以生产驱动的时尚产业链,19世纪法国时尚系统以设计为主要驱动力量,产生6个互为补充和交叉运作的子系统,它们相互协作形成当代时尚系统。其中包括创意子系统(以设计师为核心、技艺精湛的手工艺人、匠人和高级裁缝等为参与成员的文化创意系统),生产子系统(包括制造商、批发商、供应商在内的制造系统),传播子系统(公关人员、宣传发布、贸易展会等宣传传播系统),消费子系统(以围绕时尚消费者为核心的子系统,包括零售商、广告商等),评价子系统(以时尚记者、编辑以及博物馆、展览等)和保障子系统(政府的文化部门,行业组织以保护时尚从业人员权益)。

如图4-3,法国时尚系统各子系统中,创意子系统以设计创新为核心,生产新的时尚理念,丰富时尚内涵,驱动整个时尚系统的运转。生产子体系则是实践过程,是时尚的载体,实现时尚概念到以服装为主体的实体转变。消费子系统则是围绕消费者,实现时尚这一文化力量向资本转变的过程。传播子系统则以公关公司、广告公司等宣传媒介为主体成员,完成从精英群体集体选择的时尚现象到大众选择的流行现象之转变过程。评价子系统则是反馈流行现象,以刺激创意系统产生新的时尚内涵。保障子系统则保障整个系统运转,以政府相关部门和行业协会组织为主体成员,保障时尚行业从业人员的各项权益。

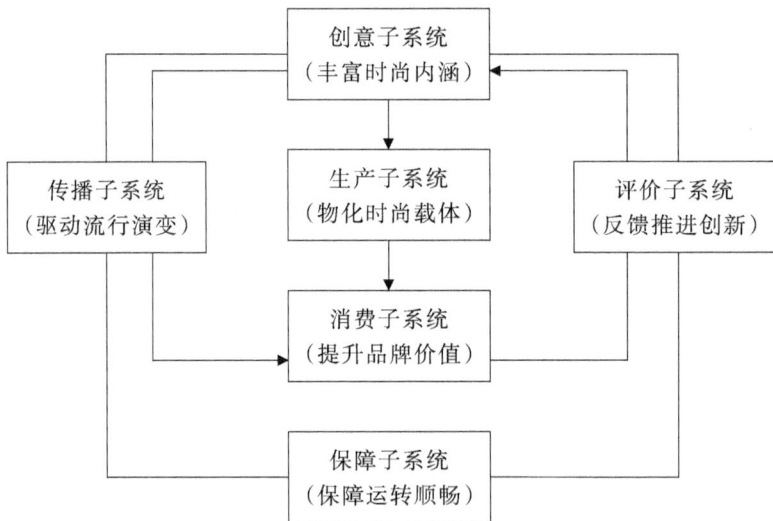

图4-3 法国时尚系统各子系统

当我们审视法国时尚的发展时发现,正是19世纪法国时尚系统的建立,奠定了其不可动摇的世界时尚地位。当下,中国时尚产业也面临着发展进程中的一些现实问题,因此分析法国时尚系统内部运转方式,归纳19世纪法国时尚系统核心成员,分解时尚系统包含的六个子系统——创意子系统、生产子系统、传播子系统、消费子系统、评价子系统、保障子系统,有一定的借鉴意义与当代价值。

第五节 案例
Case Study

一、沃斯时装屋 Worth's Haute Couture House

设计管理是对产品的具体设计工作进行管理,也是从品牌、运营角度反思设计的价值并使设计变得更有效益。19世纪的西方,工业革命引发技术与生产方式的转变,在时尚话语权自宫廷向资产阶级变迁的时代背景下,查尔斯·沃斯运营着服务于当时上流社会阶层的高级时装屋。从当代设计管理视角审视沃斯时装屋的运营方式,不难发现其成功的必然性不仅源自独到而贴合时代需求的款式设计,更来自品牌视觉设计与标识、组合式设计生产方式、沙龙展示定制以及全球业务拓展等设计管理萌芽阶段具有前沿性的运营方式。在手工业与机器生产的这场对立冲突与转译和解中沃斯以设计师身份区别于手工艺人与裁缝,更是设计管理萌芽阶段的设计思考与典型案例。

(一)设计管理萌芽阶段的典型案例——沃斯时装屋 Typical Case in the Embryonic Stage of Design Management Budding Stage—Worth's Haute Couture House

有关历史分期的视角有二:一是从生活方式与科学技术角度;二是通过政治经济与社会意识形态角度。基于这一共识,理解设计管理的历史与设计管理思想的演进,往往交错于各个历史时期的生活方式、科学技术、政治经济、社会意识形态的演变中。

于是,从设计管理历史学视角的审视中可以找到这样一个起点:19世纪中期,更确切地说是1850年左右,欧美工业革命基本完成并成为推动政治、经济、发展的主要动力。新的生产工具与生产方式对生产的管理、设计的对象等提出了新的要求。原本强调个体、权力的本位开始向国家、秩序方向转变,局部和地区的管理开始向国家、秩序方向甚至向国际体系转变。随着工业化在国民经济中比重的不断提高,工业取代农业成为经济主体。在这一过程中,原本以人作为推动经济发展单一动力来源的状况发生了变化,即人力劳动越来越多地被机器取代。相应地,如何管理有组织地机器生产体系,也成为新的、必然的时代要求。

众所周知,由于当时英国开始成为"世界工厂",是世界上最发达的国家,所以工业化生产管理的要求最先在英国被提出,设计管理也首先在英国得到了先驱性的尝试。这也解释了这一时期为何会出现多个具有设计管理意味与实质的典型案例。并最终由英国设计师迈克尔·法尔(Michael Farr)在1966年定义设计管理为"在界定设计问题,寻找合适设计师,并且尽可能地使设计师在既定的预算内及时解决设计问题"。于是我们认为,有关设计管理的起点可以界定于19世纪中期,并在20世纪初逐渐形成,是结合设计与管理两个领域的一门新型交叉学科。设计管理是对产品的具体设计工作进行管理,也是对从企业、品牌经营角度的设计进行的管理。

19世纪中期,在这里被定义为历史视角设计管理的起点,或者我们可以称之为"设计管理的萌芽阶段"。而这一时期的设计师或者称为品牌运营者开始纠结于设计与管理的关系,并且面对着流线生产所带来的产品、销售对象、销售方式的变化。一方面,设计师的身份被独立出来;与此同时,艺术家、设计师、品牌运营者的身份一再错位。根据历史视角与设计管理思想的发展,设计管理划分为五个阶段:(Ⅰ)设计管理的萌芽阶段(19世纪中期到20世纪初)、(Ⅱ)企业化的设计管理阶段(20世纪初至20世纪50年代)、(Ⅲ)系统化的设计管理阶段(20世纪50年代到70年代)、(Ⅳ)战略资产设计管理阶段(20世纪80年代到90年代)和(Ⅴ)知识社会设计管理阶段(21世纪初至今)。

在设计管理的萌芽阶段,被誉为沃斯对沃斯时装屋及其品牌种种划时代的具有设计管理意味的创新做法,可以被视为设计管理萌芽阶段的设计管理尝试。若将设计管理的概念置于沃斯时装屋,其成就不止来自独到而贴合时代诉求的款式设计,更有来自品牌视觉设计与标识、组合式设计生产方式、沙龙展示与定制服务以及全球业务拓展。从设计管理的视角来看,可总结为品牌管理、生产管理、营销管理与战略管理。这在当时看来是具有划时代意义的,更是设计管理史萌芽阶段不可忽视的典型案例。在某种程度上,沃斯当时在其高级时装屋经营过程中开展的多项设计管理实践,已然超越后来迈克尔·法尔的设计管理定义范畴,因而更具研究价值并映射当下。

(二)沃斯时装屋的发展阶段 The Development Stage of Worth's Haute Couture House

19世纪下半叶,法国街头开设的沃斯高级时装屋,吸引了大批法国上流社会的名流贵族以及世界范围内的宫廷贵族与资本家。下面从历史角度分析沃斯高级时装屋运营方式与其时代背景的关联,反思设计管理萌芽阶段的典型案例与设计管理思想。

1. 沃斯时装屋起步阶段(1838—1851)。青年时期的沃斯在实体商店的工作经历,使之积累了关于纺织品的知识和经验,以及对织物的手感和性能的大量一手资料,并且在如何礼貌地接待客户上得到了宝贵的历练机会。1845年,20岁的沃斯带着5英镑,怀揣着对服装行业的热情,离开了伦敦来到巴黎。沃斯在加日兰高级面料商店里担任了推销助理,他为那些最时髦的女士们以及当时著名的裁缝店如梅士丹斯·维尼翁(Mesdames

Vignon)和巴尔米拉&罗杰(Palmyre & Rodger)服务,这段工作经历让沃斯对宫廷个性和品味有了深刻的见解,沃斯开始真正接触到法国上流社会的时尚。

2. 沃斯时装屋发展与成名阶段(1851—1870)。与沃斯事业逐渐上升相辉映的是,此时的法国也发生着巨大的变化,各种奢华的娱乐活动充斥着上流社会,吸引着海外的贵族、资本家从四面八方涌来。在代表加日兰商店参加了1851年第一届国际工业博览会以及1855年的巴黎世界博览会后,沃斯便离开了加日兰。沃斯与来自瑞典的富商奥托·博伯格(Otto Bobergh)在皇宫附近以及周围布满豪华公寓的街道开设了沃斯时装屋(Maison Worth),优越的地理位置为沃斯时装屋后来的巨大成功奠定了一定的基础。沃斯给参加皇宫宴会的冯·梅特涅公主(Princess von Metternich)设计的礼服吸引了当时掌握法国社会流行话语权的欧仁妮皇后的注意。这个时期,法国的欧仁妮皇后是当之无愧的时尚偶像,加之位于时尚中心巴黎,更是引领着整个欧洲的时尚。自此,沃斯便成为各国上流社会贵妇人所追捧的服装设计师,具有了制造时尚话语权的权力。

3. 沃斯时装屋变革阶段(1870—1871)。随着普法战争拿破仑的落败,欧仁妮皇后也离宫流亡,这意味着作为引领时尚的沃斯时装屋失去了坚实的后台支撑,面临政治变革下的压力,沃斯时装屋也发生了巨大变化。失去了帝国的支持者,沃斯的合作伙伴奥托·博伯格(Otto Bobergh)看不到时装屋的未来与希望,决定离开巴黎回到瑞典。此时的沃斯时装屋失去了往日各界名流趋之若鹜的景象,正经历着前所未有的低谷阶段。

4. 沃斯时装屋复兴阶段(1871—1895)。1871年3月,沃斯带领着妻子、两个儿子以及1200名雇员将时装屋重新开业,公司的标签从此只有沃斯一个人的名字。普法战争后,旧体制被新政所取代营造了一个全新的景象,沃斯时装屋开始独立发布流行。由设计师自主地发表自己的设计作品,在之前所积累的名望给了沃斯巨大的方便,让他以他的方式继续发展。设计师赢得了独立,他们可以代表自己,他们的设计不再由宫廷判断。沃斯的儿子继承父业,并开创了巴黎高级时装公会,至今影响着法国巴黎的高级时装业。[①]

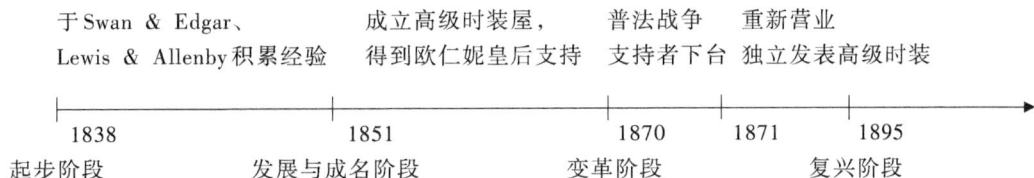

图4-4 沃斯高级时装事业的发展阶段

---

① Amy De La Haye. *The House of Worth: Portrait of an Archive 1890–1914*, London: Victoria & Albert Museum, 2014, pp. 98–100.

（三）沃斯时装屋的运营方式 Operation Method of Worth Couture House

1. 品牌视觉设计与标识 Brand Visual Design and Logo

在19世纪西方高级时装行业，沃斯率先将自己的品牌标识（现称为布标或织唛）绣于自己的高级时装上。凭借超前的商业头脑在时装屋初创时期就设定了自身的品牌标识，这无异于开启了品牌管理的先河。图4-5所示，为1860—1870年间沃斯高级时装屋最初使用的标识，Worth & Bobergh分别代表两位合伙人，最下方为高级时装屋的店铺位置，位于巴黎和平街7号，中间为品牌图案标识，这是高级时装屋最初的品牌标识组合，这也代表百年前高级时装品牌概念出现的外在形式。

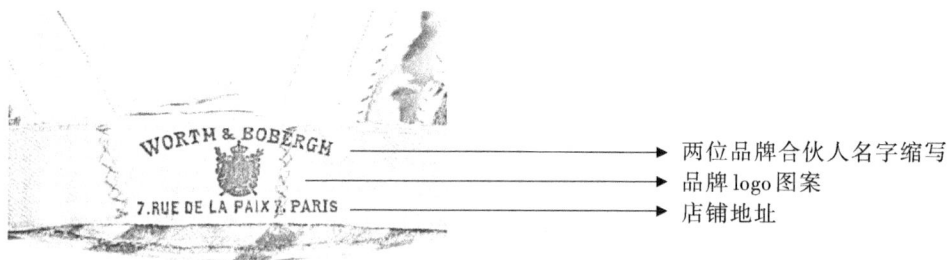

→ 两位品牌合伙人名字缩写
→ 品牌 logo 图案
→ 店铺地址

图4-5　沃斯高级时装屋的原始标签（1860年）[①]

普法战争后，随着合伙人奥托·博伯格（Otto Bobergh）的离去，沃斯于1871年将重新开业后的高级时装屋产品的标签改为"WORTH"，并继续将店铺地址按原来的方式置于下方（如图4-6）。[②]这不难看出，依据现实情形的变化，沃斯对其品牌形象的重视程度非比寻常，这也展现了其在品牌设计管理上的维护与执着。

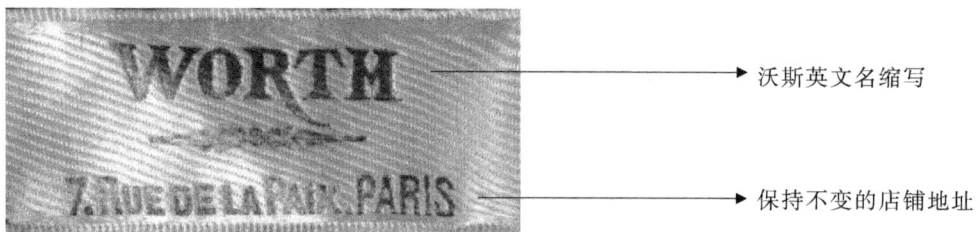

→ 沃斯英文名缩写
→ 保持不变的店铺地址

图4-6　沃斯高级时装屋重新开业时使用的产品标签（1871年）[③]

---

① 图片来源：搜狐文化网。
② Diana De Marly. *Worth: Father of Haute Couture*, England: Elm Tree Books, 1980, p.54-56.
③ 图片来源：搜狐时尚网。

法国是当时世界时尚的圣殿,于是在"WORTH"品牌标识上突出"PARIS"(巴黎)的字样,似乎昭示着品牌的纯正巴黎血统和法国文化自信。沃斯对高级时装产业有着敏锐的市场感知能力与创新意识,高级时装屋所传递的品牌概念饱含着沃斯对自身设计的自信以及内在价值的表达。借由当时法国上流社会流行引导者欧仁妮皇后的传播,来自海外的订单和慕名而来的顾客络绎不绝。

2. 组合式设计生产方式 Combined Design Production Method

一百年前的生产管理远不及当代在科技辅助下流水线生产来得高效,但其依然需要经营者在面对临时订单时进行即时生产与设计过程中的管理。19世纪的法国宫廷盛行化装舞会,然而短时间内收到的宫廷舞会邀请使得沃斯高级时装屋需要在一星期内完成数千件晚宴礼服的订单制作。高级时装屋面对大量客户需求时依旧保持了其制作效率和独创性的平衡,这得益于沃斯所采用的组合设计的生产方式。这里的组合设计是指将服装的局部款式结构设计成可以互换选用的模块式组件,这不仅提高了制作效率,更是避免了重复的尴尬。

沃斯是一位极具模式和工程天赋的设计师,他的礼服是由许多标准的可互换部件制成的。一个袖子可以搭配不同的紧身胸衣造型,或者一件紧身胸衣搭配不同的袖子造型;每件紧身胸衣都可以和一系列的裙子相结合。外加各种各样华丽的面料以及辅料的组合,人们可以想象出一种几乎无穷无尽的服装排列组合方式,而这所有的组合设计工作都必须在沃斯的高级时装屋里完成,见组图4-7。

图4-7 沃斯高级时装屋生产的礼服(沃斯高级时装屋的不同面料选择与相似款式组合产品)[1]

3. 沙龙展示与定制服务 Salon Show and Customerized Service

19世纪自然没有"营销"一词,但"营销"的概念伴随市场的竞争至今一直存在。沃斯

---

① 图片来源:搜狐时尚网。

运用独特的沙龙方式，向社会贵族女性展现最新的时尚款式，提前进行预约定制。沙龙从 17 世纪到 19 世纪一直是巴黎精英阶层生活中最重要的社交机构，沙龙里的女性所具有的时尚主导作用也逐渐脱离宫廷的影响。

高级时装屋以沙龙的形式向上流社会的贵妇们展现沃斯最新的设计作品，根据碎片式的史料，我们可以勾勒这样一幅场景：客户们围坐成一圈，由真人模特穿着展示新款礼服，沃斯则在一旁为各位莅临的顾客讲解，听取客户们的需求以及喜好，并在模特所穿着礼服的基础上根据每位客人不同的要求调整款式或者颜色，这种实物展示的销售方式不仅保证了高级时装定制的人性化，也融入了个性化特点。相对于工业时代大批量机械化生产的"快餐"产品，沃斯所引领的是一种时代精神倡导下彰显地位的奢华的流行时尚，它体现了资产阶级高级文化地位的外在特征。

值得注意的是，每个模特固定地穿着一个特定价格范围的服装，当顾客有明确的价格要求后，他可以向顾客展示一个相对应合适的模特。来定制的公爵夫人和公主们走近沃斯，与他亲切地交流谈话。通常上流社会的贵妇人是不会与商人们讲话的，沃斯已然在她们心中的地位类似于"艺术大师"一般。

4. 全球业务拓展 Global Business Development

1851 年的水晶宫博览会和 1855 年的法国巴黎博览会让沃斯注意到，新的铁路和蒸汽轮船带来了更加便利的渠道，使得各国的往来交流更加频繁。沃斯认为，国外买家应该拥有和法国本土顾客同样的机会，购买到质量有保证、款式多样的法国高级时装，还可以为他们提供他们所喜欢的任何材料的漂亮衣服，如果厌倦了丝绸，也可以用天鹅绒、薄纱、织锦或其他面料来制作。国际客户纷至沓来，沃斯作为英国人能够使用流利的英语与国外客户交流，这在巴黎有着得天独厚的优势。沟通交流的顺畅保证了沃斯可以充分了解国外客户的需求，避免了不必要的关于订单上的误解与疑惑。

19 世纪中期的西方，随着工业革命在英国的基本完成，出现了关于如何让机械使得更有效率，如何平衡手工艺与机器生产，如何驾驭市场与运营的典型案例。如，英国瓷器商韦奇伍德及其瓷器品牌，英国工艺美术运动代表人物威廉·莫里斯及 MMF 公司，或是法国成名的英国设计师沃斯及其高级时装屋运营，这些案例所映射出的是一种面对困惑的思考与对抗，或称为机器与手工生产方式对抗进程中的对立与妥协共存，是同一时代背景下不同领域设计师们对于设计管理的思考与实践。

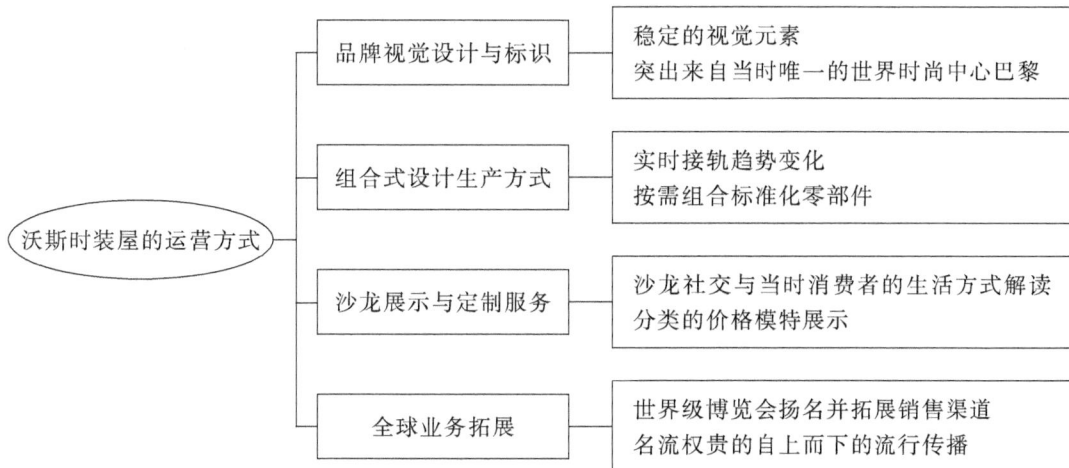

图 4-8　沃斯时装屋运营模式的四个特点

二、威廉·莫里斯与 MMF 公司　William Morris and MMF & Co

威廉·莫里斯设计管理思想萌发并成型于其运营 MMF(Morris Marshall Faulkner & Co)公司的商业实践活动中。

MMF 的创建恰逢工艺美术运动和首次工业革命的高潮阶段,其设计思想、对象、方式都经历了变革。威廉·莫里斯的设计管理思想恰恰反映了这一特定历史语境下,以莫里斯为代表的设计师们关于设计目的、设计项目管理运营的思考与设计目的认知转变。

虽然从严格意义上看,MMF 公司在商业上是失败的,但不可否认的是,威廉·莫里斯设计管理思想具有先进性与典型性,特别是从成员利益冲突的协同、设计者角色的转变、对市场变化的把握角度的运营调整,进而归纳其特有的管理、设计、营销方式。通过 MMF 公司的设计实践活动,审视威廉·莫里斯设计管理思想在当时所具有的先进性、所象征的历史地位及其所映射的当代价值。

（一）设计管理萌芽阶段典型案例 MMF 公司　Typical Case of Design Management in the Embryonic Stage—MMF

有关历史分期的视角有二:一是从生活方式与科学技术角度;二是通过社会意识形态与政治经济角度。基于这一共识,理解设计管理的历史与设计管理思想的演进,往往交错于各个历史时期的生活方式、科学技术、政治经济、社会意识形态的演变中。于是,设计管理历史学视角的审视中可以找到这样一个起点:19世纪中期,更确切地说是在1850年左右,欧美工业革命基本完成并成为推动政治、经济发展的主要动力。全新的生产方式与生产机器对生产的管理以及设计对象等方面提出了全新的要求。在工业化生产的推动下,农业经济在国民经济中的比重不断走低并逐渐被工业化生产所取代,工业经济成为经济主体。在这一过程中，原本以人作为推动经济发展单一动力来源的状况发生了变化，即人力劳动越来越多地被机器所取代。相应地，如何管理有组织的机器生产体系，也成为新的、必然的时代要求。

在设计管理的萌芽阶段，被誉为工艺美术运动代表人物的威廉·莫里斯（William Morris）深受约翰·拉斯金（John Ruskin）的思想的影响，其设计管理思想与时尚理念开始萌发。莫里斯将中世纪的、哥特的、自然主义的风格作为设计创作风格的基准，无论是古典风格或是现代风格都无法与此比肩，存在不足之处。基于此他创建了 MMF 公司，并借此开展了种种具有设计管理萌芽阶段思考的设计实践尝试。从设计管理的视角，可将莫里斯所运用的设计管理方法归纳为品牌营销、设计创新、运营管理三个方面。这在当时看来是具有划时代意义的，更是设计管理萌芽阶段不可忽视的典型案例。在某种程度上，莫里斯在 MMF 公司运营过程中开展的多项设计管理实践，已然超越后来迈克法尔的设计管理定义范畴，因而更具有研究价值并映射当下。

（二）MMF 公司的发展阶段 Development Stage of MMF

1. MMF 公司初期运营阶段 MMF's Initial Operational Phase

1861 年，威廉·莫里斯联合自己在前拉斐尔兄弟会志同道合的五人好友创立了总部位于伦敦红狮广场 8 号的 MMF 公司。MMF 公司在创立之初就开始强调并宣传其工作的原创性和质量及其成员的能力和声誉，其目的是为家庭创作和销售中世纪风格的手工制品。公司的招股说明书规定该公司将承接雕刻、彩色玻璃、金属工件、纸张挂钩、印花布（印花织物）和地毯。

MMF 公司在成立初期便受到了广泛关注，其在 1862 年南肯辛顿国际展览会上展出的彩色玻璃制品、刺绣作品以及家具设计作品，在艺术设计界引起了巨大轰动，公司在几年内蓬勃发展。

2. MMF 公司中期运营阶段 MMF's Mid-Term Operation Phase

公司进入平稳发展时期，莫里斯意识到，在以约翰·拉斯金理念下所形成的艺术装饰市场中，他们不仅仅是作为产品的设计师，同时也是作为这一市场的受益者能从市场中汲取设计灵感。因此 MMF 公司在选择合作伙伴时，所注重的便是合作伙伴对哥特式建筑的了解，如：MMF 公司与 19 世纪 60 年代开始卓有影响力的新哥特式建筑师 G.F.博德利和 G.E 斯特莱特进行了一系列合作。英国的设计界深受约翰·拉斯金回归思潮的影响，进入了哥特式复兴时期。大批量的教堂开始以哥特风格为基准进行休整，同时哥特风格的新式教堂也在如火如荼地建造中，其结果之一是对设计师和装饰艺术家的服务需求激增；需要彩色玻璃、雕刻木材、壁画、家具和一堆其他东西来装饰新结构或使旧建筑焕发活力。因此，对于那些能够将室内设计思想与顶尖建筑师设计思想相融合相协调的公司来说,这一时期的市场存在着极好的机会。MMF公司也正是抓住了这一商机设计了一系列的彩色玻璃、瓷砖、家具等。

3. MMF公司末期运营阶段 MMF's Final Operational Phase

在经营的初期与中期,公司具有了一定的成就和知名度,却仍无法改变公司成员之间严重的审美分歧以及散漫的订单承接。除此之外,公司在生产制作方面也遇到了严重问题,成员为追求快速的经济利润,往往选择时限期短、能够迅速获得佣金的订单。这与莫里斯对产品几近严苛的标准产生了冲突。于是,一方面由于高要求高标准,导致订单往往难以按时完成;另一方面,订单还在不断累积,最终使得公司陷入了恶性循环。威廉·莫里斯看不到MMF公司发展的未来和希望,最终于1875年解散了MMF公司,独资成立Morris & Co。

尽管MMF公司最终以失败告终,但威廉·莫里斯在管理MMF公司时逐渐萌发的设计管理思想仍具有历史价值。其最具启示意义的设计管理思想在于重视设计与管理的协调并进作用,尤其是在针对公司内部成员之间的协调性,设计师与制造商之间对于产品的感知区别和对合作伙伴的选择以及市场机遇的准确把握三个方面。MMF公司的运营模式一度成为19世纪其余商业公司的运营模范,也为后期创立的商业公司提供了很好的运营案例。

(三)威廉·莫里斯的设计管理思想与实践 William Morris's Design Management Thought and Practice

威廉·莫里斯在MMF的运营管理过程中,通过实践的设计管理逐渐形成了特有的管理设计方式。设计和商业运营方面,他规定了设计生产标准,资产制度上采用统一的会计制度,不断协调成员之间的利害关系,充分调动成员积极性;注重产品的原则性,产品始终符合公司对于约翰·拉斯金"教条"的遵循,同时兼顾制造商,为使产品达到设计师预期的设计风格拣选符合公司要求的制造商,并参与到产品制造的每一个环节;精准定位市场热点,聘请相关领域艺术家进行合作设计,利用名人效应和优质的商品获得良好的品牌形象和品牌口碑。

1. 管理方式——资产合并与佣金分配制度 Management Method—Asset Consolidation and Commission Distribution System

在MMF公司运营期间,由于公司成员都掌握着平等的股份,却各自怀抱不同的设计理念和设计目标,其结果为在产品设计方面也各执己见难以形成统一风格,导致公司多数订单无法按时完成;并且产品效果不佳、利润低和效益差是管理过程中存在的严重问题。

针对这一情况,莫里斯从公司制度方面着手改革。他设立了一星期一次的合伙人例会。在例会上，逐一汇报公司成员的个人资产与订单详情，进而整合公司所有资金。同时他取消个人承接订单制度，转而由公司统一承接订单并按照订单种类交付于负责该领域的成员进行设计与制作。为了应对大型订单的佣金分摊问题，莫里斯规定按照每一位成员在该订单完成过程中的参与度给予相应数额的佣金，使得多劳者多得。

莫里斯的一系列举措成功地将松散、无措的公司成员聚集起来，每一位成员在相应的订单中都能够有自己负责的部分，佣金的分配也相对公平。经过重新整合的MMF公司，扭转了原本效益低下的设计生产情况。可以说，莫里斯所运用的设计管理方法具有一定的强制性却非常巧妙地将公司成员的利益相整合，使公司成员之间相互牵制、相互平衡，同时运用合理的奖励制度以调动成员工作积极性。

表4-5　威廉·莫里斯公司管理方式前后比对

	特点	订单承接	佣金分配
整改前	资金管理混乱，组织架构松散	成员广泛承接订单，却无法完成	成员接受各自的订单的佣金
整改后	各成员分工有序，公司资产管理明确	统一承接订单，效率高，高质量完成订单	佣金汇总分摊，多劳者多得

2. 设计方式——设计创新与审美提升 Design Method—Design Innovation and Aesthetic Improvement

在 Morris & Co 创立后，莫里斯将染色艺术作为其制造业务的必要辅助手段。他大部分时间都在托马斯·沃德尔（Thomas Wardle）的斯塔福德郡染料工厂度过，为掌握成熟的染织技术，在旧方法与新方法之间不断试验，以求达到能够将植物染料充分使用在产品的制作中。在研究过程中，他成功地将当时优质却又难以使用的靛蓝染料使用在挂毯等多种染织产品中。

在这一时期，透过实验他又发现羊毛、丝绸、棉花的染色是公司进一步发展的关键，这三种原料是生产编制地毯的最优选择。维多利亚时代后期，复兴地毯编织作为一类高级艺术品在英国贵族和名流中备受欢迎。若是要制作精美舒适且色彩丰富的编制挂毯，掌握羊毛、丝绸和棉花染色技术是不可或缺的。在对染料和面料的研究实验之余，威廉·莫里斯还充分利用时间自学和研究了中世纪风格编制挂烫的制作。在这一时期，莫里斯广泛招收学徒，将他们作为公司储备人才和工人进行培养，目的是高效率地批量生产和制作中世纪风格挂毯。

莫里斯在重建公司后，看到了单一领域产品的局限性以及设计创新的必要性，他研制出当时独一无二的靛蓝色染料，使得公司产品成为市场上独一无二的存在，销量激增。值得注意的是，莫里斯招收学徒，不仅仅教授他们如何制作中世纪风格挂毯，同时要求他们熟知中世纪与哥特风格的印花纹样,以提升学徒的审美水平;在有了统一的审美基准下,才能使得公司产品设计与生产更加完善。

3. 营销方式——市场口碑与跨界设计 Marketing Method—Market Reputation and Cross-Border Design

在MMF公司发展后期,公司陷入营运困境。为解决这一现状,莫里斯承接了圣詹姆斯宫的皇家项目和南肯辛顿博物馆的订单。南肯辛顿博物馆项目中公司成员分工制作了彩色玻璃窗户和人物样式,莫里斯负责设计中世纪风格的门楣内部装饰。在圣詹姆斯宫殿项目中,公司为宫殿制作了军械库以及挂毯室的设计方案,包括了在天花板、飞檐、护墙板、窗户和门上绘制中世纪风格化的花卉图案。紧接着又在1871年为诸圣教堂设计了彩窗。公司不断地为此类具有一定社会影响力的建筑进行装饰设计,使得公司的市场知名度与口碑不断提升。

除此之外,莫里斯还动用自己在上流社会的人际关系,将维多利亚时期著名的建筑师G.F.博德利和G.E斯特莱纳入公司的合作伙伴之中。同时开始承接哥特风格教堂和建筑的设计订单,与建筑师合作设计,因此公司不但能够完成建筑内部的装饰设计,同时还能承接针对建筑外观修整和新建的设计。充分地利用外部人才资源与公司自身特色相结合形成在市场中独一无二的优势,这样的战略思想放眼至今都是值得考究的营销管理模式。

2018年,Morris & Co宣布与H&M合作,推出了在其卷帙浩繁的作品档案中最具标志性的印花图案。这一系列产品采用Morris & Co标志性印花,包括印花"Love is Enough"、百合花叶与金盏花交错相织的印花以及蒲公英花冠印花,以上为莫里斯所设计的经典印花,还有现代改良版本的印花,如"Woodford"传统方格花纹和中世纪挂毯风格的"The Brook"印花。

作为百年以前工艺美术运动的代表人物,莫里斯的设计管理思想至今仍深刻地影响着Morris & Co。在莫里斯的设计管理思想指导下,Morris & Co成为英国独一无二的家具生产公司,不仅在家具设计生产方面有着极高的口碑,还将业务范围延伸到了个人护理等更为广泛的商业领域,广受欢迎。Morris & Co作为莫里斯设计管理思想的载体,是莫里斯设计管理思想的表现形式,其商业运营和设计模式也印证了莫里斯设计管理思想的先进性、特殊性以及影响力,有着深刻的借鉴意义和研究价值。

综上所述,虽然从严格意义上看,MMF公司在商业上是失败的,但不可否认的是,莫里斯设计管理思想具有先进性与典型性,特别是从成员利益冲突的协同、设计者角色的转变、对市场变化角度的运营调整,进而归纳其特有的管理、设计、营销方式。通过MMF公司的设计实践活动,我们可以审视莫里斯设计管理思想在当时所具有的先进性、所象征的历史地位及其所映射的当代价值。

莫里斯的设计管理思想体现在MMF公司运营管理过程中：第一，公司通过把控、协调各成员之间的利益冲突，设立统一的会计制度和信用制度，使得各成员之间形成经济关联，调动成员积极性；第二，莫里斯作为设计师，参与到产品的制作中，扮演协调者的角色，以协调设计师与制造商之间对产品制作要求把控的差异，实时接轨设计趋势的变化，更新设计理念与创新设计产品，提升审美基准，保证产品生产高效率高质量；第三，莫里斯的公司观察市场动态，第一时间对市场变化做出反应，和市场匹配的专业人士结成合作伙伴以生产匹配市场需求的产品。

三、韦奇伍德瓷器品牌 Wedgwood Porcelain Brand

工业革命的社会与生产技术变革驱动了新的生产方式与工人阶级的出现，随之而来的是设计环境变化与设计管理思想的萌芽（19世纪60年代至19世纪末）。乔桑·韦奇伍德被誉为"英国传统陶瓷之父"，其生产创作恰逢资本主义工业化早期阶段。在从工场手工业向机器大工业过渡时期，韦奇伍德意识到设计对象、理念、市场、设计师身份的种种变化，较早地提出了：将设计从生产中独立出来，以此协同批量生产以供市场需求；将艺术家部分职能转换为设计职能，以提升产品的美学价值进而提升品牌价值；通过提升产品质量，以质美价优抵抗同类产品低价泛滥。本部分聚焦这一转型时期的典型代表——韦奇伍德所采用的独特设计、生产、营销方式，并启发当下。

（一）韦奇伍德所处时代与设计环境 Wedgewood's Era and Design Environment

18世纪末到19世纪初，洛可可艺术风格主导的欧洲艺术受到新古典主义艺术风格的冲击而转向用简化手法、现代新材料和新进的工艺技术去探求传统的内涵，以注重装饰效果来增强历史文化底蕴。乔桑·韦奇伍德和约翰·弗莱克斯曼（John Flaxman）①被看作英国陶瓷工艺新古典主义的创始人。

工业革命的爆发促使了手工劳作向机器生产转变，从而资本主义工业化过渡阶段到来。手工业时代，作坊主和工匠兼任设计师和制造商的身份。而在工业革命之后，设计和制造逐渐开始了分离，设计师身份开始独立。18世纪，"总建筑师"身份从"建筑公会"中分离出来，将建筑设计定义为高水平的智力劳动，开启了设计师身份独立的先河。至此，设计从制造业中分离出来，成了独立的行业，设计师的图纸成为一种文化创意产品，向制造商兜售。

工业革命促使了大批量工业生产和大众市场的产生，产品向一体化和标准化发展。通过建模和机械生产的产品模样类似，风格一致，因而失去了手工艺时期的艺术格调和

---

① 约翰·斐拉克曼：英国著名雕塑家和插画家。

精巧技艺。产品的评价标准也转变为是否能够高效益生产。从正面来看,机器生产的普及也带来了技术环境的优化,为设计师群体实现自己的设计想法提供了良好的生产环境。新的能源和动力也带来了新材料的运用,传统的木、铁被钢和轻金属替代,设计变得更多元化。

由此看来,18世纪中期的设计环境发生了以下变化:(Ⅰ)设计对象的转变。工业革命后资产阶级兴起,逐渐成为社会的新兴力量,设计的对象不再是先前单一的贵族群体。(Ⅱ)设计理念的转变。手工业时期的设计追求手工艺的精湛技巧和审美需求,而18世纪中期则逐渐将商业效益和生产效率放在首位,设计师在从事设计时极其注重经济效益。(Ⅲ)设计市场的扩大。现代城市发展为工业化产品积攒了市场,商品经济成为城市的主要经济形态。从前的设计市场仅仅需满足贵族的阶级需求和审美情趣,而在18世纪中期资产阶级和工人阶级两大阶级的诞生扩大了设计市场。(Ⅳ)设计师身份逐渐独立。设计师的文化创造劳动逐渐从生产劳作实践活动中分离出来,设计师成为热门职业。

(二)韦奇伍德设计管理思想 Wedgewood's Design Management Thought

第一个提出"设计管理"概念的是英国设计师迈克尔·法尔(Michael Farr)[1],他认为设计管理的定义是"界定设计问题,寻找合适的设计师并且尽可能地使设计在既定的预算内及时解决设计问题"[2]。他将设计管理视为解决设计效率问题的一种手段,侧重于对设计的管理。郑巨欣教授认为,将设计和管理这两个概念组合在一起变成设计管理的时候,从不同的角度去理解这一词汇就会产生多种不同的看法:是对设计进行管理,也是对管理进行设计,是对产品的具体设计工作进行管理,也是对从企业经营角度的设计进行管理。

自古以来,瓷器被认为是西方上流社会的"硬通货",非常珍贵且价格高昂,具有一定的收藏价值。韦奇伍德的瓷器品牌创立于1759年,在他创作期间不断地将瓷器手工艺和新古典艺术发扬光大。他的作品不仅极具匠意,在创造力方面更是贴近时代潮流。韦奇伍德顺应了英国工业革命发展趋势,迎合了新兴中产阶级的需求,并借助贵族群体对社会的影响力来塑造品牌形象,开辟了现代市场的零售模式。韦奇伍德率先提供直邮、退款保证、样品展示、自助服务、免费送货、买一送一和产品目录等现代零售方式。并且,韦奇伍德极其注重店铺气氛的打造,他建造像展览馆一样具有艺术气氛的店铺,并且留给消费者足够的空间驻足观赏,交谈分享。整个过程实则也是韦奇伍德的设计管理过程。设计管理作为一门商业学科,以项目管理、设计、战略导向、供应链技术等等来控制创意进程、支持创意文化,建立起为设计产品服务的结构和组织。运用计划、组织、监督以及

---

[1] 迈克尔·法尔:英国设计师,1966年出版《设计管理》一书,提出了关于设计管理的概念。
[2] Michael Farr. "Design Management: Why Is It Needed now?" Design Journal,1965(02), pp.38-39.

管控等手段充分调动设计师的潜能,整合协调好一切为设计服务的资源并优化解决方案。通过对设计战略、策略以及设计活动的管理,有效地解决设计中存在的问题,实现预定目标。韦奇伍德在当时已经萌芽了设计管理的思想,尤其是对手工艺精益求精的同时,将其与现代化的工业管理结合运用,成为当时西方工艺设计中的指向标。

综上可见,韦奇伍德的设计管理思想有三:(Ⅰ)较早地提出设计从生产中独立出来的观点,以此协同批量生产以供市场需求;(Ⅱ)将艺术家的部分职能转换为设计职能,提升产品的美学价值进而提升品牌价值;(Ⅲ)通过提升产品质量,以质美价优抵抗相同产品的低价泛滥。

(三)韦奇伍德设计管理思想的商业运用 The Commercial Application of Wedgwood's Design Management Ideas

韦奇伍德设计管理思想同时表现在商业运用方面。在设计方面,他注重功能性的同时且注重艺术审美,常聘请艺术家参与商业设计;在生产方面,则分群体而定,韦奇伍德将流水线生产的器皿销售给大众消费群,将传统手工艺手作而成的器皿销售给小众精英群;在营销方面,为提高品牌价值与定位,韦奇伍德利用市场差异与名人效应取得高价质优的品牌形象,同时运用直复营销创新渠道进行售卖。

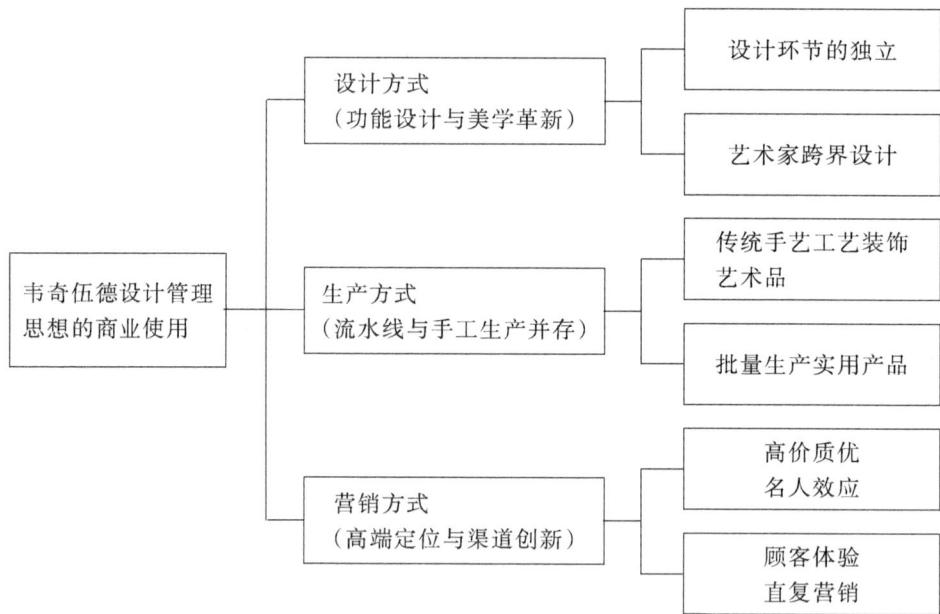

图4-9 韦奇伍德设计管理思想商业运用模式分析图

1. 设计方式——功能设计与美学革新 Design Method—Functional Design and Aesthetic Innovation

（1）设计与生产环节独立 Independence of Design and Production

韦奇伍德于1768年创办了埃特鲁里亚工场，专门生产贵族与精英群体日常所需的实用品和具有收藏价值的装饰品。当时的产品题材范畴极为广泛，希腊神话、古典建筑、田园风光、彩绘漫画等等都有涉及。风格方面，在延续经典的同时，还与当时世界流行时尚元素相结合。大批量的生产与多样性的设计风格，在一定程度上也促使了设计与生产环节相分离，促使产业链中各项职能划分明确。

为了让成品、产品目录和店内样品保持一致，韦奇伍德将青瓷替换成更稳定的白陶胚体，并且不断尝试开发稳定的釉料，并设法保证工坊中每个环节斗都保持稳定并高效的生产能力（19世纪30年代左右的陶器厂已基本实现了工种分工：从拉胚到制作釉料等）。由此需要一位制定整个制作流程的人发布工作指令，指导每个岗位工人的工作。"制模师"则是整个生产环节最重要的角色，他的工作是设计印在瓷器胚胎上的装饰图案，这也是设计师这一职业最早的雏形。

不仅如此，制作和生产产品之前，韦奇伍德通常会设计多套陶瓷纹样图谱，并发明了瓷器印刷模型纸样，在保证瓷器精美品质的同时加快生产效率。随着18世纪中期之后设计师人才的增加和设计工作室的诞生，韦奇伍德逐渐将设计部分外包给更为专业的设计公司。

（2）艺术家跨界设计 Artists' Crossover Design

韦奇伍德最著名的瓷器是黑瓷和碧玉细炻器。黑瓷，也被称为黑炻器，这种瓷器经过高温焙烧并用砂轮抛光，其特性为质地紧密、极其坚硬。碧玉细炻器则是将用金属氧化物上色在白色胚体上，或是将胚体浸在金属质泥釉中，随后贴附上白色饰品高温烤制的一种高温陶。这种硬度与烧成温度处于陶器与瓷器之间的陶瓷器物质地细腻且坚硬。碧玉细炻器最大的特点是有近似石雕的效果，装饰图案通常采用古希腊式的人物形象。这些古典且具有艺术造型的雕塑却不是普通设计师有能力创造出来的。为追求品牌的艺术价值提升，也出于韦奇伍德本人对陶瓷艺术的追求，他开始了艺术的"跨界"。

韦奇伍德优质的实用器皿大多来自资深艺术家的设计，他聘用当时著名的雕刻家约翰·弗拉克斯曼，将后者所做的雕像和浮雕花样翻制到碧玉陶器上。弗拉克斯曼所做的白色装饰物样式古典，与器皿的胎体颜色相衬，立体浮雕带来的精致感和厚重感使得韦奇伍德的每件碧玉细炻器都充满着高贵与典雅，令人叹为观止。无论是花纹还是图案和色彩都映射出当时的美学标准和设计风格，充满着文化与艺术内涵。

（四）生产方式——流水线生产与手工生产并存 Production Method—Production Line and Manual Production Coexist

1. 兼顾小众精英的手工生产 Taking Care of the Manual Production of the Elite

韦奇伍德在1759—1765年期间着力于产品创新的研究，并且在制作工艺方面严格要求使用工业革命后的陶瓷制作工序，以两次烤制三次烧成的烧制方式，严谨地按照先加工坯、釉才可进行烤花的流程。同时，保留了部分纯手工的工艺手法，以纯手工的方式制作模具和上釉前的彩绘。韦奇伍德在创立品牌伊始便要求产品的精湛卓越，古典与现代并存，艺术与流行相称，经久不衰长存百年，这也与当时贵族群体的瓷器消费需求相符。1769年，韦奇伍德制作了黑炻器，这种具备实用性与装饰效果的高档瓷器不仅因为材料的新颖，更因为其深沉的外表与纯手工制作手法的稀有性，受到贵族们的青睐。

为保证产品尊贵、品质和奢华，韦奇伍德要求纯手工制作瓷器零部件以及绘画装饰纹样。在当时尤其是贵族群体选购的餐具多要求采用手工描绘，以此来体现该群体的社会阶级、生活品质、奢华尊贵的个人追求。

2. 迎合大众消费的流水线生产 Pipeline Production to Cater to Mass Consumption

大批量的生产来自中产阶级的兴起，使得大众消费对"贵族化"瓷器的需求增加，英国工业革命所带来的技术促使实用器皿的生产方式不同于往日，手工作坊不再是单一的制作形式，效率带来效益。当时生产使用的劳动力多数因奴役制度和社会阶层变动而变得不稳定。韦奇伍德出于个人的"反奴隶思想"和保障产品质量的目的，拒绝聘用奴隶工人，并调整劳动力管理方式，雇用英国当地劳动力，提供住宿、医疗、教育等相应的劳工福利制度，以上合理的生产分配和对组织劳动的远见卓识，使其成为工业革命的伟大领袖之一。

韦奇伍德可谓最早发明流水线装配工艺的伟人（比亨利·福特早了将近一个世纪），其缘由还是来自一个偶然的机会：韦奇伍德阅读了法国传教士殷弘绪[①]记载的有关中国景德镇瓷窑烧瓷工艺的相关书籍（图4-10）。从中他了解到景德镇工匠对于同一样式的胚体是如何复制制作的，大型产品如何拆分零部件制作，且将制瓷工艺分化为20道工序，每道工序都经手于该方面最规范的手艺人，得以启发。韦奇伍德于1765年在埃特鲁利亚陶瓷工厂建立了欧洲第一条全面实行劳动分工的生产线，并且创建了一套陶瓷纹样图谱协助生产工作。埃特鲁利亚陶瓷工厂自创办以来严谨地细分劳动工序，工人们按照统一的时间进行同样节奏的工作，服从统一的管理。原本意义上的陶艺工人，转变为挖泥工、运泥工、搬土工、制坯工等等。

[①] 殷弘绪（Père Francois Xavier d'Entrecolles, 1664—1741）：天主教耶稣会法国籍传教士。他曾在中国景德镇居住过7年，1712年他写信给法国的传教士，详细地介绍了瓷器的原材料和瓷器的制作方法，从而使法国人在法国本地仿造出瓷器，以后又传遍欧洲各地。

图4-10　耶稣教传教士昂特雷科莱（殷弘绪）给中国和印度传教会会计奥日神父的信件[1]

　　1775年,埃特鲁利亚陶瓷工厂生产线上雇用了7名专业人员负责实用器皿的装饰,其中由设计人员设计纹样并制作模型(见图4-11),随后将装饰纹样印制在批量生产的胚体上,其精美程度虽比不上手工绘制的纹饰,但生产效率比手工描绘产品迅速,同时也满足了该品牌产品类别档次多样化的需求。韦奇伍德成功地在生产规模不断扩大的基础上保证了产品质量,并且不断研发新产品,占领更大的市场份额。

图4-11　韦奇伍德瓷器装饰所用印刷纸样[2]

　　埃特鲁利亚陶瓷工厂生产工序分工细致,建立了严格的生产管理制度;研发先进的工艺技术,以此提高生产效率;开发适应国际市场的产品,占领外销渠道。韦奇伍德管理之道的成功,不仅在于生产方式,更在于其运营方式的革新。

表4-6　埃特鲁利亚陶瓷工厂的生产方式(传统手工艺和流水线协同并存)

生产方式	特　点	市　场	对　比
手工生产	传承传统工艺	面向小众精英市场	纯手工制作模具 纯手工上釉前的彩绘

---

① 图片来源:江西日报社中国江西网。

② 图片来源:BBC纪录片。

生产方式	特 点	市 场	对 比
批量生产	创新与时俱进	面向大众消费市场	机械协同分解工序后的工人制作 设计纹样模型并印刷在胚体上

（五）营销方式——高端定位与渠道创新 Marketing Methods—High-End Positioning and Channel Innovation

1. 高端品牌定位与价格定位 High-End Brand Positioning and Price Positioning

韦奇伍德较早地意识到了品牌形象的重要性，为了建立品牌与顾客亲密联系，也为了借力贵族顾客的社会影响，他设计了以显贵顾客名字和身份地位的瓷器。1963年，韦奇伍德收到了一份来自英国的订单，购买者为夏洛特王后，这一系列的米白色陶瓷在韦奇伍德的说辞下被命名为"Queen Ware"（王后的瓷器）。诸多"俄罗斯模式""切特温花瓶"等产品的缘由也是如此。随着该品牌家喻户晓、名扬海外，国外的订单纷至沓来，而远销异国的产品想要开拓市场必须与当地的文化相交融。该理念延续至今，表现为针对不同国家的销售市场，每个区域销售团队的员工都来自本土，当地人独有的知识面和对当地市场的了解能促使产品更加迎合本土消费的需求，让品牌在多元化的国际市场竞争中占有一席之地，这种因地制宜的融合性成为品牌在众多竞争品牌中脱颖而出的优势。韦奇伍德瓷器品牌的高端定位将品牌的目标客户群体定位为中上层阶级人群，产品具有高品质与精美的款式，价格定位也比竞争对手的同类产品要高出80%左右。不管是瓷器还是实用器皿都带有韦奇伍德的名字，使得每款产品的辨识度极高。就算是日用的普通餐具，韦奇伍德的定价也比竞争品牌的同等顶级餐具要高出6—10便士。置身于当时瓷器行业的诸多品牌中，韦奇伍德凭着名人效应所获的品牌声誉与该品牌高价位的价格区间在其中声名鹊起。

2. 体验消费与订单管理 Experience Consumption and Order Management

1774年，韦奇伍德在伦敦开设了展厅"Wedgewood Mews"[①]。该展厅不以销售为目的，而是为顾客提供驻足与社交场所，这也是欧洲showroom[②]形成的雏形。在Wedgewood Mews陈列摆设的瓷器，是为了让顾客更加了解其商品的稀有性，他严格限制在展厅中展示的"碧玉细炻器"的数量。为了增强娱乐性质，他在所有仓库中都放置了图书，尽可能地延长顾客在Wedgewood Mews中停留的时间。更多的停驻时间与更好的顾

---

① Wedgewood Mews：开设于1774年的韦奇伍德位于伦敦的展厅，地址为伦敦西一区希腊街12号。
② 主要为商品展览设置，作为买家与供应商之间的桥梁，showroom的商业模式能让订货更简便，也提供更多产品选择并全方位进行品牌推广。

客体验,也为韦奇伍德带来了更多的订单。在产品选择上,韦奇伍德尽可能地满足产品多样性,每个瓷器都需单独摆放在独立架子上,以满足顾客不同的品位和购物时的微妙心理变化。这种超前的现代商品展示的布局与形式在近两百年来都被各个陶艺家所使用。韦奇伍德整合人员、产品、空间环境等因素,来促成与消费者之间更紧密的联系,这样的战略思想放眼当下都是值得考究的营销管理模式。

1773年,韦奇伍德出版了一册带插图的产品目录,出于产品出口的目的使用了德文、法文和荷兰文等6种文字。韦奇伍德曾写信并寄出了100份瓷器成品给他周围的贵族,若是不满意产品可退回,若是留下只需支付售价便可。这100份瓷器中有90多份被收下了。可见韦奇伍德早在18世纪就已经采取直复营销的手段来促成产品交易。

欧洲工业革命在1850年以前基本完成,并成为推动政治、经济发展的主要动力,随之而来的是新的生产工具与生产方式,对设计、生产的管理提出了新的要求。韦奇伍德意识到设计对象、理念、市场、设计师身份的种种变化,较早地提出了:将设计从生产中独立出来,以此协同批量生产以供市场需求;将艺术家的部分职能转换为设计职能,提升产品的美学价值,进而提升品牌价值;通过提升产品质量,以质美价优抵抗相同产品的低价泛滥。在设计方式方面,提出要进行功能设计与美学革新;在生产方式方面,要兼顾流水线生产与手工艺生产;在营销方式方面,定位高端并多渠道创新。

四、杜塞时装屋 Doucet's Haute Couture House

雅克·杜塞(Jacques Doucet)是以艺术收藏家闻名的法国时装设计师,也是法国"美好年代"最具代表性的大师之一。

(一)19世纪末至20世纪初的服装发展背景 Fashion Development Background from the Late Century to Early 20th Century

"美好年代"指从19世纪末开始,至"一战"爆发而结束。美好年代是后人对这一时代的回顾,这个时期被上流阶级认为是一个"黄金时代"。此时的欧洲处于一个相对和平的时期,随着资本主义及工业革命的发展,科学技术日新月异,欧洲的文化、艺术及生活方式等都在这个时期发展日臻成熟。每一次的社会大变动和文

The Belle Époque refers to the period from the late 19th century to the end of the First World War. The Belle Époque is a retrospect of this era. This period was considered by the upper class to be a "Golden Age". At this time, Europe was in a relatively peaceful period. With the development of capitalism and industrial revolution, science and technology were changing with each passing day. European culture, art and lifestyle had all matured during this period. Every major social change and

化潮流的变迁,都带给了女装巨大的变化。在此时期的法国,女装的发展相较前几个世纪,发展了翻天覆地的变化。

the change of cultural trends had brought great changes to women's wear. For France in this period, the development of women's wear had evolved over the past few centuries.

1. 19世纪法国时尚变迁 Changes of French Fashion in the 19th Century

19世纪的法国政治变动频繁,首先是1804—1814年拿破仑的第一帝政时代。拿破仑帝国覆灭后波旁王朝复辟,法国在1814—1848年的这段时间里先后经历了路易十八、查理十世(1824—1830年在位)和路易·菲利普的统治时代,其中查理十世推行封建专制政策、路易·菲利普则高举代表大金融贵族的旗帜,从而导致了"二月革命"的爆发,推翻了资产阶级君主立宪制,并于1848年成立了法兰西第二共和国,接着1852年进入拿破仑三世的第二帝政时代,一直持续到1870年。从1871年起到1914年,在法兰西第三共和国的统治下,法国进入了20世纪。

19世纪另一个促进服装快速变迁的因素,是自从工业革命以来,欧洲经济蓬勃发展,资本家、企业家拥有越来越多的剩余价值,这批新兴的中产阶级成为庞大的消费群。

在19世纪,时装样本(Fashion Book)的出现为促进女性的消费提供了很好的宣传。时装样本如同今天的时装杂志,它不仅是时装信息的载体,也是时装推广和传播的媒介。良好的彩色印刷、大量的时装信息带给了人们时装资料的更新,同时指导消费,引领流行,人们有了不断追逐和模仿的目标。这改变了原来单一模仿宫廷的模式,时装样本中的模特以及名演员开始成为女性穿着模仿的新目标。

19世纪,缝纫机、纽扣机以及熨烫机的出现促进了服装业的发展。百货商店在巴黎出现了,汇集了男女装及童装和饰品的百货商店大大刺激了人们的购买欲,也为顾客带来了极大的方便。逛街成为新的消遣娱乐活动并渐渐流行开来,时髦的法国妇女们成为百货公司的常客,商场购物变成了女性的一种生活方式和城市休闲活动。19世纪60年代中期至晚期,巴黎商场的年均销售额达1000万至1200万法郎。

图4-12　女装画报以及巴黎商场①

① 图片来源:视觉中国官网。

154

这个时期政治权力的不断更换影响着女装样式的变化，服装史上把19世纪的服装样式划分为浪漫主义风格、新洛可可风格和巴斯尔样式。而19世纪末20世纪初，处于第三共和国统治下的法国经济及科学技术迅猛发展，电能的广泛使用推动了生产的发展，改善了人们的日常生活，各种人造纤维陆续出现，为服装的改变提供了更多可能性。

The constant replacement of political rights during this period affected the change of women's style. In the history of clothing, the style of clothing in the 19th century is divided into romantic style, neo-Rococo style and Basil style. At the end of the 19th century and the beginning of the 20th century, the French economy and science and technology developed rapidly under the rule of the Third Republic. The extensive use of electric energy promoted the development of production and improved people's daily life. Various man-made fibers appeared, which offered more possibilities for changes in clothing.

2. 新艺术运动与女装设计 Art Nouveau and Women's Design

"美好年代"时期的欧洲和平稳定，法国男男女女们生活丰裕了。新型的零售方式清楚地说明了生活方式发生了多大的改变，这其中最明显的改变也许要数大百货公司在主要城市的出现。这些生活中的改变，直接影响着女性服饰设计的发展。此外，这一时期的艺术风潮——新艺术运动的开展，也对女装产生了重要影响。新艺术运动否定传统造型样式，提倡流畅的装饰性曲线造型，以自然纹样为主，充满柔美幻想色彩，这不仅为这一时期纺织物带来了新纹样，还对女装的整体造型产生了极大影响。受新艺术运动的影响，这一时期女装以"S"形造型为美，能体现女性曲线美的服装设计成为当时服装时尚的典型。设计师雅克·杜塞的服装设计风格，便是当时时装风潮的典型代表之一。

（二）雅克·杜塞及其社交圈 Jacques Doucet and His Social Circle

如果伊夫·圣·罗兰（Yves Saint Laurent）和卡尔·拉格菲尔德（Karl Lagerfeld）可以被并称为21世纪的两位时尚巨匠，他们的道路正是由一位法国设计师所开拓的，他既是一位神话般的时装大师，又是一位流行偶像，他就是雅克·杜塞。1853年，杜塞出生于巴黎一个富庶的家庭。其家族的内衣和亚麻织品生意自1816年起便十分兴旺。1871年，杜塞开了一家沙龙出售女士服装。由于他热衷于收藏18世纪家具、古玩、绘画与雕塑，他设计的许多礼袍都深受这个奢华年代的影响。

雅克·杜塞同时也是一个大收藏家以及法国艺术赞助商，他在1880—1920年间的巴黎文学艺术圈是个鼎鼎有名的人物。他从母亲那里继承了一家地处和平街的商店，并在那里建起了巴黎第一家高级成衣商店。他的客户都是些社交圈的富裕女演员或交际花，其中就包括莱佳娜（Réjane）、莎拉·伯恩哈特（Sarah Bernhardt）、莲妮·珀姬（Liane de

Pougy)，以及美丽奥泰萝(la Belle Otéro)等。这让他既保证了高盈利，又能满足其对于艺术和文学的兴趣和追求。在收藏了许多18世纪的艺术品(油画、素描、雕塑、高级家具以及一些镶嵌艺术品)之后，他对那一时期的书籍也产生了极大的兴趣。1912 年，他将最初的这部分藏品售出，以购买马奈、塞尚、德加、凡·高等人的画作；他也是毕加索的作品《亚威农少女》的第一位拥有者。但是除了这些之外，杜塞还有着更为广阔的视野。1909 年起，他就开始资助艺术史方面的"研究室"项目，他甚至是最早了解手稿价值的人之一。在他的第一个图书管理员勒内·让(René Jean)以及此后许多专家的帮助下，他建立起了第一个涵盖各个时期、各个国家作品的艺术图书馆。1917年，他将自己的图书馆赠给了巴黎大学：图书馆成为艺术和考古图书馆，在2003年又成为国家艺术史研究院图书馆。

在1896—1912年间，杜塞的品牌吸引了很多年轻的时尚设计师加入，包括查尔斯沃斯、保罗·波烈和玛德琳·维昂内(Madeleine Vionnet)等。

自1912年起，杜塞的时装设计与当时6家巴黎设计界的领军人物的作品一同登载在时尚杂志《佳品日报》(La Gazette du Bon Ton)上。那6家分别为露易丝·雪瑞(Louise Chéruit)、乔治·道维莱特(Georges Doeuillet)、让娜·帕奎因(Jeanne Paquin)、保罗·波烈、雷德菲恩(Redfern)父子和查尔斯·沃斯。

1927 年，立体派艺术家约瑟夫·萨基(Joseph Csaky)、雅克·利普契兹(Jacques Lipchitz)、路易·马库西斯(Louis Marcoussis)、亨利·劳伦斯(Henri Laurens)和雕塑家古斯塔夫·米克洛斯(Gustav Miklos)等人合作装修了塞纳河畔讷伊的圣詹姆斯街上的一间工作室。该工作室为杜塞所有，由建筑师保罗·路奥德设计。劳伦斯设计了喷泉，萨基设计了楼梯，利普契兹雕刻了壁炉架，马库西斯织造了一条立体派风格的地毯。杜塞终生收藏艺术和文学作品，在他去世前，收有大量后印象派和立体派的画作，包括他直接从毕加索画室买来的《亚威农少女》。他把两座图书室捐献给了国家，把自己的艺术藏书捐给了巴黎大学。1929年杜塞去世后，巴黎大学把他收藏的当代作家手稿收录进了以他命名的雅克·杜塞图书室。法国作家弗朗索瓦·夏彭(Francois Chapon)撰写了名为《雅克·杜塞其人》的书，讲述了这位时装设计师的生平和作品。

（三）雅克·杜塞的高级时装品牌 Jacques Doucet and His Couture Brand

20世纪初最伟大的时装设计师无不对绘画表现出浓厚的兴趣，比如雅克·杜塞和保罗·波烈，他们都是眼光极好的艺术收藏家，而这不仅是个人爱好，更是设计时装的灵感源泉。作为一名艺术鉴赏家，雅克·杜塞承认，他设计服装很难满足其真正的爱好——艺术收藏所需的经济条件。然而，杜塞仍是一名世界知名的设计师，曾为王室、上流社会与女星设计服装。他对美与雅的执着追求渗透到时尚设计的生涯之中，他也因此成为"美好年代"最具代表性的大师。

1. 杜塞品牌的起源 Origin of Doucet Brand

杜塞品牌缘起于家庭作坊,专精于女用内衣、花边以及男用物品。杜塞家族的服装店由雅克·杜塞的父母于1817年创立,当时专卖女士内衣与花边。到了19世纪70年代,雅克·杜塞继承了家族的生意,增设了高级服装部以扩大品牌。其高级服装部后来以设计奢华的礼袍和定制的套装而闻名。杜塞本人的艺术品位使其设计具有一丝不苟的品质与非同寻常的配色,也使艺术的元素和主题重新占据主导。

2. 杜塞风格的积淀过程 Accumulation Process of Doucet Style

法国于1868年成立了巴黎服装工会联盟。该联盟在1910年被划分为两个组成部分,其一是高级时装业,以定制为主要形式,服务对象为上层社会的富有群体,强调服装的原创性和高贵性;其二向成衣业发展,面向社会大众提供服装的基本样式与风格。装饰艺术运动时期,法国女装从传统形态向现代形态蜕变,代表高级时装的女性时装业形成规模,蓬勃发展,使法国服装生产进入一个新的历史阶段。虽然定制形式是之前已有的服装生产形式,但装饰运动时期法国时装业的数量、规模、设计师、品牌及风格都使法国服装生产进入一个新的阶段。这一时期时装品牌的形成以及时装风格的转变是法国现代女装发展的重要部分。这一时期涌现出的优秀设计师创建了自己的时装品牌,他们的设计秉承以穿着者为主体的设计宗旨,追求现代性的高品质风格。时装业的发展有力地推动了优雅、高品质的法国现代女装风格的形成。

19世纪和20世纪之交的时期,是法国女性服饰设计发生变化的重要时期。在这一时期,法国女性服饰经历着从近代传统到现代时尚的转变。女装的"S"形特征为这一时期的重要特点,通过紧身胸衣托起的胸部、勒细的腰部、压平的腹部,更好地衬托出凸翘的臀部,裙撑和臀垫的使用变得不那么频繁,取而代之的是通过裙子的夹片设计,使裙子的下摆部呈现出喇叭状,裙长拖地量大犹如盛开的花朵。配合裙子的效果,袖子的效果也十分夸张,可谓灯笼袖和羊腿袖的合二为一,以肘部为界上臂为膨状的灯笼袖,下臂为紧身的羊腿袖,有时还会从肩部领部垂出蕾丝飞边作为装饰。而深受装饰运动影响的雅克·杜塞,其女装也在当时以设计优雅的裙装著称,其典型风格为半透明的轻薄材质和叠加的柔和色彩。

杜塞风格的时尚(图4-13)伴随着1880—1910年女性形体的改变:新型的紧身胸衣使胯部和臀部向后凸出,腰部内曲,胸部隆起。紧身胸衣是一种对上半身有修身作用的女用内衣。胸衣通常紧而硬直,这有两种功效:收腰和托胸。由于胸垂得较低,而紧身胸衣只是覆盖到稍许高于乳头的位置,因此也穿得比较低。从侧面看,女人的身体就显出"S"形的线条轮廓。

图4-13 杜塞设计的女装[1]

3. 杜塞高级时装屋 Doucet's Haute Couture House

杜塞高级时装屋(图4-14)是"美好年代"和20世纪初期最为人称道的女士时装店之一,并且培养了玛德琳·维奥内特和保罗·波烈等著名时装设计师,他们在后来也自立门户。

图4-14 杜塞高级时装屋[2]

杜塞最著名的作品是他为当时女演员设计的服装。塞西尔·索雷尔(Cécile Sorel,法国喜剧演员)、加布里埃尔·雷让(Gabrielle Rejane,法国著名戏剧演员、早期默片女星)和萨拉·伯恩哈特(Sarah Bernhardt,法国戏剧演员;杜塞为她设计了《小鹰》里经典的白色戏服),无论是在台上还是在台下,都经常穿着杜塞家的时装。

为上述女演员设计服装时,杜塞保留了一种典型风格,包含褶裥、曲线和带有凋花的色彩的花边。杜塞具有自己的品位与判断,重视高贵、奢华多于新潮、实用。

---

①② 图片来源:腾讯网。

4. 杜塞高级时装屋的研究价值 The Research Value of Doucet's Haute Couture House

一个时代的服饰设计,反映着该时代的精神面貌与生活方式,法国是新艺术运动的发源地。新艺术运动完全放弃任何一种传统装饰风格,彻底走向自然风格、强调自然中不存在直线、强调自然中没有完全的平面、在装饰上突出表现曲线、有机形态,而装饰的动机基本来源于自然形态的曲线风格。

法国装饰艺术运动时期的女性服饰设计中性化、简洁、轻便化的特征,体现了那一时期法国社会生活变化对服饰设计的直接影响,同时这一时期的服饰设计也积极参与了法国现代女性形象的塑造与建构。在此时期下,杜塞的女装设计风格深受其影响,矫饰了维多利亚时期的风格和对过分装饰的反动。

装饰艺术运动时期,法国女性服饰设计开启了女装从保守到现代的转变,在法国女性服饰以至世界女性服饰发展中具有重要的历史意义。这一时期女性服饰设计所倡导的突破传统的开放性理念、注重实用的功能性理念仍然在今天的服饰设计中延续着,为现代服饰设计理念及现代服饰设计发展提供了宝贵的历史借鉴。

五、VOGUE与时装评论 VOGUE and Fashion Review

评论是一种审美文化,作为专门化的活动,是随着分工的细化与大众审美需求的提高而产生的。它是审美文化系统中不可或缺的调节机制,由四个基本要素构成,即评论主体、评论对象、评论媒体和评论受众。评论是审美生产者与审美消费者之间联系的纽带,使得它在两者之间保持一种内在的张力,进而达到一种动态的平衡。时装评论是专门针对时装及其相关因素所进行的一种审美文化活动。它的四个基本要素是:时装评论主体,时装及其相关因素(设计师、流行、流行色、时装中心等),报纸、杂志、电台、电视、网络等传播媒体(特别是专业类媒体)和设计

Commentary is an aesthetic culture. As a specialized activity, it is produced with the division of labor and the improvement of the public's aesthetic needs. It is an indispensable adjustment mechanism in the aesthetic culture system. It consists of four basic elements: the comment subject, the comment object, the comment media, and the comment audience. Commentary is the link between aesthetic producers and aesthetic consumers, so that it maintains an intrinsic tension between the two, thus achieving a dynamic balance. Fashion review is an aesthetic cultural event that is specifically designed for fashion and its related factors. Its four basic elements are the main body of fashion review, fashion and related factors (designers, fashion, fashion colors, fashion centers, etc.), newspapers, magazines, radio, television, Internet and other media (especially professional

师、消费者、服饰生产厂商、其他评论家等受众。

media), and designers, consumers, apparel manufacturers, other critics and other audiences.

由于种种原因，时装设计师、服饰生产厂商很少能够与消费者进行直接的交流；而消费者也需要有人对其审美行为、消费行为给予不同程度的引导。这是时装评论存在的土壤，也是时装评论家的社会责任。对于特定的着装形式，时装评论也可以深入分析、明了真相，进而起到推波助澜、匡正弊流的作用。每年的巴黎高级时装发布会上，时装评论家是重要的参与者。而时装评论的本质是通过品评创作内容的是非高下，然后结合评断来展开辩论，最终达到评论读者与时装产业实现更好互动的目的。而一篇思辨逻辑完整的时装评论需要具备描述、分析、解释和评价等构成要素，否则其作为"评论"的价值是不够充分的。

VOGUE 杂志由美国人亚瑟·鲍德温·特纳康（Arthur Baldwin Turnacon）在 1892 年创办，其目标读者主要是纽约的上流社会人群。那时的 VOGUE 是一份周刊，除了教导人们如何穿衣打扮之外，戏剧、书籍、音乐和社会评论亦在其中占有很大的篇幅。特纳康去世后，托马斯·康泰·纳什（Thomas Conte Nash）接掌了杂志，在他和时任主编埃德娜·伍尔曼·切斯（Edna Woolman Chess）的共同努力之下，杂志的发行量开始与日俱增。此外纳仕还将 VOGUE 变为以报道时尚为主的双周刊，并在其后开始有意识地发展它在欧洲地区的版本，英国版及法国版 VOGUE 在当时都取得了空前的成功。1973 年，在美国版主编格蕾丝·米拉贝拉（Grace Mrabella）的倡导下，VOGUE 由双周发行改为按月发行。VOGUE 目前在全球 18 个国家和地区出版着各自的本土化版本，均由康泰·纳仕出版公司持有。以 VOGUE 为切入点来看待时装评论的发展，我们可以将其中的评论类文章简单分成五类，分别是：时装发布现场点评，时装设计名师点评，时装行业现象解析，时装风格单品解析以及时装流行趋势解析。在阅读了大多数的时装评论文章后，不难发现褒扬的时装评论类文章占大多数，并且是最为主流的撰写倾向。

第五节 \ 小结
Conclusion

对于一个国家而言，时尚是文化与经济交织的产物，是互为表里的一种整体思想与文化策略。作为一种非主体的社会现

For a country, fashion is the product of the interweaving of culture and economy, and it is a kind of overall thinking and cultural strategy. As a non-subjective social phenomenon, fashion-related research

象,有关时尚的研究持续跟进,但尚未有将时尚现象作为时尚系统运转和创意经济产物视角的研究。本章联系格奥尔格·齐美尔、赫伯特·布鲁默等学者的前期研究,挖掘时尚内涵及其与社会、空间层次及设计策略的关系。同时,本章基于19世纪法国社会主流群体的审美趣味选择,探讨时代精神与时尚观念,梳理时尚脉络与发展轨迹。另外,本章以法国时尚系统为例,探讨时尚系统的核心成员、整体架构与空间层次,进而分解时尚系统的维度与各子系统运作方式。19世纪的法国,巴黎是欧洲乃至世界唯一的艺术和时尚中心,象征着格调与品味。法国的摩登时尚文化也是在这一时期萌芽并发展而来,慢慢衍生出其现代时尚系统。时尚系统的出现并逐渐完善,为法国时尚的发展提供了制度化的章程。时尚消费者是时尚系统中的重要一环。定制师和设计师在时尚系统中各司其职制造服装,但只有这两者是无法真正创造时尚的,其内在逻辑在于服装若无人穿着,时尚现象就不会产生。因此,定制师、设计师和时尚消费者或者称其为时尚引领者三者之间尽管有着明确的界限规定,实则相互依存无法分离。现代的时尚系

continues to follow up, but there has not been a study of fashion phenomena from the perspective of fashion system operation and creative economic products. This chapter combines the previous research of Georg Simmel, Herbert Blumer and other scholars to explore the connotation of fashion and its relationship with society, spatial level and design strategy. At the same time, based on the choice for aesthetic taste of the mainstream groups in French society in the 19th century, this chapter combs the context and development path of French fashion by exploring the zeigist and concept of fashion. In addition, this chapter takes the French fashion system as an example to explore the core members, overall structure and spatial level of the fashion system, and then decompose the dimensions of the fashion system and the operation mode of each subsystem. In France in the 19th century, Paris was the only artistic and fashion center in Europe as well as in the world, which symbolized style and fashion taste. The Mods fashion culture of France also sprouted and developed during this period, and slowly derived its modern fashion system. The emergence and perfection of the fashion system have provided an institutionalized charter for the development of French fashion. Fashion consumers are an important part of the fashion system. Customizers and fashion designers worked in the fashion system together to create fashion clothes, but only these two can not really create fashion. The inherent logic is that if the clothes are not worn, the fashion phenomenon would not occur. Therefore, there should be clear boundaries between customizers, designers and fashion consumers; they are inseparable from each other. The main reason why the modern

统之所以在19世纪中期产生，最主要原因在于时尚生产主导因素由原先的国家控制转变为由时尚贸易组织的设计师群体控制。当然，它也承接了旧政权时期的一些制度，譬如在19世纪成为社会主流的中产阶级不断地模仿和渴望有闲阶级的穿着，正如此前平民模仿贵族装扮一样。在此，对法国时尚系统进行剖析、归纳和总结，主要是以19世纪中期后的现代时尚系统为对象，大致分析整个系统的核心内容、形成背景和主要特征，讨论其各部分的功能以及影响，并且分析系统内部运转过程和各部分之间的内在联系。

fashion system was produced in the mid-19th century was that the dominant factor of fashion production was changed from the original state control to the designer group of the fashion trade organization. Of course, it also undertakes some systems of the old regime, for example, the middle class that became the mainstream of the society in the 19th century, constantly imitated and were eager to wear what leisure class wore, just as the civilians imitated the aristocratic dress. Here, the analysis, induction and summary of the French fashion system is mainly based on the modern fashion system after the mid-19th century, roughly analyzing the core content, background and main features of the whole system, discussing the functions and influences of its various parts, and analyzing the internal processes of the system and the intrinsic links between the various parts.

第六节 | 提问与思考
Questions and Thinking

（一）结合本章阅读，谈谈你对时尚系统的理解，19世纪法国时尚系统要素又包括哪些？

（二）结合本章案例，从设计管理的视角，尝试归纳几个典型案例的共性。

（三）展览与评价是时尚系统的重要组成部分。结合本章学习，尝试比对19世纪与当代时尚展览与评价的异同。

第七节 核心词汇
Key Words

fashionology 时尚学

fashion system 时尚系统

haute couture 高级时装

haute couture house 高级时装屋

design management 设计管理

exhibition 展览

evaluation system 评价体系

fashion review 时装评论

第五章 时尚传播方式

Chapter Five Fashion Communication Methods

第一节 \ 导论

Introduction

本章探讨时尚制造与流行传播的演变，并分析时尚媒介的发展，消费者、买手与设计师等时尚个体之间的联系、时尚传播理论、时尚产业、时尚之都的形成与积聚要素，以时尚与品牌的互动联系为研究焦点。回溯19世纪以来时尚的传播方式，特别是以时尚玩偶与时装插画为贵族群体提供时尚信息的方式。不同于19世纪自上而下的传播方式，时尚个体在当今的时尚系统中扮演了重要角色，时尚传播模式可以归纳为下传、上传和水平传播三种。当我们梳理时尚媒介发展历程与主要服务对象时，可以清楚看到这样一种转变，即从时尚玩偶与贵族群体，到时尚插画与风雅生活；从时尚杂志到读者群体，从数字媒体到大众群体；时尚的传播范围与受众群体一再扩展，也从根本上改变了时尚传播的方式与整体面貌。

This chapter explores the evolution of fashion manufacturing and popularity communication, and analyzes the development of fashion media, the relationship between consumers, buyers and designers, as well as the formation and agglomeration factors of fashion communication theory, fashion industry, fashion capital, focusing on the interaction of fashion and brand. We look back on the fashion propagation ways after the 19th century, especially how the fashion puppets and fashion illustrations to provide fashion information for the nobility group. Different from the top-down propagation mode of the 19th century, fashion individuals play an important role in today's fashion stystem. The fashion propagation mode can be summarized into three main forms: bubble up theory, trickle down theory and horizontal theory. When we sort out the development process of fashion media and the main service targets, we can clearly see such a change, from fashion puppets and aristocratic groups, to fashion illustrations and elegant life, from fashion magazines to readers, from digital media to mass groups of fashion. The scope of propagation and the audience have been expanded. It has also fundamentally changed the way and fashion of fashion communication.

第二节 \ 时尚媒介的发展
The Development of Fashion Media

时尚的形成需要借助于一定的传播方式,这种传播的载体便被称为时尚媒介。"media"(媒介)一词来源于拉丁语"medius",意为两者之间。媒体是指传播信息的媒介。时尚传播之初,没有先进的科技支持,往往通过报纸、杂志以及时尚玩偶来传递流行信息,但最初的传播面非常有限,有时仅局限于很小的范围。

一、时尚玩偶与贵族群体 Fashion Dolls and Aristocrat Groups

早期的时尚媒介即宫廷贵族群体本身,他们的体态着装、生活方式作为时尚范本被人们模仿,因而形成以宫廷为中心的时尚。为了向远处的人们传递时尚的信息,有时候人们会使用时尚玩偶,这些时尚玩偶有大有小,大可如真人一般,用真实的时尚服装、佩饰乃至发式装扮而成。时尚玩偶的出现可追溯至1391年,当时法国的查理四世把一个真人大小、穿着时尚服饰的玩偶送给了英国王后,自此,至17、18世纪,时尚玩偶已然风靡欧洲。

所谓时尚玩偶,就像是微缩的模特假人,身上穿着按比例缩小了的流行时装。时尚玩偶的发型与妆容都经过悉心打理,以确保是最新款型,然后就可以毫不走样地寄到追逐时髦的女性手中。当地的裁缝再按比例将它们放大为成衣,杜绝了仅仅依靠文字与图画描绘可能造成的偏差。

The fashion doll is like a miniature model dummy, and wears fashion clothes and accessories that are also scaled down. The hair and makeup of the fashion dolls are carefully designed to ensure that they are the latest models, and then they can be sent to the women who are chasing fashion in good shape. The local tailors then magnify them into ready-to-wear garments in proportion, eliminating the possible deviations by description only with words and drawings.

这种玩偶还经常身着艳装漂洋过海,进入异国他乡的玻璃橱窗中,开启一场小型的迷你巴黎时装秀,引来过往行人驻足围观,展示来自巴黎的最新流行资讯。有些地方,爱美的人们对这种活动非常热衷,纷纷将其视为热闹的节日对待,全城皆为玩偶的运送抵达轰动不已。

即使是锦衣玉食的宫廷贵族们,日日熏陶在时尚的氛围当中,有时也不得不借助于时尚玩偶来传递时尚信息。17世纪70年代初,赛维涅公爵夫人(Mme. Sévigné)的女儿出嫁到法国南部的普罗旺斯地区。公爵夫人担心自己对流行服饰的描述不够准确,让女儿领悟不到巴黎风格的精髓,便给她寄去全身严装华服的时装玩偶。这些时装玩偶大多是木质的,镶嵌着深色玻璃制成的眼珠,头发由真人的发丝编织而成(如图5-1),这个留存至今的18世纪样本正是如此,身穿精心剪裁过的宫廷服装,配有手套,头发也打理成最为时髦的玛丽·安托瓦内特皇后样式,裙子上印染着一簇簇艳丽花卉,令人过目难忘。这是当时缝制上等衣料时才会采用的图样。

1773年,有玛丽·安托瓦内特皇后的"时装大臣"之称的罗斯·贝尔坦在圣奥诺雷街(Rue St Honore)成立了一个服装制作组织,称为"Grand Mogol"。这是历史上第一个具有国际声誉的服装制作组织,法国时尚也因此获得了越来越大的影响。他每月一次将最新的时尚玩偶送到:西班牙、葡萄牙、俄国、英国、德国、意大利等国的宫廷。不仅是作为物质形式,也是作为一种品位,更是作为一种产业,法国的宫廷时尚由此奠定了巴黎作为世界时尚中心的基础。

当历史进入了繁荣的维多利亚时代(Victorian Era),各种室内小摆件层出不穷,时尚玩偶制造业迎来了自己的井喷期,其中就包括了按照当代名人样貌制作出来的"名流"玩偶。19世纪的维多利亚女王本人就是个不折不扣的"玩偶控",并且她还是"名流"玩偶制造业的设计对象(图5-2)。

通信和交通运输业的发展,为重大事件与知名人士的声名远扬起到了大范围的推动作用,各地奇闻逸事以及时尚潮流不再像从前那般困于一隅、不为人知。随着蜡像倒模技术的演进,制作与真人几无二致的玩偶终于变成易事。蜡像模型技师们发现,这种材质使得女王与阿尔伯特亲王成婚之际,无数婚礼玩偶被制作出来以纪念盛况;而当亲王不幸因病去世之际,全身黑衣素裹的"哀恸女王"玩偶也在市面上大肆风靡(图5-3)。

图5-1 仿玛丽王后样式的时尚玩偶[①] 　　图5-2 流行于维多利亚时期的室内摆设人偶[②] 　　图5-3 维多利亚女王玩偶[③]

①②③ 图片来源:搜狐时尚网。

二、时装插画与风雅生活 Fashion Illustrations and Elegant Lifestyle

时装插画是指用来描述某一时期最新的服装、鞋子、发式，以及装饰的时装画、雕版画或插图。时装插画的出现，使得时尚的传播更为迅速也更为广泛。16世纪中期，经过文艺复兴运动洗礼的欧洲大陆，经济贸易和科学文化事业处于空前繁荣的时期，由于贸易和文化传播的需要，定期出版的刊物开始出现。拥有这样的刊物是贵族和上流社会的特权，他们雇用大批艺术家创作描绘欧洲上流社会和宫廷贵族生活的铜版画，这些刊印出来的铜版画详尽描绘了当时上流社会的礼仪活动及着装时尚，而同期出现的介绍和描绘欧洲传统民族服装和流行风貌的书籍，也大量刊登欧洲富有的中心城市男女流行服饰的版画。虽然这些服装绘画离公认的时装画还有很大距离，但已经具备了时装画的雏形。

欧洲在18世纪就开始出现一些专门介绍时尚服饰的杂志，如 *Magasin des Modes*（《时尚杂志》）和 *Women Daily*（《女性周刊》）等。为了引导和宣传，它们推出了一些带有流行款式的服装画，但服装画仍未形成一个独立的画种。18世纪末期，时装工业迅速发展，时装插画应运而生，到了19世纪开始步入繁荣发展的阶段。当时大量发行的时装杂志中穿插了许多时装画，得到了大众的普遍推崇。纺织业在19世纪后加速进程，出现了服装设计的萌芽，这个时期服装画的表现手法略有夸张，于1830年发行的 *Journal des Dames et des Modes*（《女性时尚报》）上可以探究。这一时期的法国，无论是政治、经济还是文化现象都发生了激烈的变化。新古典主义风潮、浪漫主义风潮、新洛可可风潮等各大艺术运动潮接踵而至，影响着时装的发展与变迁。同样，由于时装画与时装密不可分的联系，时装画的发展犹如社会的映像也随之更迭。

整个19世纪的时装画仍以版画为主，其他形式的时装画极其少见。这个时期的时装画受到了浪漫主义思潮的影响，体现了浪漫主义充满幻想色彩的典雅气息，写实而唯美。19世纪后期的时装画作品与前期相比，更强调说明性，而弱化了艺术表现。1794年，宫廷艺术家尼克劳斯·冯·海德劳夫（Niklaus Von Heideloff）一手创办了《时尚画廊》（*Gallery of Fashion*），收录了一系列精美的蚀刻时装版画。到19世纪初，海德劳夫向他的客户许诺这本杂志"是这个国家第一本也是唯一一本，收集了最时尚的信息和流行的最优雅服饰的图书，超过巴黎出版的任何一本"。这本刊物中的时装绘画作品展示了当时极为庄重且体积庞大的女性服装，以及这些服装穿着者的生活场景。

三、时尚杂志与读者群体 Fashion Magazines and Readers

(一)时尚杂志的诞生 The Birth of Fashion Magazines

时尚的形成和传播与当时逐渐发展的印刷文化密切相关。从 17 世纪开始,时尚刊物逐渐成为时尚信息传递的重要媒介,同时也成为资产阶级品味塑造的重要工具。上流社会如何生活,家庭的装修装饰、车马、饮食、衣着,包括各种娱乐活动信息在内都借助时尚杂志传递给资产阶级女性。由于时尚刊物的出现,时尚影响的范围快速扩展。

The formation and communication of fashion was closely related to the developing printing culture at that time. Since the 17th century, fashion publications have gradually become an important medium for the transmission of fashion information, and also an important tool for shaping the taste of the bourgeoisie. The upper class's life, home decoration, cars and horses, food and clothing, as well as all kinds of entertainment activities were passed on to the bourgeois women through fashion magazines. Due to the emergence of fashion publications, the scope of fashion influence has expanded dramatically.

17 世纪法国作家让·多诺·德·维兹(Jean Donneau de Vise)创办了一份关注时尚的杂志,取名《文雅信使》(Le Mercure Galant)。这份杂志从 1672 年创办,一直持续到 1724 年,杂志的目标是要将宫廷生活和知识分子、艺术家的辩论告知上层社会,内容包括剧目、艺术评论、诗歌、歌曲、婚丧告示以及时尚评论。1724 年以后改名为《法兰西信使》(Mercure de France)。虽然最早涉足时尚,但与后来风靡全球的各种时尚杂志相比,《法兰西信使》的风格更偏向于文学评论,是 18 世纪后期法国上层社会喜闻乐见的名刊,1786 年发行量超过 1.5 万份。有学者认为,《文雅信使》是期刊史上的一个创举,"是第一本对男人和女人时尚进行定期报道的法国杂志",对于向外省和国外传播时尚、奢侈品、礼仪以及路易十四时代的宫廷生活信息起到了关键作用。[1]《文雅信使》还有一个特殊的贡献,就是在介绍某一款式的服装之后提供了时尚商人的地址,从而使其成为广告业的先驱。随后出现的诸多知名时尚杂志也延续了这一做法,构成了时尚创造者与传播者之间的互动联系,为近现代时尚运转体系奠定了基础。

---

[1] Clear Haru Crowston, *Sex: Economics of Regard in Old Regime France.* Durham: Duke University Press, 2013, p.107.

图5-4 《文雅信使》封面及内页①

17、18世纪还有其他报刊包含着或多或少的时尚内容，但都难以与《文雅信使》的影响与传播范围匹敌，这一局面一直延续到18世纪后期。1778年前后 *Galerie des Modes et des Costumes Francais*（《法国时尚画廊》）创刊，成为世界上第一份专门的时尚杂志。该刊由巴黎出版商艾斯诺和哈比耶（Esnault & Rapilly）出版，出版周期并不固定，从1778年到1787年总共出版了70多期，每期配有6幅雕版插图，前后共有4000多幅插图，模仿的是巴黎贵族或凡尔赛宫廷服饰风格。这些插图在艺术史上可以说代表了旧制度时期法国艺术风格的侧影，但更重要的作用在于对当时法国时尚的引领。图文并茂的时尚杂志，提供了大革命前夕法国贵族和新兴资产阶级追求新服饰和奢华享乐的生动画卷。

1785年11月15日，*Les Cabinet des Modes*（《时尚衣橱》）创刊，主编是巴黎的让·奥特瓦奈·布罕（Jean Antoine Brun），标志着法国时尚杂志的发展进入一个新阶段。作为一份定期出版的半月刊，《时尚衣橱》只关注与时尚有关的内容，每期8页，配3幅插图。除了服饰之外，该杂志还包含家具、装饰和珠宝方面的内容。这份杂志只发行了一年，后改名为 *Magasin des Modes Nouvelles,Francais et Anglaises*（《法英时尚新闻杂志》），从1786年11月到1789年12月，由路易·埃德姆·比亚尔东·德·索维尼（Louis Edme Billadon de Sauvigny）主编。1790年2月布罕得以重新掌控这份杂志，又将其更名为 *Journal de la Mode et du Gout, ou amusemens du salon et de la toilette*（《时尚与品位杂志》），这个名称一直保持到1793年4月大革命时期，后因财政困难而停刊。

这份杂志试图将时尚展示为一个更为有组织的体系。它追踪潮流的源头，并试图界定时尚的季节："今后本刊将分为4个与季节对应的部分或时间段，因为每个季节都有自己的时尚和服装……丰富的材料要求我们增加1/3的期数，今后一年将有36期，而不是以前的24期……36期在巴黎和外省的价格是30里弗尔，英国的订阅则需要提前邮寄费

---

① 图片来源：北城百科网。

用。"①不仅如此,它还对一天中何时该穿何种衣服提出建议:"我们应该补充一点,短上衣只适合作早晨的外套,那时要穿戴整齐还为时尚早,但又需要午前外出或散步。"②贝斯特认为,这种由该杂志推动的穿着礼仪,构成了时尚杂志的一个特色,并一直持续到20世纪60年代。

这份杂志不再局限于以宫廷、贵族为主要参考目标,而是将时尚的触角伸向社会大众和平民阶层。时尚杂志的出现使最新时尚能够以便利快捷的方式从巴黎传往世界各地。

丹尼尔·罗什认为,1750年之后超越法国国界的时尚出版业的崛起,对于欧洲时尚有着重要的意义:"它帮助改造了作为其读者群的欧洲精英的服饰,就像他们的举止与文化曾经受到法国哲学光芒的照耀一样,后者的思想因为书刊带来的传播渠道的持续增加而广泛流行。"

同时,时尚杂志也倡导了一种不同于贵族的品味和价值观念,对于资产阶级的服饰提出了全新的标准,比如德国《奢侈与时尚杂志》提出:"服装必须轻,方便穿,可以毫不费力地走路、跳舞、散步和骑马;穿起来不需要太多时间;必须能修饰身体并增加身体的魅力。"③

时尚杂志在塑造资产阶级的文化身份方面起到了决定性作用,不仅使资产阶级同贵族明确地区分开来,而且在资产阶级内部重新塑造了一种区分的体制。这种区分不是建立在直接的地位和权力之上,而是建立在更为自由和主观的,与个体的自我培养相关联的品味之上。

Fashion magazines have played a decisive role in shaping the cultural identity of the bourgeoisie. They not only distinguished the bourgeoisie from the nobility clearly, but also reshaped a system of distinction within the bourgeoisie. This distinction was not based on direct status and power, but on the more liberal and subjective taste associated with individual's self-cultivation.

(二)19世纪的时尚杂志 Fashion Magazines in the 19th Century

时尚杂志的内容涵盖了当时前沿文化生活的各个领域,比如服装、旅游、休闲、美妆等,且在流行的传播过程中扮演了非常重要的角色。根据目标消费群的差异,杂志的类型也不同。

1892年,综合性杂志 *VOGUE*(《服饰与美容》)(图5-5)创刊于法国,至今已经有120多年的历史。类似的还有创刊于1867年的美国时尚杂志 *Harper's Bazaar*(《时尚芭莎》)(图5-6)。这类时尚杂志的内容涵盖了时尚美妆、运动、旅游、艺术、家装

---

① Cabinet des Modes, Vingt-quatrieme Cahier, 1 Novembre 1786, p.186.

② Cabinet des Modes, Vingt-quatrieme Cahier, 1 Novembre 1786, p.115.

③ Kuhles, Doris, Standke, Ulrike. *Journal des Luxus und der Moden 1786-1827*. Germany: Franz Steiner Verlag, 2005, pp.260-261.

等,已在全球21个国家和地区发行。"一战"后,其采用色彩绚丽的插画作为杂志封面,迎合了当时上流社会的审美和喜好,受到当时新兴资产阶级的疯狂追捧。"二战"期间,针对当时实用简洁的生活方式,VOGUE大幅度地调整了编辑内容,所展示的服装更加简洁和利索,同时大幅缩减杂志的版面,使得内容更加紧凑且丰富。

随着信息网络的发展,数字化浪潮的来临,VOGUE杂志推出了网站、App、电子杂志、电子档案等全方位多媒介的传播方式,顺应新媒体发展趋势。VOGUE很快更新上线的杂志网站,不但可以通过社交软件进行注册,而且能分享到社交软件上。此外,推出App等软件应用对丰富杂志传播形式,2010年,VOGUE ipad精华版就紧随苹果公司发布ipad平板电脑之后便推出了;2012年,康泰·纳什集团为庆祝VOGUE杂志创建120周年,与Worth Global Style Network(WGSN,世界时尚资讯网)独家合作,推出VOGUE Archive(《VOGUE档案》),将VOGUE自成立以来出版过的所有杂志共2800多期全部上线,并对传统的搜索方式进行创新,使得网站可以进行影像索引。

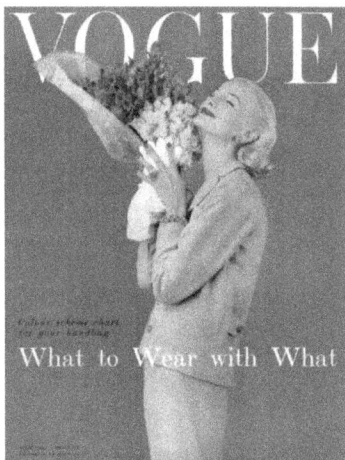

图5-5 VOGUE于1892年发行(法国)[①]　　图5-6 Harper's Bazaar于1867年发行(美国)

从时装杂志看,传播媒介对服饰的意义主要有以下几点:(1)加速了流行,这一媒介功能使用得最频繁,及时地传播服饰信息,服饰的更新速度必然加快,缩短了流行周期;(2)引导了审美方向,杂志推广的是时新的生活理念和装扮技巧,当女性去参考和借鉴时,也逐渐改变了她们的审美观;(3)进入消费时代,随着新的都市消费理念的兴起,时装在杂志上的意义越来越被固定在推销商品和维系顾客方面(图5-7、图5-8)。

---

① 图片来源:VOGUE官网。

图5-7　依赖于时尚杂志,19世纪美国的上流社会也试图与当时的时尚中心巴黎保持时尚的一致性

图5-8　比特摩尔庄园中还原了19世纪美国上流社会群体生活方式与着装样式

四、数字媒体与当代时尚传播 Digital Media and Contemporary Fashion Communication

在现今高速发展的数字化网络中,新媒体是传播媒介中最为主要的一种,相对于报刊、户外、广播、电视这四大传统媒体,新媒体被形象地称为"第五媒体",即新媒体是一种符合当下多渠道互联网发展趋势的一种新型环境,是一种新的技术支撑体系下出现的媒体形态,比如数字杂志、数字广播、手机短信、移动电视、触摸媒体、搜索引擎等,以及我们日常频繁接触的社交平台和各类网站。在新媒体时代,整合化、多维度、立体化的传播方式是时尚产业最需要具备的三个点,极大程度上可以增加社交媒体与受众的互动性,以及凸显出时尚传播的社会功能。时尚传播的最终目标特性就是要体现差异性、沟通性、体验性和关联性,这就体现在愈加广泛和复杂的传播渠道和媒介上。

当代时尚品牌会在大量的社交媒体上通过视频、图片、文字进行广告宣传,让消费者第一时间看到,基本上是全球同步,我们可以随时随地通过智能手机、iPad、电脑等瞬时获取这些资讯。比如国内知名时尚品牌JNBY,在各大社交媒体平台建立自己的官方账号和分享平台,以传播品牌的时尚理念和推广品牌核心的生活方式。全渠道的传播方式可以拓宽消费群体,JNBY不仅仅在国内积累了大批受众,也通过国外社交媒体提升了国际知名度,如图5-9所示,INSTAGRAM上JNBY的3个国外账号和网站。

另外,JNBY也渗透着国内最大的两个线上平台——微信公众号和微博,通过新媒体的"两微一端"模式去发起线上线下的时尚推广,即官方微信和官方微博以及头条的配合。比如,在公众号平台上更多地发布一些时尚理念、时尚态度和时尚穿搭,更大程度上达到与消费者的互动和沟通,潜移默化地影响着消费者的时尚观和审美感。

图 5-9　JNBY 的国外官方社交媒体账号

　　为了体现差异性和关联性,时尚传播往往会从贴近不同消费者的生活面出发,使消费者和受众不仅可以接收时尚讯息,还可以接受这类时尚,实践于自己本身。在以前的媒介中,我们很难去达到这种传播效果,或者说是需要很长时间的影响,而在新媒体环境下,只需要通过一篇谁都可以点击并能看到的公众号文章就能实现。比如,JNBY 发布了一篇关于"摩登青年的街巷生活"文章,启用素人模特为其塑造时尚形象,来拉近消费者与时尚品牌的距离(如图 5-10)。

图 5-10　JNBY 自媒体的时尚传播

　　新媒体影响的是时尚传播渠道的丰富多元化以及品牌营销方式的转变。除了自媒体平台外,时尚类网站在时尚传播中也分担了重要作用,我们根据受众不同可将之分为大众时尚网站(大多为免费网站)和专业时尚网站。大众时尚网站是指面向广大消费者的,涉及服装流行信息的网站。很多门户网站、综合性网站都会开辟出一块地方来报道时尚流行类信息。这些网站广泛地报道着当前的服饰流行资讯(时装周、服装秀、潮流风),名人明星的穿着打扮,如何装扮自己的技巧,女人们的购衣经,怎样美容美发……凡大多数消费者关心的话题,都会涉及。专业时尚网站是指面向服饰从业人员的,专门报道服饰有关信息的网站。例如,WGSN是全球领先的趋势预测机构(见图5-11),为时装、时尚、设计以及零售等各大产业提供最具创意的潮流资讯和商业信息,但往往收费较高。

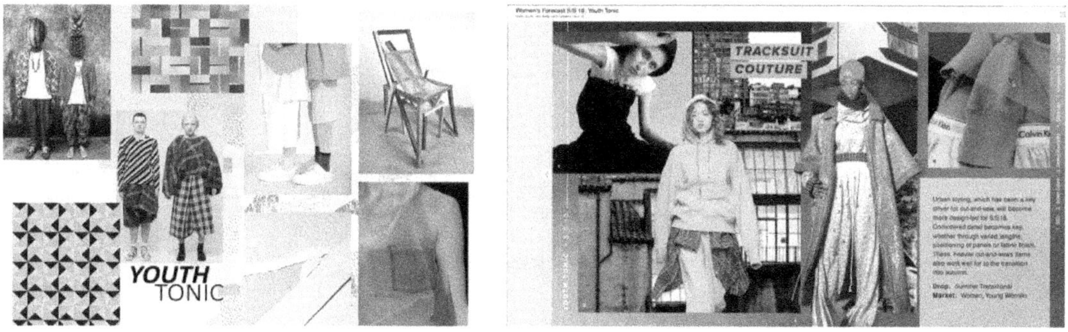

图5-11　WGSN时尚流行资讯预测部分[①]

还有一类容易被忽视的网站,就是各大专业团队运作的电子时尚杂志网站,取代了传统纸刊发布的形式,像 *ELLE*、*VOGUE*、*VIVI* 等这些著名时尚杂志纷纷设立了自己的专属网站或者手机 App 来传播时新的时尚资讯,如图5-12所示。

图5-12　Self Service Magazine 的自主网站[②]

---

① 图片来源:WGSN官网。
② 图片来源:Self Service Magazine官网。

在新媒体芸芸的形势下,时尚的传播者、媒介运营者以及时尚接收者都要遵循这个时代的环境规则,将数字媒体中数字技术、无线技术和互联网有效、精准地保证受众获取到具有沟通交互性的时尚信息并且吸收受众反馈,达到更加平衡丰富的网络空间状态。

第三节 \ 时尚个体
Fashion Individuals

现代时尚是一种与西方社会的现代性相伴而生的社会文化现象。在康德看来,时尚只是未经思考的盲目模仿,它只是因为人们的虚伪和互相攀比以图提高自己社会地位的社会竞争所造成的结果。齐美尔则在康德的基础上提出时尚具有模仿和分界两个功能。在当代社会,诸如消费者、买手、设计师等时尚个体在时尚消费中扮演了重要角色。

一、时尚消费者与时尚品牌传播 Fashion Consumers and Fashion Brand Communication

消费代替政治、宗教而成为逃避不幸(特别是由失去自我感、认同感而感受的不幸)的手段。从更广泛的意义上看,消费在当代西方社会已超过了宗教、政治等的重要性,而发展成主要的社会活动。[①]

这段话形象地说明了消费在现代社会中发挥的作用。时尚作为一种文化现象,它与消费的紧密结合更使得时尚消费具有了不同于普通消费模式的诸多特点,使消费过程中的符号内涵价值更加突出。时尚市场中的各种商品凭借其符号属性,给予时尚消费者改变外在进而丰富自我的机会。

1. 时尚消费者的概念 The Concept of Fashion Consumers

时尚消费者是将时尚消费活动视为其生活方式主要组成部分的消费者。时尚消费群体的时尚感知、时尚观念均区别于一般消费群体。因此,时尚消费群体属于"半显性"群体。

Fashion consumers are consumers who regard fashion consumption activities as the main part of their lifestyle. The fashion perception and concept of fashion consumer groups are different from those of the general consumer groups. Therefore, the fashion consumer group belongs to the "semi-explicit" group.

---

① 高丙中:《西方生活方式研究的理论发展叙略》,《社会学研究》1998年第3期,第59—70页。

2. 消费者与品牌传播 Consumers and Brand Communication

在 18 世纪的英国，城市结构因为农村人口的大量涌入开始发生变化。购物环境和消费层次开始发生变化，大众消费显著增加，广告对消费者的影响越来越大。由于生产方式的改变，大众市场开始出现竞争，企业也开始关注消费者的消费行为。19 世纪，这种消费模式首先在美国社会演化，而后在法国也相继出现，形成了消费社会。在消费社会中，消费生活成为人们生活方式的主要内容。

In the 18th century, the urban structure began to change due to the influx of rural population in England. The shopping environment and consumption level began to change, the mass consumption increased significantly, and the influence of advertising on consumers also increased. Due to the change of production mode, the mass market began to compete, and companies began to pay attention to consumer behavior. In the 19th century, this kind of consumption pattern first evolved in the U.S., and then appeared in France to form a consumer society where consumer life has become the main content of people's lifestyle.

"brand"（品牌）一词源于古挪威语"brandr"，意思是"打上烙印"。在农业社会中，很多手工业生产者在自己制造的陶器、工具等上面刻上自己的名字或者标记，这被认为是萌芽阶段的品牌。美国学者莱恩·凯勒认为，品牌起源于政府要求面包商在自己生产的面包上刻下自己的名字，以防止他们缺斤少两，后来在烟草商那里这种标志得到了进一步发展，并逐渐催生了具有现代意义的品牌概念。在市场经济条件下，品牌首先是一个合法的商标，但是品牌又不仅仅是一个商标，注册商标是一种法律上的认可，而品牌则表现为一种市场的认可。只有消费者认可了这种商品，愿意花钱购买这种商品，商标才会成为品牌。

当代品牌理论都强调品牌与消费者的关系。美国品牌专家大卫·艾格认为，品牌就是产品、符号、人、企业与消费者之间的联结和沟通。也就是说，品牌是一个全方位的架构，牵扯到消费者与生产企业沟通的方方面面，并且品牌更多地被视为一种"体验"，一种消费者能亲身参与的更深层次的关系，一种与消费者进行理性和感性互动的总和；若不能与消费者结成亲密关系，其根本就丧失被称为品牌的资格。

Contemporary brand theory emphasizes the relationship between brand and consumers. American brand expert David Eger believes that brand is the connection and communication between products, symbols, people, businesses and consumers. In other words, the brand is a comprehensive structure involving all aspects of communication between consumers and production companies, and the brand is more regarded as an "experience", a deeper relationship that consumers can participate in, a kind of rational and emotional interaction with consumers. If can't form a close relationship with consumers, it will lose the qualification of the brand.

企业通过把握不同时代的消费者特征，实施有效的营销策略，实现营销目的。因此，研究某一族群的特征，最终落实到时代特征的研究和族群生活方式的研究上。他们提出的核心理论有：

（1）消费者因出生和成长的时代背景不同，有不同的价值观和生活方式，形成不同的消费观念和消费行为特征。研究者可以根据时代的不同划分出消费者群体，把握时代特征是把握同时代消费者特征的前提，同时也就把握了针对不同时代消费者的营销方式与沟通手段。[1]

（2）市场发展永远反映出每个时代的不同需求，消费者的价值观、喜好与行为可以被理解，可以分解为三个不同因素：人生阶段、目前的社会与经济环境、定型的族群经验。（如图5-13）。

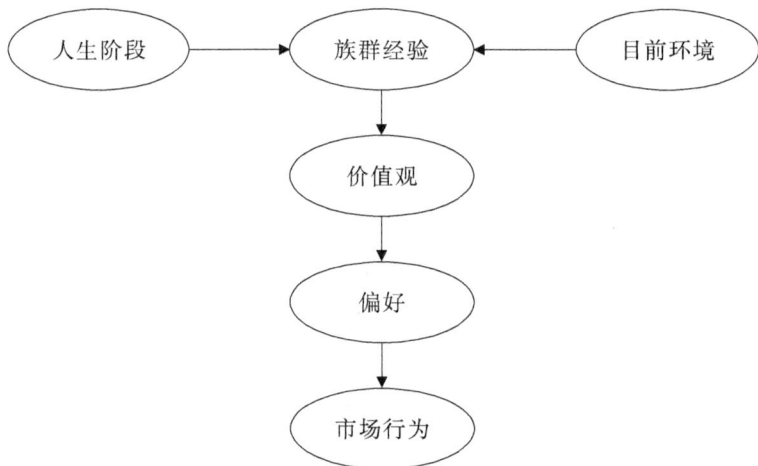

图5-13　时代差异的影响力

（3）族群经验是三大因素中影响最大的。因为这些经验创造出习惯，界定并区分不同时代，每个消费者经由统一的经验看待世界，并参与消费市场。而消费者早年（人生的塑形期）分享的经验形成了各族群的价值观和生活技能。了解消费者行为的关键，在于掌握他们年轻时养成的性格特征。

二、时尚买手与设计师品牌 Fashion Buyers and Designer Brand

1852年，世界上第一家百货商店——Le Bon Marche诞生于巴黎，其店主把各种日杂货物采购到自己店中统一售卖，这一行为被后人看作买手制的起源。随着时代的变迁、

---

[1] 华克·史密斯，安·克拉曼：《时代行销——消费者世纪大调查》，姜静绘译，三联书店2000年版，第4页。

市场的发展,买手这一职业逐渐由自由化走向规范化。如今,市场的千变万化已经成为常态,买手们需要时刻面对各种商业挑战,并在竞争旋涡中为企业赢得一席之地。

1. 买手的定义 The Definition of Buyers

买手的主要职责是处理数据、分析数据、监管销售。换言之,买手是指在世界各个角落留下寻找时尚的印记,紧密关注时下的流行讯息和市场动态,为企业或品牌采购合适的设计并交由工厂生产成完整商品;或直接采购合适的商品,由专业的企业销售渠道进行销售,从而获取利润。专业的买手需兼具理性思维与创造力,有前瞻的时尚眼光又兼具敏锐的时尚嗅觉,他们是连接品牌与市场的媒介,也是沟通设计师与消费者的桥梁。

Buyers' primary responsibility is to process data, analyze data, and monitor sales. In other words, a buyer looks for fashion in every corner of the world, pays close attention to the current popular news and market dynamics, sources the right design for the company or brand and handles it over to the factory to produce a complete product; or directly purchases the right commodities for professional corporate sales channels to generate profits. Professional buyers have rational thinking and creativity, a forward-looking fashion vision and a keen sense of fashion. They are the medium connecting brands and markets, and are the bridge between designers and consumers.

2. 买手的类型及差异 Types and Differences of Buyers

买手是推动时尚产业的前沿时尚从业者,主要分为两大类型:一是经销商型买手;二是自有品牌采购买手。前者根据品牌企业的类型,可以细分为百货店买手、单品牌买手和品牌店买手;而后者是现今大部分自有品牌企业采取的买手模式。

Buyers are the cutting-edge fashion practitioners who promote the fashion industry. They are mainly divided into two types: one is the dealer-type buyer; the other is the buyer of the self-owned brand. According to the type of brand enterprises, the former can be subdivided into department store buyers, single-brand buyers and brand store buyers; the latter is the buyer model adopted by most of the self-owned brands.

（1）大型综合百货公司买手 Large Department Store Buyers

百货商场买手是国外发展成熟的一种买手类型,目前国内尚在培育阶段。其结构模式为商店买手必须选择符合的品牌和商品放置商场供消费者购买,这是最有难度的一类买手制,因为不仅考验了买手们对这些品牌业态和消费前景的掌握度,还要背负着为整个商场带来盈利的压力。如著名的美国Macy's百货(图5-14)、以高级时装商品定位的精品百货商店Lane Crawford(图5-15)。商品的周转率、库存成本和运转灵活度等都是百货商场买手需要考虑的因素,他们对市场活跃度的判断直接影响了这些因素。

图5-14　Macy's百货①

图5-15　Lane Crawford百货②

（2）单品牌买手 Single Brand Buyers

单品牌买手，即只做某一品牌的经销商，或经销某一品牌某一地区的销售业务。这种制度下的买手既不组织生产，也不负责产品开发，而是向品牌总部订货。

（3）品牌集合店买手 Brand Collection Store Buyers

品牌店买手多见于品牌集合店，这也是欧美主流的买手制。这方面的买手主要与大多品牌建立长期合作，常见的为代理合作式买手店。如20世纪90年代的I.T、新兴的Opening Ceremony和Net-A-Porter。而寄卖式买手店也属于品牌集成形式，即设立线上或线下专门店铺，与一些尚未成名的设计师合作，售卖其设计的最时新的产品，如栋梁、ALTER凹凸、The Backroom等。该集成模式下，买手采购来的商品且是完整的设计产品，并且所选择的产品品牌必须符合买手店的定位。如I.T以高端精品为定位（图5-16），其代理的品牌包括YSL、Alexander McQueen、Kenzo等。

图5-16　I.T集成店③

---

① ② 图片来源：TopCashback官网。
③ 图片来源：中国时尚品牌网。

（4）自有品牌买手 Private Brand Buyers

近几年国内买手涌起，其背景是在20世纪90年代末随着百货商店的发展才开始出现的，影响到中国形成了现今服装行业最重要的经营行为"订货会"。自有品牌买手主要与供货工厂合作，或通过生产部直接与生产厂家对接、打样、跟进流程等，从设计阶段、生产阶段再到定样等全步骤。自有品牌的买手需要提前预测下一季的流行产品，以及具备更强的对面料、辅料、技术的鉴别能力，以便于做出正确决策，实现最大化销售。

3. 买手的职责及应具备的能力 Buyers' Duties and Abilities

虽然买手这一职位在旁人看来光彩夺目——往返于世界各地，参加各大时装周和设计师的T台秀、与有名的时尚圈内人士进行社交活动、与品牌负责人进行业务洽谈等等，但商品管理仅仅只是买手工作的一部分。

买手的工作内容与金融投资经理相似，他们需要对某些商品组合进行投资，监控商品的销售情况，根据消费者与市场回应的销售报告，决定是否购买更多的商品，是否对销量不佳的商品做折扣处理。买手需对选择购买的商品类型和数量负责，与供应商或零售商协商符合市场的批发价和付款条件，设定商品初始价格，监控商品销售并进行适当调整。因此合格的买手需要具备一定的计算头脑，充分了解消费者需求以及与供应商建立良好关系。

买手最终又为销售终端服务。在市场业态中，合格的买手需要身兼以下几项能力：

（1）全方位了解时尚的流行、时尚的规则、时尚的消费和市场，具有前瞻性的眼光和预测未来流行的能力。

（2）熟知服装的面料、流行，服装的设计要点、加工工艺及流程、周期等的能力。

（3）具有理性的分析市场各项数据、品牌终端销售状况、产品投放量数据的能力。

（4）在严谨和高度压力的工作环境下，买手应具备适应频繁变换的市场，并对这些变化做出快速反应的能力。

Finally, buyers serve for the sales terminal. In the market, it is obvious that qualified buyers need the following abilities:

(1) Buyers need to have a comprehensive understanding of fashion, fashion rules, fashion consumption and market, a forward-looking vision and the ability to predict the fashion in the future.

(2) Buyers are familiar with the fabric, fashion, clothing design points, processing technique and process, cycle, etc.

(3) Buyers need to have the ability to rationally analyze market data, brand terminal sales status and product release quantity data.

(4) In a rigorous and highly stressful working environment, buyers should have the ability to adapt to the changing market and respond to these changes quickly.

(5) Buyers not only need to organize and coordinate

（5）买手不仅需要组织与协调内部——与各部门的沟通协调、货品调度等，还需要具备与外部供应商协调、沟通和谈判能力。

the internal communication and coordination with various departments, goods scheduling, etc., but also need to have the ability to coordinate, communicate and negotiate with external suppliers.

三、设计师驱动的时尚 The Designer-Driven Fashion

设计师作为时尚媒介中不可或缺的一员，对于时尚的影响不仅在于他能够提供一些具有独创性的新风格，更在于他所提供的风格能够因其"名人影响"为人们所接受并效仿。比如，沃斯依赖于其所服务的皇室成员和贵族的名望、地位而使自己的作品以及名声得以传播。

沃斯介入制作、销售等各个环节[①]，创造了采购面料、设立工作室、拥有专属模特、每年举办4次作品发布会等一系列设计和经营相结合的新方法，使得他的"定制时装"脱离宫廷沙龙和乡间裁缝的手工艺制品层面，"时尚"的仪式变得复杂化。从此，"时装"的生产者从"服装"的生产者中脱离出来，定制设计师和裁缝师都有了新的专属定义，定制设计师被尊称为绝对的艺术家，而非无名手工业者。这份荣耀不仅反映在职业方面，同时也反映在他们社会地位的迅速提升上。

如果说传统意义上的时尚是一种泛而广之的宫廷趣味、贵族情调，那么从沃斯开始时尚就是设计师个人的特定风格。对设计师个人风格的追逐使得沃斯本人成为时尚的精神领袖、摩登的发言人，也使得沃斯在其作品上的个人签名（品牌）成为可能，从而推动了他所开创的高级时装订制业。沃斯创立的时尚生产体系，使定制师专注于时装中时尚的部分——艺术、创意和不断推陈出新，从而推动了一系列的附属产业，使得纺织业、刺绣手工业等都围绕服装的时尚而运转。沃斯建构的从设计、生产到消费的新关系结构——销售设计图纸（设计从制作中剥离，设计成为独立的行为），设计师个人标签缝制在定制服装上，顾客可在时尚沙龙（时装展示会）上看到设计师创意的提前预告，真人模特的动态时装表演使得设计更为直观——这些都凸显了设计师的重要性。

沃斯之后的服装设计师中有很多耀眼的明星，他们为人所瞩目的不仅仅是作品，还有他们自己的性格、品味以及生活中的细节。人们不仅仅要获得他们的作品，模仿他们的风格，而且还会模仿他们的生活方式。正如克雷克（Craik）指出的："设计师成功的原因是他们通过服装的线条和剪裁规定了身体习性。每当一些个别的设计师设计了新款式或新形象时，他们的创造性总是受到赞誉。然而在他们推行时装的同时，这些设计师也

---

① 自路易十四以来，法国的时装生产有着明确的分工。制造商、销售面料、花边辅料以及成衣的销售商、男女裁缝等都各有行会，并有着详细而严格的制度用于建立技术和贸易壁垒。

推行了一种极端的时髦生活方式，一种以闲暇、玩乐、精英主义及奢侈消费为特点的生活方式。最成功的设计师往往是男人，他们成为趣味和社会礼仪的仲裁者。"

四、消费者驱动的时尚 The Consumer-Driven Fashion

19世纪之后时尚与经济紧密联系，女性的裙长随着经济的繁荣越变越短，时尚行业开始成为具备极大商业价值的大市场。消费形态正从购买产品到购买服务，从大众产品向高端商品转变，同时消费者开始成为一种新的力量推动并重塑时尚。

（一）时尚新零售 New Fashion Retailing

随着电商行业的日新月异，新零售颠覆传统商业模式，重新打造时尚行业中的组织架构、商业模式、供应链，创新店铺职能。随着"新零售"概念的发展和成熟，传统企业线下模式与互联网生态线上运营的深度融合需求也在进一步显现。从两点可以看到新零售行业是消费者驱动的时尚行业中最不可或缺的新模式：一是新零售中的消费者体验、便利、管理时尚个性化的全生命周期，想消费者所想，想消费者所未想，比消费者自己更懂消费者，让其有强烈的参与感和互动；二是品牌建设与销售，有营有销，有销有营，品销合一。全方位高效洞察与连接消费者，更高效地触达目标潜在客户和老客户。

比如，JNBY的消费者体验：JNBY主张"Just Naturally Be Yourself"（自然自我）的品牌精神，产品用料偏好天然，强调质感，线条设计干净利落，具有现代感，拥有高产品辨识度。随着消费者需求和认知的增长，新的概念店成为JNBY吸收消费者的另一个手段。JNBY邀请了弗兰塞斯科·博纳米（Francesco Bonami）为策展人和5位艺术家在北京官舍的概念店里借艺术之名实现了一次假想的时间设定。这5位艺术家来自亚洲各地，他们针对此次展览创作的作品与JNBY店面的调性非常契合，以至难以辨别出哪些才是真正的作品。"一周八天"是预计在2019年落成的江南布衣美术馆的铺陈项目的"第二回"，前两次分别邀请了杭州本地艺术家的"第零回"和国内艺术家的"第一回"年度展览，未来选择的合作艺术家还将向国际拓展。强烈的参与感和互动能防止粉丝的流失，由一个促销型店铺转变为品牌发声地。

在新零售的背景下，JNBY的渠道也因消费者的集群转移产生变化：首先，实体会员电子化。通过会员电子化的方式，将线下的会员用互联网的思维技术进行管理，目前电子化会员数量超过140万。江南布衣也将开始全渠道会员打通尝试，建立统一化的服务体系。其次，商品全渠道。打通线上线下的货品体系，满足更多对时尚敏感性强的消费者的购物需求。目前，以JNBY品牌为例，商场同款的日常销售总额占比已经超过了40%。最后，营销全渠道。由集团品牌中心进行统一的内容制作，建立统一的品牌认知和消费心智。

（二）以体验为核心的消费升级 Consumption Upgrade with Experience as the Core Element

消费升级一般指消费结构的升级,是各类消费支出在消费总支出中的结构升级和层次提高,它直接反映了消费水平和发展趋势。现代经济学认为,经济结构决定着产品总供给结构,总需求结构决定着消费结构;同时,产品总供给结构和消费结构的变化也在一定程度上影响着经济结构和总需求结构。通过消费结构升级扩大内需,再通过扩大内需来拉动经济增长,集中体现着消费需求对生产的决定作用。

2019年,全球时尚数据平台Lyst发布了年度时尚报告。该报告基于平台约1亿用户的消费习惯、综合了全球媒体平台所披露报道的海量数据及1.2万家网店600万件产品的销售数据进行分析。数据表明,2019年消费者对于可持续发展的搜索词量同比增加75%,其中包括各种可持续纤维、再生面料、可降解面料、可持续循环等,且数字在持续上升。

可持续消费是人们的一种消费行为和消费理念,也是企业的一种经营行为和经营理念。消费者是可持续消费的主角。虽然在可持续消费问题上,很多消费者还没有意识和行动,但从趋势看,收入水平、受教育水平在提高,对品质消费的追求在提高,对环境的关注度在提高,这为企业提供了教育和引导消费者认知,参与可持续消费的机会。要让消费者采购可持续消费的产品,首先要让消费者认知和喜爱这些产品。从最简单的标识开始,主要是能效、有机、森林保护和海洋保护,如MSC、FSC、RSPO等标识。有了标识,还要有产品和各种活动让消费者体验,包括试吃、现场互动,教给消费者减少浪费的知识和窍门,等等。

从体验消费角度来看,可持续理念应贯穿于商品的整个产业链循环之中,包括生产制造、造型设计、新零售模式等。如中国本土设计师素然旗下一个倡导环保慢时尚的品牌——"KleeKlee"(图5-17)。从2010年的一件有机棉T恤开始,设计团队使用对环境低消耗的环保原料(如环保棉、BCI认证的良好棉花),探索降低污染的环保染色工艺(如Indigo Juice染色技术),从可降解包装到循环利用的纽扣,设计生产中的每一道工序,都尽可能地减少对地球环境的伤害。KleeKlee品牌十分重视绿色环保理念,未来会继续在原料环保、制成环保、社会责任几个方面投入时间,坚持不懈地探索自然与人平等相处、相互尊重的生活方式。在零售方面,KleeKlee品牌采用"D2C"(Designer to Comsumer)的新零售模式,让设计师直接面对消费者的需求,抛弃额外的"附加值",使消费行为更纯粹。

图5-17 KleeKlee品牌可持续消费概念店

第四节 \ 流行传播理论
Theories of Fashion Communication

一、下传、上传和平行传播 The Trickle down, Bubble up and Horizontal Communication

服装流行传播过程是指在特定环境下,流行式样从一些群体向其他群体的传播过程。通常认为流行的群体传播有三种基本模式,即下传理论、上传理论和水平传播理论。下传理论被称为古典的流行传播过程理论,在相当长的历史时期内一直是流行传播的主导模式。对于上传理论,流行理论界还有许多争论。持有异议的人认为,那些能够形成一定规模的流行现象在下层社会进行小范围的传播,而后被上层社会发现、使用并加以倡导,最终形成另一种自上而下的大规模流行。

The spreading process of fashion communication refers to a process of fashion styles from some groups to other groups under certain circumstances. It is generally believed that there are three basic modes of popular group communication, namely the trickle down communciation theory, the bubble up communication theory and the horizontal communication theory. The trickle down communciation theory is called the classical fashion communication process theory and has been the dominant mode of fashion communication for a long period of time. As for the bubble up communication theory, there are a lot of debates in popular theory circle. Some dissenters argue that those popular phenomena that can form a certain scale are spread in a small range in the lower class, then are discovered, used and promoted by the upper class, and finally formed another kind of large-scale fashion from top to down. Therefore, this process

因此，这种过程不能构成一种独立的流行传播，只是古典的自上而下传播过程的一种变形。水平传播的流行过程与大众选择的传播，在"二战"后逐渐发展，已成为当代社会流行的主要传播形式。

cannot constitute an independent fashion communication, but only a transformation of the classical communication process from top to down. The fashion process of the horizontal communication and the communication of fashion choices, which gradually developed after the Second World War, and have become the dominant communication form in contemporary society.

（一）下传理论 The Trickle down Theory

下传理论也被称为"下滴论"，这是关于服装流行传播的早期学说，1904年由乔依·思米尔提出。这种理论指流行从具有高度政治权利和经济实力的上层阶级开始，依靠人们崇尚名流，模仿上层社会行为，逐渐向社会的中下层传播，进而形成流行。传统的流行过程多为此类型。

The trickle down theory is also known as "the downward flow theory", which is an early doctrine of the fashion communication of clothing, proposed by Joey Simier in 1904. The theory is that fashion starts from the upper class with high political rights and economic strength, and gradually spreads to the middle and lower classes by relying on people's worship for celebrities and imitatation of behaviors of the upper class. The traditional spreading process is mostly of this type.

17世纪的欧洲，男子流行戴假发，穿着用丝带和硬花边装饰的鞋子，据说这是法国路易十四国王的喜好。路易十四国王戴上假发后，带动了人们对那种高耸的、尖尖的、粗卷的假发的追捧，这股热潮持续到18世纪。路易十四还喜欢把胡子剃光，这也成为当时欧洲男人所效仿的典范。拿破仑三世付出了巨大的精力来发展资本主义经济，当时沃斯的设计符合了资本主义政治制度的意识形态和审美情趣，并且影响着社会普通阶层的审美。拿破仑三世的妻子欧仁妮皇后（图5-18）作为法国宫廷流行的引导者和发布者，主导了整个欧洲女装的风尚。从17世纪开始，法国就一直占据着艺术和时尚的制高点，凡尔赛宫里的每一次舞会都像是一场时尚发布会。在舞会上哪位女士最吸引人，那么很快，她的装扮就将成为最新流行样式从巴黎流传到米兰、伦敦、柏林、马德里还有维也纳的宫廷，然后再迅速向民间渗透。沃斯作为欧仁妮皇后的服装设计师，也因此成为当时时尚潮流人的引流和缔造者（图5-19）。

图5-18 欧仁妮皇后① 　　图5-19 19世纪60年代沃斯设计的作品②

　　流行从上往下传播的这一模式至今仍有一定的适用性,一些新的流行样式如果受到社会上层或者名流的推崇和使用,更易快速地在社会上推广并流行开来,甚至有些产品直接以名人的名字命名。例如,爱马仕(Hermes)曾经为摩洛哥王妃格里斯·凯莉(Grace Kelly)设计定制了一款容量较大、功能齐全的妈咪包,并将之命名为"凯莉包"。至今,"凯莉包"仍是爱马仕众多系列设计中的经典款,受到消费者的热捧。而使用名人代言或与名流合作,往往成为许多时尚产品商业推广的重要模式之一,"皇家""贵族"等字眼是产品广告中使用频率较高的广告词汇。一旦某种新款出现社会上有影响的名人身上,敏感的生产经营者便不失时机地大量生产价格较低、能成为大多数消费者所接受的仿制品,配合宣传鼓动,推波助澜,从而在社会上形成一定的流行规模。服装的流行也都是由高档次品牌向中低档次品牌传播,流行最先表现在数量极少的高级时装中,后逐渐被仿制成一般时装或大批量成衣而普及开来。如图5-20所示。

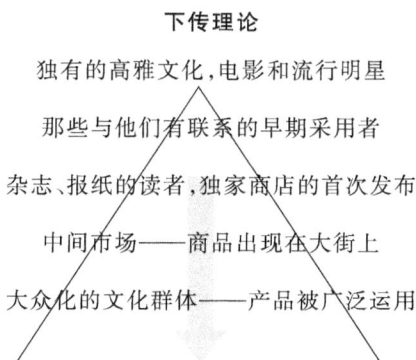

下传理论

独有的高雅文化,电影和流行明星

那些与他们有联系的早期采用者

杂志、报纸的读者,独家商店的首次发布

中间市场——商品出现在大街上

大众化的文化群体——产品被广泛运用

图5-20 下传理论传播路径图

① 图片来源:豆瓣网。

② 图片来源:搜狐时尚网。

（二）上传理论 The Bubble up Theory

美国社会学家布伦伯格在20世纪60年代提出流行自下而上的传播理论，即现代社会中许多流行是从年轻人、蓝领阶层等下位文化层兴起的。由于成衣的出现，流行服装的成本大大降低，享受时髦不再是社会上层阶级的特权，流行开始真正地在社会各阶层、各年龄层的人群中普及。年轻人越来越占据流行的话语权，他们采用叛逆和反传统的服装款式来表达自己的意愿和对社会的态度，这些新的服饰因为强烈的特色和实用性而逐渐被社会的中层甚至上层所采纳，最终形成流行。这种流行最典型的实例是牛仔裤的流行。

American sociologist Blumberg put forward the popular bubble up communication theory in the 1960s. That is, many fashions in modern society rise from the younger, blue-collar and other lower cultural levels. As a result of the appearance of ready-to-wear, the cost of popular clothing is greatly reduced, so fashion no longer is the privilege of the upper class of the society, and begins to be popularized in the crowd of each social stratum and each age group. Young people are having the right to speak in fashion. They use rebellious and anti-traditional clothing styles to express their wishes and attitudes towards the society. These new clothes are gradually adopted by the middle or even upper class of the society due to their strong features and practicability, and finally become popular. The most typical example of this trend is the popularity of jeans.

今天，时尚已不再是像20世纪那样，人们追逐或是直接复制贵族和富人的着衣风格了。动态的流行信息变化更容易创造消费者的了解欲望和需求。女性的经济政治地位慢慢提高，青少年穿上街头潮流服装例如Hip Hop风格，我们可以发现，引导时尚的关键力量已经开始发生改变了。1853年，为处理积压的帆布，美国公民李维（Levi）试着把帆布裁成低腰、直腿、臀围紧小的裤子，兜售给淘金工。由于帆布比棉布更耐磨，这种裤子大受当时"淘金热"中淘金工的欢迎。1935年，美国《时尚》杂志的流行专栏就刊登过妇女穿着的工装裤。从此，牛仔裤不仅限于工装，还增加了休闲、娱乐的要素，一跃而成为城里人外出逛街时休闲味十足的日常便服。20世纪50年代，一代影帝詹姆斯·迪恩在《无端的反抗》一片中身穿牛仔裤在荧幕登场。好莱坞明星、摇滚乐手在电影中都喜欢穿着牛仔裤，如图5-21所示。

图 5-21　李维斯广告画与荧幕上的展现①

　　20世纪60年代初,伦敦青年女装设计师玛丽·匡特勇敢地剪短了裙子,使膝盖微露在外,首度推出迷你裙。迷你裙问世之后受到了一些社会舆论的指责,但是玛丽·匡特不顾舆论的压力,亲自穿起了自己设计的服装,公开展示在世人面前。由于这种裙子能充分体现女性的青春美和时代感,它一问世就很受女性的欢迎,特别是青年女性。1965年,玛丽·匡特进一步把裙下摆提高到膝盖上四英寸,颜色鲜亮而又时髦大胆的短裙第一次出现在伦敦最嬉皮的街头。玛丽·匡特所掀起的迷你裙热潮风靡全球,也令伦敦成为时尚圣地。在整个20世纪60年代,迷你裙和喇叭裤、鲜花、长发一样,成为象征着当代女性的标记。

　　20世纪60年代西方经济高速发展,这使得人们更多地关注自己的权利。经济的良好发展为精神文明的发展提供了前提条件,同时增强了文化的包容性,从而使人们能够接受反社会、反传统的思想和文化,所以各种新事物、新思潮开始出现。同样,那个年代服装主要特征是冲破传统的限制和禁忌,迷你裙在这样的时代背景下应运而生,见图5-22所示。

图 5-22　玛丽·匡特设计的作品②

---

① 图片来源:WGSN官网。
② 图片来源:搜狐时尚网。

当时的青年女性追求自主独立，想突破传统观念的束缚，争取更多在社会中的权利。迷你裙是女人寻求独立和个性的方式，她们穿着迷你裙，因为她们已经厌倦了传统中不得不表现出端庄文雅的行为模式，她们正试图通过一种服装形态样式让世界按照她们自己的方式来欣赏她们，渴望突破传统的束缚。此外，迷你裙的价值在于它的随意和轻松的特质，让生活中穿着迷你裙的女人成为快乐和自信的女人。

同时，迷你裙反映了年轻人的世界观和健康活力的生活状态，也反映了当时社会的服饰流行风向与审美趣味追求。如 1965 年，美国女演员芭芭拉·伊登（Barbara Eden）在《我梦见珍妮》剧中身穿迷你裙进行表演，还有许多穿着迷你裙的女星如简·方达（Jane Fonda）、碧姬·芭铎（Brigitte Bardot）等成了一代人心中的偶像。青年女性认为模仿明星穿着迷你裙可以表达自己反传统的思想，同时将女性主义由屈意顺从提高到个人主义、反叛与自由。同时青年女性的模仿从众思想让迷你裙成为时尚潮流，而青年人渴望追求时尚，所以越来越多的青年女性穿上迷你裙。迷你裙的流行传播符合了由下至上的上传流行传播方式（图 5-23）。

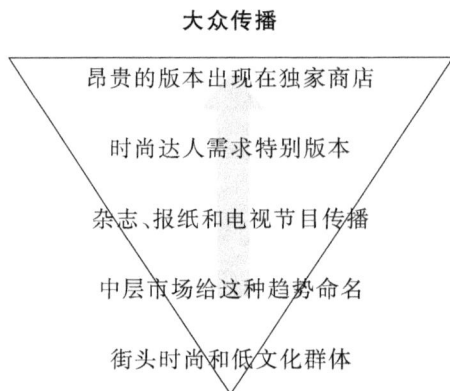

大众传播

昂贵的版本出现在独家商店

时尚达人需求特别版本

杂志、报纸和电视节目传播

中层市场给这种趋势命名

街头时尚和低文化群体

图 5-23　上传理论传播路径图

（三）水平理论 The Horizontal Theory

水平传播理论也叫大众选择理论，是由美国社会学家赫伯特·布鲁默提出，认为现代流行是通过大众选择实现的。但赫伯特并不否认流行存在的权威性，认为这根源于自我的扩大和表露。水平传播指的是流行传

The horizontal theory is also called the mass market theory, which was proposed by American sociologist Herbert Blumer. It is believed that modern fashion is achieved through public choice. But Herbert does not deny the authority of the popular existence, and believes that this stems from the expansion and disclosure of the self. It refers to the

播的路径源于社会的各个阶层，并可在社会的各个阶层中被吸引和采纳，最终形成各自的流行。随着工业化的进程和社会结构的改变，在现代社会中，发达的宣传媒介把有关流行的大量情报向社会的各个阶层传播，于是，流行的渗透实际上是所有社会阶层同时开始的，这就是水平传播理论，见图5-24。

path of popular communication originating from all levels of society, can be attracted and adopted in all levels of society, and eventually forms their own fashion. With the changes in the process of industrialization and social structure, in modern society, developed propaganda spread a large amount of information about the fashion to all levels of society. Therefore, the fashion's penetration actually starts by all social classes at the same time and this is the horizontal communication theory (See Table 5-24).

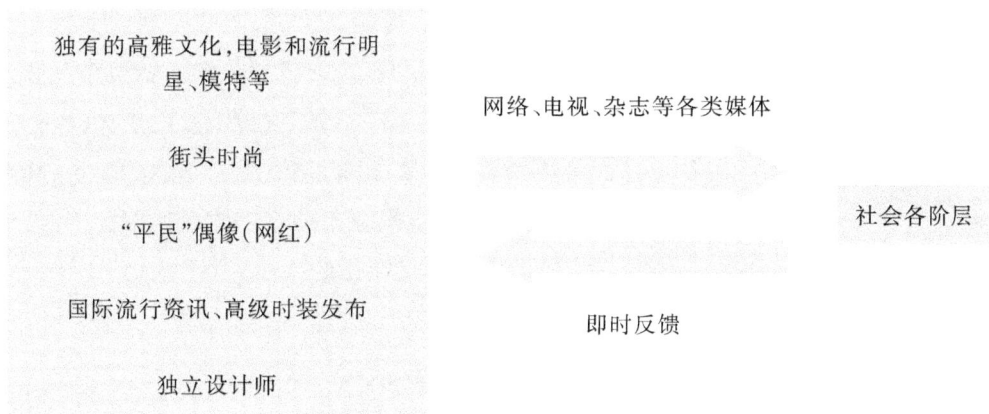

图5-24　水平理论传播路径图

　　现代市场为流行传播创造了很好的条件，因为现代的社会结构让大众掌握流行的领导权，尽管仍存在着上层和下层阶级的区分，但由于人们生活水平的普遍提高，中层的比例显著增加，那种上下阶层的传动式的对立情绪已被淡化，阶层意识越来越淡薄，因此非常容易引起流行的渗透。

　　设计师们在设计新一季服装时并没有相互讨论，但他们的许多构想常常表现出惊人的一致性。制造与选购的成衣制造商和商业买手们虽然互不认识，但他们从数百种新发布的产品中选择为数不多的几种样式有惊人的一致性。从表面上看，掌握流行主导权的人是这些创造流行样式的设计师或是选择流行样式的制造商和买手，但实际上他们也都是某一类消费者或某一个消费层的代理人，只有获得消费者的普遍接受和认可，才能形成真正意义上的流行。这些买手和设计师非常了解自己所面对的消费者的兴趣变化，并经常研究过去的流行样式和消费者的流行动向，所以在近乎相同的生活环境和心理感应下,形成某种共鸣。

市场的多样化,不同类别、不同经济、社会地位人群的区分等行为现象,都意味着越来越多的风格可以在同一时间被人们接受,以供不同的场合不同的身份穿着。人们的着装越来越有创意性。碎片化的流行信息与世界不同文化的交流,使流行趋势越来越难以概念或笼统的方式预测。趋势分析人士区分不同类别的人群,如妇女、青少年、儿童等等。每个人的生活方式都能创造出属于他们特有的样式。人们根据自己的个性和生活方式,以不同的方式获取资讯,通过对流行信息的灵敏程度分为早期采用者、传播者和落伍者等,时尚的传播在大众的选择中产生。

网络的发展使我们身边出现了越来越多的"平民"时尚偶像。在这个信息全球化时代,人人共同享用时尚流行信息的同时,也可以通过各种网络平台——微博、BBS论坛来表达自己对时尚的见解。这时,一些对时尚流行有独到眼光和品位的人不再盲从服装设计师或流行专家的观点,而是按照自己的思想将服装拆开,再依照某一刻的突发奇想重新组合,逐渐演变成自己的风格。人们常能从他们的穿着上找到独特的魅力和灵感。这些出身平民的时尚偶像,因其出色的时尚品位和个人风格,不仅被大众所追捧,也会成为明星们模仿的对象,以及服装设计师时装发布会的宾上客,接受时尚杂志的专访,甚至当模特、代言名牌、为零售商做设计等等。本来仅仅自娱自乐的平民时尚偶像们,凭借他们对于时尚的敏锐触感和超凡品味,从而成为带动流行变化的领袖人物。

二、时代精神论 The Zeitgeist Theory

（一）时代精神的概述 Overview of Zeitgeist

时代精神最早是作为一个历史哲学范畴被研究,可以看作一个时代的精神,这是广义上的时代精神概念。所谓时代精神,就是一个时代的人们在其创造性的实践中形成的、那个时代特有的集体意识。它反映那个时代的主题、本质特征和发展趋势,体现着一个时代的精神气质、精神风貌和社会时尚,引领着人们的思想观念、价值取向、道德规范和行为方式。

（二）基于时代精神的服装流行演变 Fashion Evolution Depends on the Zeitgeist

服装流行是一种特定的社会现象,是指在一定的历史期间,一定数量范围的人受某种意识的驱使,以模仿为媒介而普遍采用某种生活行为、生活方式或

The clothing fashion is a specific social phenomenon. It means that it's a social phenomenon in which a certain number of people are driven by a certain kind of consciousness and use imitation as a medium during a certain historical period, to generally adopt certain

观念意识所形成的社会现象。服装流行反映了一定的文化结构和具有一定审美倾向人群的消费意愿与消费行为需求,它具有十分明显的时代人文特征。

life behaviors, lifestyle or conceptual consciousness. The clothing fashion reflects the certain cultural structure and the consumer willingness and behavior needs of people with certain aesthetic inclinations. It has very obvious humanistic characteristics of the times.

不同时代的流行具有不同的含义,它的形成具有深厚的社会、文化、经济、政治、科技等基础,是社会主流意识思潮的外在表现形式之一。服装的流行是对一段时期人们生活方式、兴趣爱好、价值观念与综合分析的积极引导。时代造就风格,每个时代背后总会孕育某个精神领袖或者时尚先锋引领这个时代的潮流风尚。例如,谈及维多利亚风格时,自然不能不先谈论维多利亚女王。维多利亚女王统治期间(1837—1901),英国的政治经济文化发展达到了巅峰。由于工业革命和海外扩张,掠夺自殖民地的原材料和贵重金属源源不断地被新发明的蒸汽船运送到英国本土,在本土通过机器加工之后再返回殖民地。低廉的原材料,高效率的机械化生产,广阔的海外市场,让英国积累起了惊人的巨额财富。富有的贵族们和中产阶级越来越有钱,曾经的穷人也开始变得富有,之后,英国人开始不约而同地想要提高自己的生活质量,于是大量的资金被投入到各种研究之中。也正是此时,对于女性客体化的审美也达到了巅峰。由维多利亚女王引领的维多利亚女性的经典形象成为那个时代流行的风向标。

(三)与服装流行传播的关联 Relationship with the Fashion Communication

服装流行与人类文明的发展如影随形,是人类精神文明的浓缩。时代造就了服装文化,同时服装文化也会反映出一个时代的政治、经济和思想意识。当人们去模仿和追逐一种时尚潮流时,对这种时尚的认识不应只停留在形式的感性认识阶段,而是应该更加理性地去感知这种时尚所赋予服装的深层内涵。服装的流行是一种随着环境与背景条件的变迁而产生的社会现象,具有很强的时代因素,是人们审美观念与社会经济水平的具体反映。

社会学家一致认为,服装展现了社会的一个横截面,是反映社会的镜子,作为人类文明的产物,服装流行的变迁也是人类文明的发展历史,是代表经济水平和人类文明程度的重要标志。服装流行是一种复杂的社会现象,体现了整个时代的精神风貌,包括社会、政治、

Many sociologists agree that clothing shows a cross-section of society, and is a mirror reflecting society. As a product of human civilization, its change is also the development history of human civilization and an important symbol of economic level and human civilization. The clothing fashion is a complex social phenomenon. It embodies the zeitgeist, including the social, political, economic,

经济、文化、地域等多方面因素，与社会的变革、经济兴衰、人们的文化水平、消费心理等紧密相连，社会背景的变化会引起服装形制乃至风格的变化。

cultural and geographical factors, and social change, economic rise and fall, people's cultural level, consumer psychology and so on. The change of the social background can cause the change of clothing shape and style.

三、性感部位移动论 The Movement Theory of Sexy Parts

自从服装衣着产生以来，由于一种天然联系的原因，对服装与身体间关系的讨论从未间断过。但随着现代社会时尚观念的产生，着装由过去作为"风格的衣着"演化为现代意义的"时尚衣着"。这种始于西方文艺复兴时代的现代时尚，被认为是对现代文明影响最为深远的社会现象之一。①时尚由此作为一种精神性、理念性的价值被重视；而它所呈现出的一种永远求新求变的面貌特征，则被认为正是工业化资本主义生活永不停息的变化欲望的反映。

Since the birth of clothing, the discussion of the relationship between clothing and the body has never been interrupted due to a natural connection. However, with the emergence of the concept of fashion in modern society, clothing has evolved from "style clothing" in the past to "fashion clothing" in modern times. This modern fashion, which began in the Renaissance period in the West, is regarded as one of the most far-reaching social phenomena affecting modern civilization. Therefore, fashion is valued as a spiritual and ideological value. And it presents a new and ever-changing feature, which is considered to be the reflection of the never-ending desire for change in the life of industrial capitalism.

由传统服装向现代服装的转折就在于一种"身体的解放"思潮。现代时装出现的重要开端就始于19世纪末新兴资产阶级妇女从长期束缚她们身体的紧身胸衣中解脱出来，并且希望成为真正自由的个体，让服装为身体服务，为人服务。

The transition from traditional clothing to modern clothing lies in the thought of "body liberation". The important beginning of modern fashion began at the end of the 19th century, when the emerging bourgeois women began to free themselves from the corsets that bound their bodies for a long time and to become free individuals. Let clothing serves the body and people.

设计师保罗·波烈率先提出"减少束缚"，并实际终结了传统紧身胸衣的样式，取而代之的是一种胸罩样式来强调人体基本体型的设计。由此，时装在随后的半个世纪走上了一条强调身体自然体型的设计道路。这是一条讲究呈现身体体型风貌的风格设计之路。

---

① 拉斯-史文德森：《时尚的哲学》，李漫译，北京大学出版社2010年版，第163页。

在此,时尚变迁实际上就在于新风格的不断出现与对旧风格的不断取代。时尚史记载的夏莱尔讲究舒适而修身的"小黑衫"、巴兰夏加精美适体的剪裁以及迪奥的"新风貌",都是这一时期冲破传统形式直接围绕身体而装饰美化的时装风格。但是,从20世纪60年代开始,时尚发展进入了动荡而多元风尚的时代,正如史文德森(Lars Svendsen)在《时尚的哲学》中评论那样,自20世纪60年代以来,服装时尚传统的"取代的逻辑"转变为"补充的逻辑"[①]。从此,服装时尚走出了"统一风格"的时代而变得多元化。而这种多元化走向又正是来源于20世纪60年代的"反文化"和70年代的女权主义具体深刻地改变了社会对女性身体的态度:身体不仅是自然个体的身体,而且是能够表达自我的身体。

无独有偶,美国学者苏珊·凯瑟在其《服装社会心理学》中,开设专门章节从社会学角度来讨论"不仅有流行的服装,也存在流行的身体"[②]。她认为,在"二战"后,身体本身开始成为妇女们规划的对象。比如,20世纪50年代崇尚性感诱惑的曲线,60年代追求修长的外观,70年代则转入强调健美的体态。而自20世纪80年代以来则是全球化、多元化深入发展的年代,身体逐渐以一种毫无羞耻感的方式展现个性、性感和欲望。这也是西方消费社会在主体上就是身体的消费文化。对当前的服装时尚来说,消费主义已然使身体成为被消费的主体,大众传媒所造就的视觉文化使身体成为时尚影像的中心元素,而后现代的泛审美化又使身体变成一个重要的时尚审美载体。

总体来看,自20世纪开始当代服装时尚的历史经历的是一个由"解放身体束缚",到"肯定身体的外观",再到"追求身体的欲望"的生成过程。

Since the 20th century, the history of contemporary fashion has experienced a process from "freeing the shackle of the body" to "affirming the appearance of the body" and then to "pursuing the desire of the body".

四、下传理论引导的服装流行传播演变 Fashion Communication and Evolution Guided by the Trickle down Theory

(一)维多利亚时期 the Victorian Era

1. 时代背景 Background

1837—1901年被称为维多利亚时期。当时巴黎和伦敦被认为是主要的社会和商业的城市中心。美国虽然被视为一个年轻的国家,但它仍在继续扩大和发展自己的文化。

在英国,当时是由维多利亚女王领导的一个保守时代,她统治了19世纪将近一半的时间。英国的贸易和商业繁荣,英国获得了巨大的繁荣。财富也以公开展示的方式作为

① 拉斯-史文德森:《时尚的哲学》,李漫译,北京大学出版社2010年版,第163页。
② 凯瑟:《服装社会心理学》,李宏伟译,中国纺织出版社2000年版,第111页。

装饰出现在时尚、艺术和建筑上。英国的进步被其他国家所羡慕。法国大革命动荡平息后,法国重新恢复了作为世界时尚之都的领导地位。在美国,内战结束,奴隶制被废除,美国公众必须面对新的社会对种族和阶级的态度。

现实主义和印象主义是当时主要的艺术运动,而音乐感受文化影响的融合。在文学中,作家通过神话、象征和梦揭示了深刻的人类情感和想象力。

1850年,缝纫机的出现使服装业开始了成衣化生产。当缝纫机被引入工厂时,开始大批量生产衣服。这种现代化导致了劳动力的变化,改变了财务状况,改变了通信和运输。妇女开始在外工作。

新技术的出现促使新材料的诞生,也使得整个服装业发生了改变。如新材料摄影的发明影响了纸媒时尚的发展。时尚杂志开始出版,提供允许广泛传播信息和图像的机会,遵循时尚潮流。时尚杂志的出现(如 *VOGUE*)使流行能够被跟踪和复制,并被大众认知和传播。新的纺织技术,包括动力织机和合成染料,使纺织业开始走上了现代化发展。

维多利亚时代于19世纪末结束,态度和价值观开始出现变化。随着美国经济的增长和实力的增强,欧洲的主导地位正接近结束。展示了这个时代的时尚的著名电影有《飘》《年轻的维多利亚》《布奇卡西迪和小霸王》和《纽约黑帮》。

2. 维多利亚时期的流行 Fashion During the Victorian Era

这一时期的女性强调胸腰差,偏爱廓形服装。维多利亚时代的日趋繁荣也可以表现在褶边和装饰的女式服装,如重装饰的服装是用来显示社会地位和声望的。但这种服装使女性的运动因为紧身胸衣、裙箍和繁重的裙撑而受到限制。这个时期,女士们白天穿高领、宽袖和延伸到地板的裙子,几乎将身体全都覆盖。到了晚上,女士们又身着领口较低、袖子短的长裙,穿戴花边露指手套和奇特的帽子,见图5-25所示。

图5-25 维多利亚时期的典型着装①

———————————

① 图片来源:海报网官网。

而男性的服装,则与几十年前的大同小异,还是正式的、僵化的、延续保守趋势的正装礼服。白天男士们穿着西装,晚上则换上燕尾服和大衣去参加舞会。此外,这个时期的男士们还用手杖、礼帽和怀表。

(二)爱德华时期 the Edwardian Era

1. 时代背景 Background

20世纪初也被称为爱德华时期(1901—1910)。国王爱德华在历史上以财富和挥霍闻名,使当时的英国处于极其奢侈和富裕的时期,也使其拥有当时世界上最强大的经济和军事力量。同时,在法国这个时期也被称为"美好时代"———一个充满奢侈品服装、香水、珠宝的美丽年代。

在这个时期,美国正处于大变革的阶段,人口增长以"移民"形式上涨,这是因为从19世纪90年代开始,许多欧洲南部和亚洲的移民迁入美国。此时的美国涌入了大量来自欧洲的富裕阶层(New Rich),同时中产阶层也随着社会分化而出现并日益壮大。由于欧亚移民既提供了劳动力,又带来了生产技术和经验,美国的科学技术发展突飞猛进,新技术、新发明层出不穷。如美国福特汽车公司研发制造一种低成本的汽车,以满足大众需求;莱特兄弟第一次制造和试驾飞机,打开了航空旅行的发展前景。

在文化上,新艺术运动在欧洲美国迸发,诞生各种艺术流派以及艺术家,包括后印象派、野兽派、立体主义,印象派艺术家有如保罗·塞尚(Paul Cézanno)、文森特·凡·高(Vincent Willem Van Gogh)、亨利·马蒂斯(Henri Matisse)、保罗·高更(Paul Gauguin)、巴勃罗·毕加索(Pablo Picasso)等人。同样,文艺演出、杂耍、电影成为当时重要的休闲活动,还有体育运动的诞生,包括棒球和赛马,并且这些活动和运动都成为上流社会生活的一部分。这个时期,杂志、报纸等纸媒诞生,如《时尚芭莎》,还有体育报纸和连环漫画。

1914年,和平时代结束,"一战"开始。最初,这场战争是一场欧洲与俄罗斯、英国和法国对德国和奥地利帝国的冲突,但由于各种政治、历史因素,战争在全球范围内蔓延。1917年,美国获得新的军事和经济大国地位,极大地改变了美国在国际舞台上的角色和形象。由于战争导致数许多美国妇女需要填补空缺的工作岗位。战争结束后,许多妇女离开岗位开始回归家庭,这是美国文化中女性工作的初端。

战后爆发的工业革命提升了制造业,也促进了工人阶级内部的变革,更多的机械用于纺织和服装生产,并为成衣奠定了基础。高级时装设计师成为一个创造和支配时尚造型力量的角色。电影对时尚追随者产生了巨大的影响。演员穿着的服装款式不只是影响观众而是整个社会,在大屏幕上看到的现代风格被公众模仿和复制。在"一战"结束时,很明显,社会正在发生变化。世界政治权力的转移,文化态度的变化,新的现代型女性行为和外形得以出现。

2. 爱德华时期的流行 Fashion During the Edwardian Era

20世纪开始了一个正式的却也流行的时尚态度,即偏爱成熟女性的造型,强调丰胸细腰。女性的廓形是"S"形。骨架制作的紧身胸衣,施压于腹部和创造一个前直、后面为翘起的臀部;长裙臀部光滑,并延伸到地板上。这一时代的早期,男装是矩形的廓形不强调腰围线。男子穿着晨衣、条纹长裤和大礼帽作为正式服装。其间,男性的风格变得更轻松,并开始穿花呢夹克和条纹西装作为休闲的穿着。男性的裤子变短,被称为短裤(knickers),是为了适应如骑自行车类的运动,军用防水短上衣在战争年代也被引入。这种相同风格的外套,在今天的时尚中仍然可以看到。

巴黎被视为时尚趋势的发源地。1910年,保罗·波烈通过引入窄底裙荷帝国式服装轮廓的方式从根本上改变了廓形,这使女士们脱掉紧身胸衣,开始戴希腊悬垂头巾,穿灯笼裤或日式和服。这些服装款式宽松,面料轻,颜色明亮,融合了东方文化和西方文化。著名设计师杜塞、波烈和马里亚诺(Marià)成为高级时装的时尚领头人。

1915年,裙子和洋装的长度在脚踝和小腿中部以上,因战争造成的物资匮乏,纹饰轮廓被简化了,实用性取代了早期的奢侈风。女性也开始广泛参与体育运动:自行车、体操、网球等。美国设计师阿米莉亚·布鲁默(Amelia Bloomer)早在几十年前向妇女介绍裤子,于是随着运动服装需求量的不断增加,在那个时代,裤子成为妇女的日常穿着。战争期间,时尚几乎没有什么利润,许多设计师在战时关闭了他们的业务。工作的妇女需要的都是能更好地适应她们新活动的衣服,所以保守的特制的女士衬衫诞生了。

(三)20世纪20年代 1920s

1. 时代背景 Background

19世纪20年代的欧洲,国家和政府在战争中进行了革命性的变革。"一战"过后,以美国为首的西方国家又一次掀起了世界范围内的女权运动,为在政治上获得与男性同等的参政权,在经济上具有与男性同等的独立工作权。这种男女同权的思想,在20世纪20年代被不断强化和发展,女装上出现了否定女性特征的独特样式。尽管因战争的创伤,各国经济均处于低谷,但从残酷的战火中幸存下来的人们狂热地追求和平的欢乐,过着纸醉金迷的颓废生活。社交界各种舞会盛行,交际舞在战前就流行的探戈的基础上,加上歇斯底里般的爵士舞和飞快旋转的查尔斯登舞(Charleston)。电影《了不起的盖茨比》就是以此为背景,重现了当时的生活。

在20世纪20年代,女性在公共场所唱歌、吸烟、饮酒、化妆已经被社会所认可。妇女争取平等,并开始拒绝社会规范,拒绝在社会中有限的角色和行为模式。美国宪法第十九条修正案赋予妇女投票权。新女性是自由、不羁和享乐的,她们喜欢爵士音乐、新风格的舞蹈和服装。

第一个商业电台广播在1920年出现后,新媒体迅速在全国各地传播。收音机主要是出售给家庭使用,向公众提供免费的音乐、娱乐和体育访谈。这一时期的音乐是爵士乐,从著名的爵士大师艾灵顿公爵(Duke Elington)、路易斯·阿姆斯特朗(Louis Armstrong)等再到爵士艺术家史密斯,出现了众多专于爵士乐发展的人才。电台的使用,使公众可以关注棒球、足球、拳击、网球和高尔夫。随着广播电台广告的出现,被万宝路香烟采用的牛仔的市场形象和"万宝路男人"成为美国偶像。

西格蒙德·弗洛伊德(Sigmund Freud)的心理学理论彻底改变了尤其是年轻人的道德观和价值观。艺术运动包括装饰艺术运动和超现实主义艺术运动。装饰艺术运动的特点是推崇几何图形。法国艺术家埃尔泰(Erte)以程序式的插图而闻名,被称为"装饰艺术之父"。超现实主义艺术运动则推崇受到潜意识想象的"意识流"艺术。

娱乐方面,默声电影被电影业最新的有声电影所取代。电影带来了视觉上的魅力和追求上的快乐。演员的化妆方式、发型和服装都被复制到全国各地。电影明星如琼·克劳馥(Joan Grawford)就是女子凌厉风行和大胆的化身。玛琳·黛德丽(Marlene Dietrich)开始穿燕尾服和裤子,为女性创造一个看起来更有男人味的形象。鲁道夫·瓦伦蒂诺(Rudolph Valentino)光滑的头发和性感的衣着,使他成为一代偶像。这个时代重要的电影有《爵士乐歌手》《卡米尔》和《盖茨比》。

到了20世纪20年代末,繁荣的局面开始改变。国际金融危机开始在全球蔓延。随着1929年股市的暴跌,这个过分发展的时代突然结束。在时尚预测中,重要的是要明白几乎所有激进的趋势终会逝去。20世纪20年代明确地体现了这个思想。

2. 20世纪20年代的流行 Fashion During the 1920s

轻佻优雅的风格回归。已经走出闺房的新女性们冲破传统道德规范的禁锢,大胆追求新的生活方式,过去丰胸、束腰、夸张臀部的强调女性曲线美的传统审美观念已经无法适应时代潮流,人们走向另一个极端,即否定女性特征,向男性看齐。于是,女性的第二性征胸部被刻意压平,纤腰放松,腰线的位置下移到臀围线附近,丰满的臀部束紧,变得细瘦小巧,头发剪短与男子同等长度,裙子越来越短,整个外形呈现为"管子状"(Tubular Style)。时髦女郎穿着没有定型的通常有流苏和珠子装饰的无袖衬衫,行动自如。女郎们的外形包括非常短的男孩子气的发型。在短发流行的同时,钟型女帽(Cloche Hat)诞生,之后女性纷纷把短发藏在帽子里。妆容方面,明亮的胭脂和红色口红的颜色是首选,以面膜粉和薄眉为主。几乎所有的珠绣晚礼服都用到雪纺、天鹅绒和塔夫绸等。附件类型包括耳环、长串珍珠项链、手镯。

(四)20世纪30年代 1930s

1. 时代背景 Background

经济的萧条使人们把精神寄托在电影中,珍·哈露(Jean Harlow)塑造的性感角色(Dumb Blonde)形象为当时电影的典型代表。在经济大萧条期间,白天女性穿着保守的套装或用回收布料制成的赋有简单花卉或几何图案的淑女衣服,其服装廓形是纤细的,强调自然的腰线;而晚上,她们往往穿上长裙,搭配尼龙袜,服装的颜色多为黑色、灰色、棕色和蓝色,以反映当时人们忧郁的心情。在20世纪30年代,男性服装变得更紧身,更贴近身体线条。他们经常穿"三件套服装"——宽肩西装、高腰裤、大衣,再搭配爵士帽。

受到世界范围的大萧条以及其他因素的影响,男女性角色和价值观得到转变。于是,一种新的生活方式出现在服装、娱乐和消遣中。人们从大萧条和战争的现实短暂地逃离进入一个充满魅力和优雅的幻想世界,生活方式继续受到好莱坞电影或电影明星的影响。

2. 20世纪30年代的流行 Fashion During the 1930s

这个时期流行斜裁长裙以及大胆裸露背部的晚礼服。这种礼服即在服装背部开出深深的V字形衣领并装饰荷叶边,整体华美优雅。因此,20世纪30年代的设计重点由20年代"腿部"变化一度转移到"背部",这是经济衰退和社会动荡驱动下的服装表现。

(五)20世纪40年代 1940s

1. 时代背景 Background

1940年,法国大部分领土沦陷,德国试图将时尚中心由法国搬向德国。战争中的法国一度终止了流行的发布。

技术和科学的进步包括了用于制造织物的合成纤维的发展。在战争期间,美国联邦政府配给鞋子和颁布条例保护材料,还控制了可以用来制造服装的织物的数量。

"二战"期间,女性穿着工装、背带裤等裤装代替男性在工厂工作,这为女性在公开场合穿裤装打下基础。为防止头发弄到机器内,女性将头发往后梳,做成包子状并用网格固定,这被称为"Snood"。由于面料的紧缺,内衣变得简单。晚礼服方面,复古的泳衣给设计师带来灵感,使甜心领(Sweetheart Neckline)和抽褶(Shirring)元素开始流行在礼服上。

由于在战时缺乏沟通以及欧洲孤立,美国的时装业进入了自我发展道路,发展出一种不同的分配方式。法国高级时装设计师是向私人客户售卖衣服的创意创新者,但美国的设计师主要是为成衣制造商开发季节性的选样,提供给卖给公众的零售商店(买家),然后在零售商店按风格陈列可以进行购买的商品,以便客户查看和购买。这种新的购物系统成为一种休闲活动,以及一种购买服装的方式,让风格和时尚趋向多元化。

2. 20世纪40年代的流行 Fashion During the 1940s

"军装"风格的流行。"二战"爆发,战前女装就已经出现了因物资短缺而缩短裙子的长度,夸张肩部以示女性地位上升的现象;战争爆发后以及整个战争期间,女装完全变成一种实用的男性味很强的现代装束,即军服式(Military Look)。战争开始后,妇女的时尚发生了变化。白天的穿着是裙子的长度达小腿肚的位置,强调腰部和胸部,肩膀用填装塑料的垫肩优化。在织物供应和配给短缺方面,人造丝、醋酸和棉是常用的织物。这场战争使美国设计师们摆脱欧洲的影响,为美国服装设计开辟了道路。克莱尔·麦卡德尔(Claire McCardell)考虑到面料紧缺,设计了分离式的衬衫、裙子和夹克,于是这种简单实用的运动服概念被大众广泛接受。随后,一系列配饰设计,如有防水台的鞋子和帽子则是必不可少的搭配。

1945年,战争结束,战争中的军服式女装继续流行,但开始出现微妙的变化,腰身纤细,上衣的下摆成波浪式,由于宽肩和下摆的外张显得腰细,战后的流行就这样首先意识到了腰线,为1947年迪奥的"新风貌"埋下伏笔。

(六)20世纪50年代 1950s

1. 时代背景 Background

美国经济和出生率在这一时期明显增长。这个时期,男性在工作场所和女性在家庭中的传统角色得以恢复。因此,服装从军服式女装穿着变为显示女性特征的廓形,肩部的设计也不再夸张。随着越来越多的家用电器和家具的购买,家庭用品的需求和制造的增加,由于额外的休闲时间和收入的增加,家庭生活蓬勃发展。

这个时期,"摇滚音乐"诞生了,创造了如埃尔维斯·普雷斯利(Elvis Presley)和巴迪·霍利(Buddy Holly)等偶像。美国音乐台的节目成为电视台热播节目。杰克逊·波洛克(Jackson Pollock)和威廉·德·库宁(Willem De Kooning)的抽象表现主义的作品获得了官方认可。电影明星詹姆斯·迪恩(James Dean)成了叛逆青年的文化偶像。展示了此时代重要的电影和电视节目包括《后窗》《无因的反叛》《飞车党》《甜姐儿》《油脂》《回到未来》《我爱露西》和《快乐的日子》。同在20世纪50年代,牛仔裤作为休闲装开始出现在人们的生活中,美国好莱坞主角几乎都穿着牛仔裤出现在荧幕上,如一代影帝詹姆斯·迪恩在《无端的反抗》中身穿牛仔裤的形象被誉为"全世界少女的梦中情人"。明星们开始穿牛仔裤,也使得对潮流敏感的年轻人追随起来。以直筒牛仔裤搭配T恤和机车皮夹克成为潮流。20世纪50年代,巴黎高级时装业赢来了继20世纪20年代以来第二次鼎盛时期。以迪奥为首,这一时期活跃着一大批叱咤风云的设计大师,如巴黎世家、纪梵希等等。

在法国,迪奥推出了女装"新风貌"系列的长裙,与当时的战时风格形成了鲜明对比。帽子和高跟鞋使女性形象看起来更完整。而香奈儿重新开启了她的设计屋,并且推广她搭配珍珠的无领粗花呢西装。美国设计师纷纷创造了属于自己品牌服装的形象，譬如阿诺德（Arnold Schwarzenegger）身穿由查尔斯·詹姆斯（Charles James）定制的正式晚礼服，保妮卡什穿着由克莱尔·泰卡德尔制作的舒适运动装。在20世纪50年代的服饰规则中，裤子包括牛仔裤则是公认的反时尚单品。

男性服饰以保守的西装和领尖钉有纽扣的衬衫的形式为主，身着灰色法兰绒套装，穿戴软呢帽以参加各种社交活动。对于分离式的衣着，包括针织衬衫、裤子和运动夹克等更适合于运动休闲时间来穿着。至20世纪50年代末，叛逆的形象如皮革夹克、牛仔裤、T恤和靴子等更新了年轻人的时尚审美。

时尚的进步是由新产品开发和制造方法引领的，如聚酯纤维和新型人造纤维或织物的发展，带来了一个缓解洗涤磨损的新方式。还有尼龙搭扣的出现，使服装穿着更方便实用。

20世纪50年代的这一代年轻人被称为"婴儿潮一代"，主要体现在有更多的人可以读大学，但社会问题随之而显，如年轻人开始质疑父母保守的价值观等等。

2. 20世纪50年代的流行 Fashion During the 1950s

"新风貌"造型的流行。战争过后服装风格回归早期的浪漫主义时代，人们的审美观和价值观迅速从男性所代表的战争向女性所象征的和平方向转变，战争期间人们被压抑着的对于美的追求、对于奢华的憧憬、对于和平盛世的向往等诉求都借助"新风貌"一下子迸发出来了，见图5-26所示。

图5-26 迪奥的"新风貌"造型①

---

① 图片来源：WGSN官网。

五、上传理论引导的服装流行传播演变 Fashion Communication and Evolution Guided by the Bubble up Theory

(一)20世纪60年代 1960s

1. 时代背景 Background

20世纪50年代末,欧美各国已治愈了战争的创伤,经济开始高速增长。这导致20世纪60年代成为一个文化、社会和政治都出现变化、革命和叛乱的时代。例如,"探索太空"的想法开始出现,人类对未知领域发起"进攻"。同时,环境和能源问题成为一个关注的焦点,以及关于药物实验等问题,新态度、新想法、新观念的出现塑造了这个时代。

20世纪50年代的民权进步——牧师马丁·路德·金(Martin Luther King)的《我有一个梦想》的演讲,鼓舞了20世纪60年代的种族大平等运动,国王和公民权利的支持者、参议员罗伯特·甘乃迪被暗杀使民权运动失去了太多的激情,然而,它仍然实现了在这十年的主要目标——政治文化和人民思想的变革。

在经济飞速增长的20世纪60年代,迫于快节奏的现代化消费生活,几乎每个家庭的双亲都参加工作,孩子们虽然在物资方面并不过分匮乏,但因缺乏家庭温暖,在情感上饱受挫折与不安。在此背景下,美国相继兴起了避世派、嬉皮运动、大学校园里的学生反传统反体制运动等。年轻风暴强制性改变了人们的世界观、价值观和审美观,嬉皮士反体制、反传统的内容中还包括反工业社会带来的公害现象,嬉皮士运动随之转变为绿色革命,基于回归自然的意思,同时也孕育出追求民族、民间风味的流行趋势。

社会和文化,时代的动荡推动了艺术和音乐的独创性。以甲壳虫乐队为首的美式英语音乐与"披头士们"如美国歌手海滩男孩、詹尼斯·乔普林(Janis Joplin)和吉米·亨德里克斯(Jimi Hendrix)流行起来。摇滚音乐的信徒们被称为"嬉皮士的一代",他们违背社会规范,反对他们父母的传统生活方式和态度。1969年的伍德斯托克音乐节,是那个时代的青年的重大事件。

波普艺术家安迪·沃霍尔(Andy Warhol)被称为绘画和美国标志性产品,如坎贝尔汤罐头、打印可口可乐,和1950年的大众偶像玛丽莲·梦露(Marilyn Monroe)和埃尔维斯·普雷斯利(Elvis Presley)的名人肖像,展示了20世纪60年代时尚重要的电影和电视节目,包括《蒂凡尼的早餐》《西区故事》《毕业生》《局外人》《迪克·范·戴克摇滚音乐剧》等。

这一时期的时尚是由其相似性和反建立诉求分开。服装成为探索新的价值观的一种方式,找到属于一个群体的感觉。男性穿夹克、裤子和运动衫,女性穿着到膝盖以下的裙子的淑女装。

2. 20世纪60年代的时尚 Fashion During the 1960s

20世纪60年代,成衣的市场扩大,这意味着可向消费者提供更多的时尚风格。制造商开始在成本较低的国家做衣服。此外,零售业因购物商场和重新关注复古服装的兴起趋势等而改变。

大众穿着合成纤维或其他新技术织造的服装。通过定制和艺术版画,服装成为可穿戴式艺术,使迷幻图案、荧光色和不规则图案在时尚界流行。受全球化的影响,服饰种类也发生了新的变化,包括印度风格的尼赫鲁夹克和非洲有带子的长袖衣服。20世纪60年代也是超短裙时代,最短的露出膝盖和大腿的裙子在这个时期受到许多时尚爱好者的追捧。

与此同时,全世界掀起了一场规模空前的"年轻风暴"。"二战"后第二次生育高潮中出生的婴儿到20世纪60年代均达到青春期。以法国为例,法国在1962年、1963年前后,十几岁的青少年人口增加到接近战前的两倍,在欧美其他国家都有类似的现象。随着时代的发展,时尚变得更加激进,吸引特定的群体。反主流文化看起来是基于生活方式的选择,从音乐兴趣到闲暇时间的追求,新的流行趋势经常出现于大街上的款式,而不是来自时装T台秀。

通过甲壳虫乐队和英国的影响,现代风格变得流行起来。玛丽·匡特推出女式迷你裙、紧身衣和及膝靴。男人们穿着爱德华时期的风格,梳着碗盖头,戴着眼镜。女人以崔姬(Twiggy)为偶像,Twiggy是20世纪60年代"年轻风暴"背景下很典型的造型,她非常年轻,有着像小男孩般纤瘦的体型。妆容方面,强调大眼睛以及苍白的嘴唇,整个造型看起来就像一个小孩。当时炙手可热的造型是,蓬松的发型、假发、超短裙和女士齐膝长筒靴。野生图案和鲜艳的颜色很受欢迎。

嬉皮士风格是一种被年轻的男人和女人"自由"穿着的风格。服装往往是松散的,由天然纤维制造成类似于吉卜赛式样的风格。可以看到服装的手工细节,如扎染、蜡染、刺绣。花季少年的衣服包括喇叭牛仔裤,只穿上衣,不戴胸罩和头巾,并且较多使用珠子配饰。男女都可以留的黑人长发样式发型。

太空时代风格的服装开始流行,是用合成纤维织物制成的几何轮廓。服饰材料一般以金属、纸或粘在一起的塑料为主,同时以银和金来塑造金属质感的外观。如帕克·拉巴纳(Paco Rabanne)、安德烈·库雷热以他们的未来设计而闻名。

20世纪60年代这个时期是从根本上改变了未来的时尚方向。个性和自我表达变得极为重要。人们不再追随社会精英的风格,而是发展自己的个性,并不断加以演化,形成自己的时尚风格。这个时期各国时尚文化发展交流甚密,甚至欧洲的服装设计师在观察到美国成衣产业的增长时也开始发展成衣。

在20世纪60年代,时尚几乎不分男女,反映在态度上的变化就是对性别的传统观念。男性和女性都穿着类似的服装,比如,女性的穿着也出现了西装和吸烟装。在接下来的10年(70年代)里,女性努力地寻找平等,建立起关于女性美的观念。

(二)20世纪70年代 1970s

1. 时代背景 Background

20世纪70年代是社会动荡不安形成困扰的时期。在这一时期发生的几个重大事件,如反战游行等,这意味着女性继续争取平等权利。但是在社会另一面,经济状况和持续的通货膨胀增加了时代的混乱,人们试图逃避现实,寻找自我。这一时期被称为"我的十年",因为大多数人的主要关注点从20世纪60年代社会和政治正义的问题,转向70年代以自我为中心,专注于个人幸福方面。当美国人转向自我审视时,他们通过更新精神,借助于书籍阅读或运动寻求安慰。因此许多人停止了试图完善世界,而是试图完善自己。

这个时期人口老龄化加剧,改变了社会结构。"婴儿潮"的那一代人离开大学,建立了他们自己的家庭。女性在商业、政治、教育、科学、法律甚至家庭中获得了成功,这使女性自主意识得到唤醒,在各种权利和争论中,行使自有权利和发表自主观点。如女性对婚姻的关系出现了新态度,离婚率开始上升。

最流行的娱乐形式——电视使得大众文化继续影响时尚。到了20世纪70年代,几乎每一个美国家庭都有了电视机。有些家庭有两台或两台以上的电视机。在电影方面,《周末夜狂热》《星球大战》等取得巨大成功。其他展示了20世纪70年代时尚的重要电影和电视节目,有《年少轻狂》《安妮霍尔》《几乎》《脱线家族》《霹雳娇娃》等。音乐经历了这10年的变化,摇滚乐不断发展,产生了新的变化,如朋克摇滚、新浪潮和重金属音乐。

技术进步包括计算机的发展。随着电脑的普及,软盘出现了,第一个零售条码用来管理库存。在旅行中,大型喷气式客机彻底改变了商业飞行,家庭中的个人拥有自己的汽车变得越来越普遍。

在时尚界,杂志考虑到了大众需要新的价值观和生活方式,于是约翰逊·贝弗利成为美国时尚封面上出现的第一个黑人模特。另外,设计师们认可了品牌和标签概念,纷纷创建自主品牌。

2. 20世纪70年代的时尚 Fashion During the 1970s

在20世纪70年代,服装向两个极端发展,一是年轻的文化依旧持续流行,嬉皮文化对服饰的影响达到顶峰,在金钱上十分大方的嬉皮士们经常进行海外旅行,从印度带回披巾,从阿富汗带回上衣,或从摩洛哥带回当地人工作时穿的长袍等,他们觉得这些比旧工业社会时期的更富有自然美价值。这些倾向很快受到成衣界的重视,一时间变成一种服饰风尚。二是服装流行趋势开始向极简主义发展,雷·候司顿·弗罗威克(Roy Halston

Frowick）的简洁设计和史蒂芬·巴罗斯（Stephen Burrows）的大胆撞色的简洁设计都在当时受到追捧。

男性和女性都开始穿得更随意，牛仔裤成了时尚界最热门的休闲单品。设计师资本化的牛仔热潮，创造"设计师牛仔裤"，公开展示设计师的标签，而卡尔文成为一个家喻户晓的名字。他的公司开始签署化妆品和男装的许可证。

此外，由于迪斯科音乐的流行，喇叭裤、热裤和爆炸头都风靡一时。喇叭裤套装的特点是，上身为齐臀，下身为20世纪70年代特有的"高喇叭裤"。所谓"高喇叭裤"，是指喇叭始于大腿处，且喇叭幅度较小的裤型。不论是摇滚明星猫王还是电影《霹雳娇娃》的主角角色都很好地演绎了喇叭裤套装的风格特点。

朋克风在20世纪70年代是一种时尚的标志，这要追溯到设计师维维安·韦斯特伍德（Vivienne Westwood），她因朋克摇滚设计风格而成为著名的造型设计师。紧身裤、别着几个安全别针的磨损衬衫、黑色皮革、环钉和链条装饰等都是典型的朋克风穿搭。见图5-27所示。

雷·候司顿·弗罗威克是十年中最典型的设计师。他设计的服装别致优雅，是许多名人、时尚人士追随的服饰风格。他以引入鹿皮进行设计而闻名，并且创造了可以在跳舞时穿着的露背礼服，这种被称为"迪斯科风格"。除此之外，还包括防水台有两英寸高的鞋子、紧身衣等。电影《周末夜狂热》中约翰·特拉沃尔塔的白色西装是迪斯科风格服饰的一个完美例子。

图5-27　嬉皮士避世闲散的着装风格①

_____

① 图片来源：WGSN官网。

(二)20世纪80年代　1980s

1. 时代背景　Background

这个时代是以后现代主义的时尚理想运动而闻名,其态度就是"怎么都行",口号是"越大越好"。新的财富渴望和消费欲望是20世纪70年代衰退的象征,而80年代的经济由"婴儿潮一代"的年轻人和雅皮士的刺激而实现。这个时期品牌和设计师品牌成为身份的象征,信用卡的出现增加了一定的购买力。

1980年,罗纳德·威尔逊·里根(Ronald Wilson Reagan)成为美国总统,他的政治决策使美国走向成熟发展的阶段。财政上,国家出现了从20世纪70年代的经济衰退和股市飙升。人们渴望努力工作赚钱,更是急于炫耀自己的财富。

这个时期,女性权利取得了巨大的进步,进入职场的"权力女性"定义了女性能做的一切:平衡工作与家庭。

2. 20世纪80年代的时尚　Fashion During the 1980s

20世纪80年代的时尚界更加突出女装的职业化以及服装的休闲化。如里根夫人南茜·里根(Nancy Reagan)身穿亮丽红色套装礼服;戴安娜王妃(Diana Spencer)身穿浪漫华丽的婚纱;美国歌手麦当娜(Madonna Ciccone)在舞台上穿着她的"锥形胸衣";迈克尔·杰克逊(Michael Jackson)在音乐电视中穿着花哨的亮片夹克,戴着标志性的手套。

成功的女性穿着量身定制的男款西装,看起来神采奕奕且具有专业素养。女性开始穿着运动鞋,以取代令人不舒服的高跟鞋。男性则为突出成功的气质穿得更精致。大众对奢侈品的需求使欧洲的设计师们重新回到美国市场。如乔治·阿玛尼(Giorgio Armani)以精致的西装和复杂的晚礼服风格而闻名,克里斯汀·拉科鲁瓦(Christian Lacroix)以奢侈和戏剧风格而闻名,让·保罗·高耶提(Jean Paul Gaultier)显示了独立和挑衅的风格。20世纪80年代的设计风格以非常宽阔的肩型、纤细的腰部和未来感的廓形为特点。

这个时期,日本设计师也冲进了时尚的舞台。如川久保玲、三宅一生、山本耀司等设计师创作出与其他时尚完全不同的设计——在非典型的廓形中与身体有机相连的衣服,以无色、无形和解构的方式进行设计风格的表达。

此外,20世纪80年代的街头时尚开始流行,这个时期流行趋势结合了街头时尚和高级时装,如街头Hip Hop音乐引出了一众嘻哈服饰与潮流品牌。Hip Hop起源于20世纪80年代,是一种美国街头黑人文化,现今多样的Hip Hop文化发挥了黑人独有的乐观开朗的特质,逐渐在全美蔓延开来,进而扩散到全世界。Hip Hop风格的主要特点为,宽大的印有夸张logo的T恤,拖沓的板裤、牛仔裤或者是侧开拉链的运动裤,配件则包括巨大的太阳镜、渔夫帽和刻有名字的项链及腰带,手上戴好几只夸张的戒指更是必不可少。直到现在,这些繁重的首饰还是 Hip Hop 的时尚标志,见图 5-28 所示。

图 5-28　典型的 Hip Hop 风格服饰①

(二)20 世纪 90 年代　1990s

1. 时代背景　Background

继 20 世纪 80 年代奢侈风格过后,20 世纪 90 年代的时代特征是"保持清醒的态度",这个时期盛行极简主义和随意风的服饰。90 年代计算机、手机和互联网的发展使全球扩张和现代文化的发展发生了革命性的变化,尤其是互联网给人们获取信息和最新的趋势。

成功的商业态度重新定义了这个时期的消费人群。随着计算机文化的兴起,包括互联网和电子邮件,人们改变了自己的工作、购物和娱乐方式。传统的办公室工作可转变为在家办公,时间安排更灵活。"星期五变装日"被引入,专业人士不用穿那么正式的商务着装。

另外,越来越多的电影明星、音乐偶像创造了一个新的名人模式——超级模特和名人作为以时尚偶像为主的杂志封面。电视真人秀和情景喜剧开始流行,如《老友记》和《辛普森一家》等,还有展示了这个时代时尚的重要电影,如《云裳风暴》《街区男孩》《甜心先生》等。

这个时期,购物中心、商业综合体开放,如明尼苏达州布卢朗顿的美国购物中心,足足占据 78 英亩的面积。这种商场精心运营,推出许多营销手段,如在商场的出口放置打折的商品,同时设计师页重定了较低的价格,以增加商品的销售数量。还有,零售商开始

---

① 图片来源:WGSN 官网。

生产自有品牌的商品。

但是,进入20世纪90年代以来,欧美经济一直处于不景气的状态,能源危机进一步增强了人们的环境意识,"重新认识自我""保护人类的生存环境"和"资源的回收和再利用"成为人们的共识。故20世纪90年代的流行倾向为"回归自然,返璞归真",人们从大自然的色彩和素材出发,原棉、原麻等粗糙植物广受欢迎,未受污染的地域性文化,如北非、印加土著等民族图案和植物纹样印花织物等都是90年代人们青睐的元素。

2. 20世纪90年代的时尚 Fashion During the 1990s

20世纪90年代早期的时尚通过最小的和非正式的着装方式反映了时代的情绪。最重要的是,在这10年里个人主义盛行。人们不再跟随潮流,因为它们已经在过去;相反,不时尚被誉为新时尚。

这个时期,许多设计师都惯用黑色,使黑色成为简约服装的主色,同时配件和装饰都被削减,追求简单干净的时尚风评。吉尔·桑达(Jil Sander)和卡尔文·克莱因以无色流线型风格的设计闻名。这种设计的流行使大众在工作场所和在家里都穿着一种非常随意风格的服饰,如允许男人穿斜纹棉布裤、宽松的衬衫,不系领带,女性则穿着宽松的衣服。此外,20世纪80年代的健身服装演变成可以整天穿的服装,比如瑜伽服和针织运动服变得流行。

伴随生态学的出现,人们开始重视生态资源。服饰设计上主要表现为:一种未完成状态的半成品的出现,如故意露着毛边、有意把毛边强调成流苏装饰,或有意暴露衣服的内部结构,粗糙的大针脚成为一种饶有趣味的装饰等一些半成品设计,透着浓烈的原始味和后现代艺术的痕迹。除此之外,还有旧物、废弃物的再利用和仿皮毛及动物纹样面料的流行。

"垃圾摇滚风格"是由来自西雅图的另类摇滚音乐家在进行演出时,身穿一些不正式的、凌乱的衣服而流行起来的风格。如法兰绒衬衫、破牛仔裤、匡威运动鞋和从旧货店购得的服饰共同创造了这个蓬头垢面的分层式的外观。

在20世纪的最后10年,多元化和个人主义改变了大众看待和回应时尚的方式。在全球的政治、经济和科技都发生了变化后,时尚业进入了一个比以往任何时候都更大的市场。

第五节 | 19世纪的时尚传播方式与当代价值

Fashion Communication and Contemporary
Value in the 19th Century

在现代时尚系统初步成型的 19世纪,时尚从欧洲传统宫廷品味教化的工具,逐渐成为时尚产业不可或缺的重要组成部分。传播媒介的作用越来越重要,成为维系时尚系统内部各要素的关键。

In the 19th century, initially formed in the modern fashion system, fashion had gradually become an indispensable part of the fashion industry from the tools of European traditional court tastes. The media became more and more important and were the key to maintain the internal elements of the fashion system.

借鉴赖利夫妇传播模式、罗杰斯创新扩散理论、香农-韦弗信息传播模式,分析19世纪女性时尚传播模式,追溯19世纪伊始现代时尚系统逐步形成的轨迹,联系当下新兴时尚传播媒介与手段,比对并启发当下。

一、几种时尚传播模式 Several Fashion Communication Models

19世纪处于自上而下的时尚传播轨迹中,但是时尚传播是一个动态的、复杂多样的进程,并非单一线性活动,其维度随着社会的发展而不断拓展。结合几种时尚传播模式,综合分析19世纪时尚传播模式,可以更加直观、系统地分析时尚传播形成的过程与态势,揭示时尚传播中各要素分析内在联系,并映射当下。

(一)赖利夫妇传播模式

美国研究社会学的J.W.赖利和M.W.赖利夫妇基于亚里士多德与拉斯韦尔的理论,于1959年从社会学角度提出一个大众传播结构模式——赖利夫妇传播模型。该模式认为信息传播是一个双向的过程,传播者(C)与接收者(R)都是

Based on the theory of Aristotle and Lasswell, J. W. Riley and M. W. Riley proposed a model of mass communication structure from the perspective of sociology in 1959. Riley model of communication considers information communication to be a two-way process. Communicators (C) and receivers (R) are subsystems in the social system, and their

社会系统中的子系统,其运行受到更大社会系统的影响,并表明任何一种传播过程都表现为一定的系统活动。

operations are subject to the larger social system. The impact of the system indicates that any kind of communication process is manifested as certain system activities.

而多重结构是社会传播系统的本质特点,如图5-29,赖利夫妇将大众信息传播过程凝练为:(1)基本群体(Primary Group)之间的传播,(2)次级社会系统(Larger Social System)中的传播群体(C,Communicator)与接收群体(R,Receiver)的传播,(3)次级社会系统从属于总体社会系统(Overall Social System)三层传播结构关系。传播群体与接收群体是社会总系统中并行的两个子系统,通过一定的媒介进行信息交流,与此同时在各自群体内部又存在基本群体间的信息交流。

赖利夫妇提出的多重结构传播模式,与19世纪时尚逐渐呈现出的大众化和商业化传播趋势具有相似之处。从社会系统角度下构建19世纪女性时尚传播模式,有助于更加系统、完整地还原现代时尚系统形成之初的情况,更加深入地理解时尚。这一模式中值得关注的是关于基本群体、次级社会系统、社会总系统的表述与结构关系。

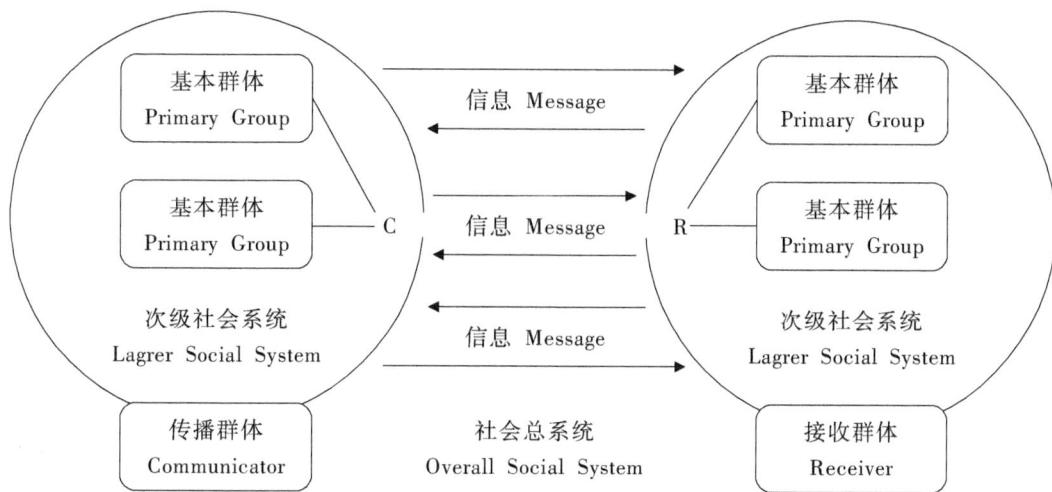

图5-29　赖利夫妇传播模式

(二)罗杰斯创新扩散理论

时尚是一个不断创新的过程,人们对于时尚的接受程度与接受时间不同。基于这一认知,罗杰斯在1962年提出"创新扩散理论"。其根本在于分析社会成员如何采用新的创新理念以及他们如何做出决策,大众传媒和人际交往渠道都参与了传播过程,存在知晓、劝服、决策、证实等四个环节,除了自身选择与从众引发的决策,还受到权威的影响。而且人们在同一时期内对于新事物的接受程度存在不同，可分为创新者、早期采用者、早期采用人群、后期采用人群以及落后者，如图5-30所示。

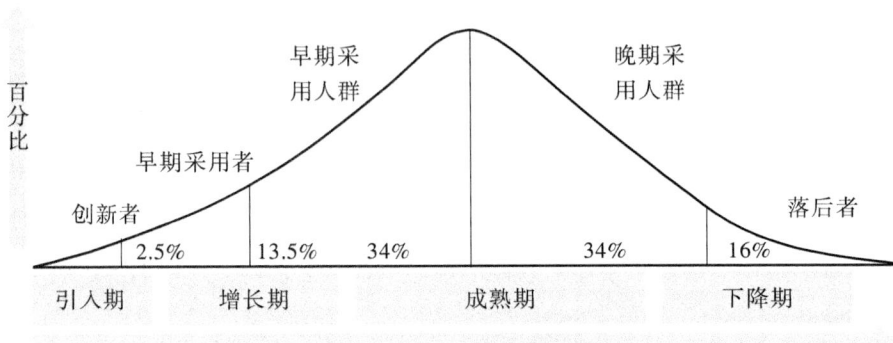

图5-30　罗杰斯创新扩散理论模型

在时尚的语境中，基本群体是与时尚偶像及赶潮者相对的群体，根据罗杰斯创新扩散曲线，基本群体对于新鲜事物敏感度不高，多处于后期采用人群或者落后者位置。无论是有闲阶级群体系统还是中产阶级群体系统中都存在这类人群，她们以时尚偶像或者赶潮者为时尚目标进行效仿，系统内效仿信息的交流多通过人际活动实现。尤其在有闲阶级群体中，每一位阶级成员都有一份独立的社交日历，根据民族传统、社交需求安排日常活动。对于女性而言，在这些活动中人与人之间时时刻刻存在信息交流，在互相观察、谈论日常的交流中，无一不处于一种时尚传播的状态。

（三）香农-韦弗信息传播模式

香农-韦弗信息传播模型（1949年）共有五个部分组成，分别为原始信息、信息转化者、中心渠道、接受者和传播终点。

原始信息传递到转化群体中，这些原始信息可以是单一的，也可以是多样化的。信息转化者接受信息并转化传递至中心渠道。中心渠道以编码和译码的方式连接信息转化者与接受者。接受者接收信息，并将信息传递至终点。整个信息传递中同时存在着一定的噪音干扰，如图5-31所示。

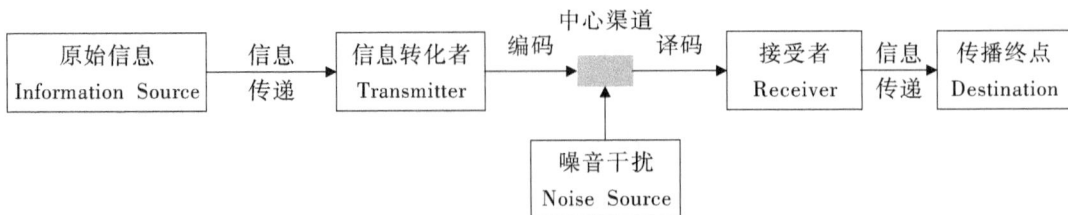

图5-31　香农-韦弗信息传播模式

香农-韦弗的信息传播模式虽然是一个理想状态下的机械传播模式,但从宏观视角比较直观地还原了时尚信息传播动态过程。因此,19世纪时尚传播模式简化提炼可知信息的传播过程是一个信源经由信息转化者编码,其后借由信道传递,经过译码将信息传递给信宿的过程。因此,结合香农-韦弗信息传播模式,可以带入作为创新者和早期采用者的有闲阶级群体,与作为接收群体的中产群体,并通过时尚媒介实现编码转入与译码输出,最终在整个传播系统下产生时尚,如图5-32所示。

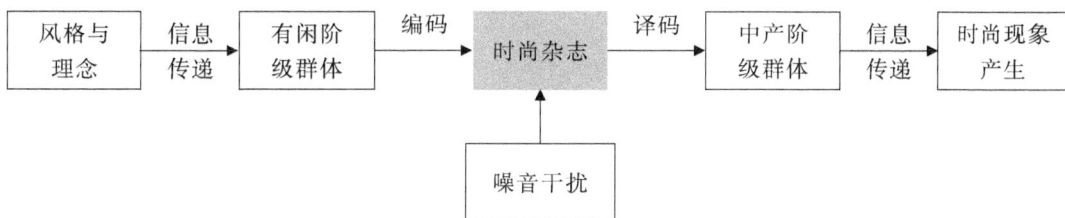

图5-32　香农-韦弗信息传播模式下的19世纪时尚信息传播方式分析

二、19世纪时尚传播要素 Fashion Communication Elements in the 19th Century

基于上述三种传播模式,结合19世纪时尚传播方式,归纳四类关键要素,包括19世纪的资本主义文化与人文思潮(社会总系统)、有闲阶级群体与中产阶级群体(社会次级系统、时尚采用人群)、时尚偶像与赶潮者(基本群体)、时尚杂志与出版业(传播媒介、编码与译码)。

(一)19世纪的资本主义文化与人文思潮(社会总系统)

赖利夫妇提出的社会总系统置于19世纪的历史语境中,就是资产阶级革命中所形成的时代精神,19世纪的资本主义经济丰富了商业形态,资本主义文化逐渐取代宫廷文化,人文思潮此起彼伏,在激烈的变革碰撞中形成了19世纪的社会总系统。在摩登文化中多样与丰富的人文思潮冲击下,某些风格与理念被有闲阶级成员集体选择,以纸媒的方式传输至中产阶级群体并被接受,最终时尚现象产生。时尚从传统宫廷教化品味的产物转变成一种商业,在各方借力下形成一套自我有机运转的体系。

(二)有闲阶级群体与中产阶级群体(社会次级系统、时尚采用人群)

在19世纪的社会总系统中存在两大社会次级系统,即有闲阶级群体系统与中产阶级群体系统。其中有闲阶级群体系统为19世纪时尚的传播者(C),中产阶级群体系统为时尚的接受者(R),两者间以杂志为主要时尚媒介(M)进行交流。中产阶级群体系统根据媒介所传达的时尚信息进行模仿,将其视为时尚准则,当有闲阶级群体系统意识到被模仿时便会转而寻求新的变化,时尚在这样的双向交流中不断催生出新事物、新变化。在这样的传播过程中,有闲阶级虽然掌握着时尚的话语权,但其群体人数远不如中产阶级庞大,针对有闲阶级群体的高级时装业也逐渐产生与之相对应的百货零售业。

(三)时尚偶像与赶潮者(基本群体)

有闲阶级与中产阶级群体系统中,也必定存在具有影响力的早期采用者以及乐于追随的早期采用人群,在时尚语言中多称为其时尚偶像与赶潮者。有闲阶级中肩负展示有闲生活的女性渴望成为引人瞩目的焦点以达到炫耀式有闲的目的,她们的穿着打扮会被其他贵妇人相继模仿,在被时尚媒体报道后成为公认的时尚偶像,为其提供时尚商品的供应商会也因此受到欢迎。因为中产阶级群体系统的时尚深深受到有闲阶级群体系统的影响,所以有闲阶级群体系统中的时尚偶像具有绝对的影响力和权威性;中产阶级群体系统中以赶潮者身份的意见领袖居多,她们时刻紧跟潮流的变化,为其他中产阶级群体提供模仿样本。

(四)时尚杂志与出版业(传播媒介、编码与译码)

19世纪,时尚杂志成为传播主要媒介,这一点更加速了系统之间时尚信息交流的频率。一方面,在工业革命的推动下,印刷、运输等行业的革新为报刊等纸质媒介的大量发行提供了技术基础;另一方面,社会发展和城市化进程也为时尚杂志孕育了前所未有的大众读者。时尚杂志以其出色的时效性、渗透性和感染力,在有闲阶级与中产阶级之间传递时尚信息,不断扩大时尚参与群体,在世纪之交呈现出大众传播的趋势。毫无疑问,19世纪出版业的快速发展,也推动了群体系统间的时尚传播。

三、19世纪时尚传播模式建构 The Construction of Fashion Communication Mode in the 19th Century

在19世纪时尚传播的情境下,社会总系统存在有闲阶级群体与中产阶级群体两个群体系统,他们各自分属于两种不同的社会次级系统,具有相似又不同的群体属性,但在同一个社会总系统中运行,相互产生影响。有闲阶级的时尚通过媒介的传播影响着中产阶级的选择,中产阶级的模仿行为对有闲阶级群体进行反馈,促使有闲阶级不断地追求新的时尚。而在各自的群体系统中,尤其是有闲阶级的时尚偶像对于基本群体的时尚选择具有权威性。因此,基于赖利夫妇传播模式、罗杰斯创新扩散理论以及香农-韦弗模式,进一步架构19世纪女性时尚传播模式,如图5-33所示。

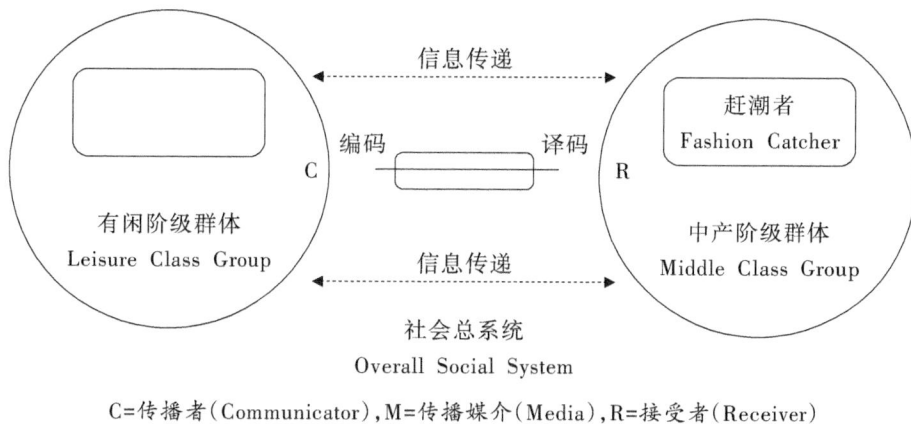

C=传播者（Communicator），M=传播媒介（Media），R=接受者（Receiver）

图5-33 基于上文三种传播模式启发的19世纪时尚传播模式

四、19世纪与当代时尚传播比较 The Comparison of Fashion Communication Between the 19th century and Contemporary Times

通过上文研究，可归纳时尚现象的四个视角在于：社会总系统、传播群体与接收群体两大次级社会系统、以时尚偶像和赶潮者为代表的基本群体以及传播媒介。在当下，这四个视角同样发挥作用，信息技术的发展不断打破传播壁垒，时尚传播方式系统交错，时尚传播中的信息发布者不再局限于高不可攀的有闲阶级，跨领域的多元价值综合意见领袖组成新的传播群体，形成新的次级社会系统。时尚接收群体也不再局限于中产阶级，而转变为大众消费群体。在信息创造、传播、接收极其迅速的互联网时代下，人人都是时尚系统中不可或缺的一员。同时，负责编码与译码的中心渠道也不再局限于纸媒，网络媒体、自媒体、各大社交平台不断丰富的传播方式，影响着消费者的选择，如图5-34所示。

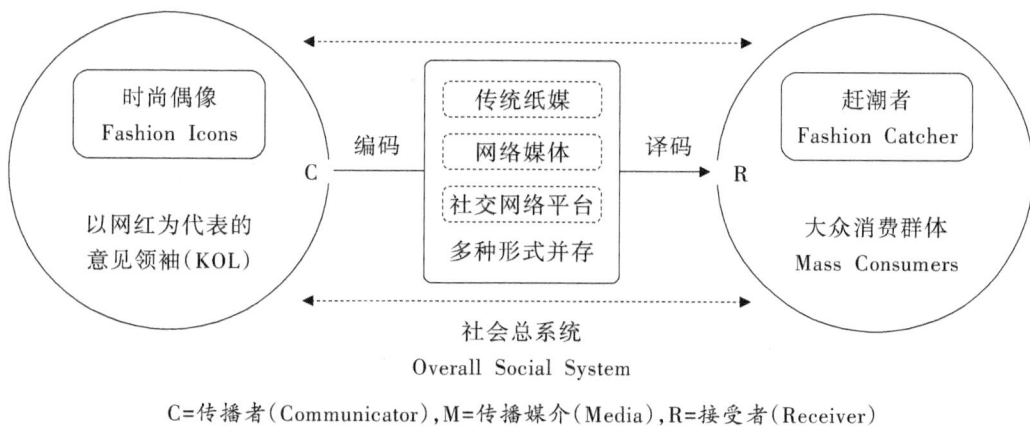

C=传播者（Communicator），M=传播媒介（Media），R=接受者（Receiver）

图5-34 当代时尚传播模式构建

在19世纪的时尚传播中，社会处于传统贵族与新兴阶级的激烈碰撞中，高级时装业不断满足有闲阶级群体,高级成衣业不断适应中产阶级群体消费需求,在这一过程中两者结合发展逐渐形成时尚产业,但在10世纪时尚始终只是部分人的游戏。有闲阶级的时尚要经过阶级个体之间的互相模仿、时尚杂志的报道后,中产阶级消费者才能获取相关资讯。在这个过程中,时尚编辑与记者凭借能够第一时间接触时尚信息的先发性而成为中产阶级消费者跟随、观察时尚潮流的眼睛,承担起编译传播时尚信息的重要环节。譬如,以高级时装为中心建立的沙龙将零散的消费者集中在一个社群内,便于设计师与消费者更好沟通,同时时装沙龙成为高雅的象征与时尚的源头;时尚杂志的编辑通过文字与插画将巴黎的时装沙龙与时尚偶像们的活动一一传递给大众读者,向读者详细描绘前沿时尚生活方式。时尚杂志的编辑通过纸质媒体建立客户关系,不仅明确了时尚信息的传播方向,也加强了时尚传播到商业的转化率。与此同时,在转码过程中也加入了时尚编辑与记者的个人品位与时尚认知,产生一定程度的"噪音干扰",对时尚产生影响,故在19世纪时尚产生过程中,时尚编辑与记者承担着一个重要的角色。当今,尽管传统纸媒仍有着一定的传播力量,但在互联网的作用下,两大社会次级系统有丰富的网络平台进行信息交流,共享形成信息对称。作为曾经中心渠道中唯一成员的编辑和记者对"时尚的产生"这一现象的力量被削弱。

在迥然不同的两种时尚背景下,无论时尚偶像、传播媒介、编译码的技术如何变化,不变的是消费者对于时尚设计的依赖、时尚偶像的影响力与集体选择带来的品牌效益,媒介在这一过程中不只是载体,更是承接时尚编码和译码的重要环节。19世纪的时尚杂志与高级时装屋沙龙正是满足了女性消费者对于时尚的渴望才能够获得成功,成为消费者信赖的时尚发布者。但在当今这个追求高度个性的液态化社会里,消费者不再一味地信赖传统时尚媒体的报道与品牌的广告宣传,他们对于时尚的需求渐渐从阶级符号、社会地位转向更加多元化的自我满足。因此如何针对消费者进行合适的编码与译码,如何在市场细分下进行"小而精"而且能够获得消费者信任的推广成为传播的关键。

19世纪现代时尚系统初步成型,炫耀式消费成为其最显著的时尚特征。综合赖利夫妇传播模式、罗杰斯的创新扩散理论与香农-韦弗信息传播模式,凝练出社会总系统、社会次级系统、基本群体以及传播媒介四个时尚传播要素,分析19世纪时尚传播模式,发现符合有闲阶级品味的设计是推动19世纪时尚发展的重要驱动力。

通过对比19世纪与当代传播模式中时尚群体、传播媒介以及传播目的的差异,构建当代时尚传播模式。时尚已经从有闲阶级的精英文化转变成一个跨文化价值综合体,但不论时代精神、科学技术如何变化,不变的是时尚传播过程的内在逻辑和系统运作。满足消费者需求促成的购买行为以及其带来的经济效益,符合消费者审美与需求的设计成为推进时尚发展的重要驱动力。此外,面对越来越细分的市场,精准恰当地编译传递时尚信息成为关键。

第六节 \ 案例
Case Study

一、时尚插画师 The Fashion Illustrators René Gruau

雷内·格吕奥(René Gruau)是一位时尚插画家,其以独特的20世纪40年代"新风貌"创作样式出名,并彻底改变了高级时装、戏剧、艺术和商业设计等行业的插画风格。格吕奥出生于里米尼,3岁时随母亲搬到了巴黎。到14岁时,他通过向米兰时装杂志 *Lidel* 出售自己绘制的插画来谋生。20岁时,他已经成为 *Fmina*、*Marie Claire*、*VOGUE* 等杂志的职业插画师。之后,由于战争的爆发,*Marie Claire* 杂志将总部搬迁到里昂,他也迁居到那里。20世纪40年代,他曾短暂居住在纽约,为《时尚芭莎》工作。然而好莱坞的浮华世界显然留不住一颗来自欧洲旧世界的心。此后几年,他搬到戛纳,开始为一些当时的著名时装屋作画,见图5-35所示。

Evening gowns by Piquet, Molyneux and Fath, illustrated by Rene Gruau, 1948

图5-35 雷内·格吕奥的时尚杂志插画①

格吕奥一生中最出名的作品之一,就是与迪奥合作的"新风貌"系列(图5-36)。1947年,克里斯汀·迪奥委托他创作了迪奥小姐广告,这是一则引起国际关注的广告,并将格吕奥的职业生涯推上了巅峰。在这广告插画中,格吕奥采用了他独有的插画风格——富有戏剧性和极简主义线条以及大胆的色块,将迪奥的设计与格吕奥的现代风格融合在旧

---

① 图片来源:海报时尚网。

式图形插图和东方绘画技巧上。在接下来的几十年里,格吕奥受雇于一些高级时装品牌,如巴黎世家、纪梵希等。他的插图出现在这个时代的每一个主要时尚杂志中,包括《她》(ELLE)、《费加罗夫人》(Madame Figaro)等。1959年,他为费德里科·费里尼(Federico Fellini)的电影《甜蜜的生活》(La Dolce Vita)创作了极具影响力的海报。

时尚插画师所做的事情不同于摄影师,他们不需要依赖光线与机械设备的成像关系,抑或场景、道具和模特的组合,却完全可以自大脑中构思画面,为特定的时装艺术风格恰当定位。在格吕奥风格形成的年代,时尚插画是广告的主要呈现形式,同时代的插画师们热衷于使用精致的铅笔线条和柔美的水彩颜色,而格吕奥先生继承自19世纪末期的巴黎艺术家的风格,偏好浓重的大色块和粗犷的碳粉线条,强调了浓郁大胆的视觉风格。在那个没有品牌创意指导的年代,格吕奥(图5-37)通过插画广告、海报设计等,或者是用插画将时装样板转换成艺术作品的过程,传达出对时尚的看法与感受。

图5-36　格吕奥为迪奥创作的时尚插画①

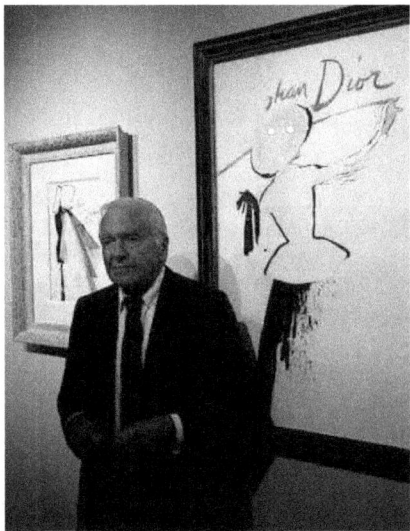

图5-37　格吕奥本人与纪念展②

二、流行反转:迷你裙与街头时尚 The Fashion Reversal: Mini Skirts and Street Fashion

20世纪60年代是英国波普艺术运动兴起的年代,这个时期出现了许多独立、反叛、有个性的青年设计师和艺术家,以强调为战后青少年一代而设计的新理念,并且针对的市场也不仅仅是少数权贵的高端部分,而是将重点放在更为广泛的大众市场,形成了具有鲜明风格特征和视觉符号的"街头时装"。

---

①② 图片来源:海报时尚网。

"Pop"（波普）一词来源于"popular"，从艺术形式和设计形式的角度来看，波普文化就是大众文化，波普艺术即大众艺术。在20世纪60年代，诞生于街头、青少年群体的街头时尚冲击了当时欧美国家的主流时装界——以前那些不被主流文化所接受的民俗文化、分歧文化以及波普艺术为代表的前卫艺术，在街头巷尾、平民百姓中自下而上地影响了法国时装界。1966年春夏，许多奢侈品牌的服饰下摆都往上提高了很多，比如以传统著称的纪梵希将下摆设计到膝盖处，巴黎世家推出了膝盖以上20 cm的运动短裤并搭配平底鞋，香奈儿推出紧贴膝盖的"Chanel长度"等。如图5-38所示。20世纪60年代的流行单品打破了过去时装繁复优雅的传统审美观念，使之成为流行传播中证实上传理论的重要事件之一。

图5-38　安德烈·库雷热推出的Mod迷你裙[1]

第七节　小结
Summary

时尚之所以形成，借助于一定的传播方式，这种传播的载体便被称为时尚媒介。时尚玩偶与贵族群体是早期的时尚媒介与时尚传播受众。时尚玩偶最早可追溯至1391年，当时法国的查理四世把一个真人大小、穿着最新时尚服饰的玩偶送给了英国的王后，自此开始，直至18世纪时尚玩偶已经在欧洲非常盛行。

时装插画指的是用来描述某一时期最新的服装、鞋子、发式以及装饰的时装画、雕版

---

① 图片来源：搜狐时尚网。

画或插图。时装插画的出现，使得时尚的传播更为迅速也更为广泛。18世纪末期，时装工业迅速发展，时装插画应运而生；到了19世纪开始步入繁荣发展的阶段。当时大量发行的时装杂志中穿插了许多时装画，得到了大众的普遍推崇。

时尚的形成传播与当时同一时期逐渐发展起来的印刷文化密切相关。从17世纪开始，时尚刊物逐渐成为时尚信息传递的重要媒介，同时也成为资产阶级品味塑造的重要工具。上流社会如何生活，家庭的装修装饰、车马、饮食、衣着，包括各种娱乐的活动都借助时尚杂志传递给资产阶级的女性。由于时尚刊物的出现，时尚影响的范围急剧扩展。同时时尚杂志也提出了不同于贵族的品位和价值观念，为资产阶级的服饰提供了全新的标准，时尚杂志在塑造资产阶级文化身份方面起到了决定性的作用。19世纪的时尚杂志内容涵盖文化生活的方方面面，比如服装、旅游、休闲、美妆等等，在流行的传播过程中担任非常重要的角色。

新媒体是当代传播媒介中最为主要的一种，相对于报刊、户外、广播和电视这四大传统意义上的媒体，新媒体被形象地称为"第五媒体"，是一种新的技术支撑体系下出现的媒体形态，包括了数字杂志、数字广播、手机短信、移动电视、触摸媒体、搜索引擎等，以及我们日常频繁接触的社交平台和各类网站。

服装流行传播过程是指在特定环境下，流行式样从一些群体向其他群体的传播过程。通常认为流行的群体传播有三种基本模式，即下传理论、上传理论和水平传播理论。下传理论被称为古典的流行传播过程，在相当长的历史时期内一直是流行传播的主导模式。上传理论，流行理论界对它还有许多争论。持有异议的人认为，那些能够形成一定流行规模的下层社会的小范围内流行，被上层社会发现、使用并加以倡导，然后再形成另一种自上而下的大规模流行。因此，这种过程不能构成一种独立的流行传播，只是古典的自上而下传播过程的一种变形。水平传播的流行过程与大众选择的传播，在第二次世界大战后逐渐发展起来，已成为当代社会流行的主导传播。

第八节 \ 提问与思考
Questions and Thinking

（一）尝试解释本章提及的三种流行传播模式，以及其所关联的典型时尚案例。

（二）时代精神如何与时尚表现联系，结合具体品牌市场表现讨论。

（三）设计师驱动的时尚与消费者驱动的时尚区别何在？

第九节 \ 关键词
Key Words

the trickle down theory 下传理论

the bubble up theory 上传理论

fashion communication theory 流行传播理论

buyer 买手

fashion illustrator 时装插画师

fashion communication model 流行传播模式

street fashion 街头时尚

fashion media 时尚媒介

fashion magazine 时尚杂志

fashion individual 时尚个体

fashion dolls/puppets 时尚玩偶

第六章 时尚产业与消费者

Chapter Six Fashion Industry and Consumers

第一节 导 论
Introduction

　　本章以时尚消费者与时尚产业为探讨对象，一方面，审视时尚产业的定义、范围，时尚之都的必要构成条件等；另一方面，从消费者的历史视角、消费革命、时尚消费与永恒性、消费者社会价值以及现代与后现代消费者展开讨论。在当今复杂的时尚系统中，我们不能孤立地理解消费，要从消费者等多维度探究消费状况与象征策略的关系以及消费与生产之间的分解。历史上，以路易十四为典型的消费者伴随着特殊的时代背景与文化氛围，给当代展现了一种极度夸张与膨胀的物质欲。伴随工业革命的时代号角，消费者逐渐强化了自我意识与价值体系的构建。而时尚作为时代精神的体现也出现了不同的变化。无论是精英消费者还是大众消费者，在其生活的年代总能以消费的象征性展现其自身的地位与品位，这也印证了社会学家对于时尚和阶层关系的理解。

　　本章还探讨了四个典型案例：19世纪美国纺织产业东部沿海布局、20世纪时尚与艺术的交织——聚焦纽约时尚产业、中国时尚产业集聚区域以及中国上海时尚的过去与现在，以丰富本章讲授的主要内容，并通过专题式讨论以加深学生对于关键知识点的理解。

第二节 时尚产业
Fashion Industry

一、时尚产业定义 The Definition of Fashion Industry

　　时尚是围绕着人和人的审美价值追求展开的，是人们追求生活美的一种表现形式。时尚产业的特点是以经济为载体，以市场为手段，围绕着人和人的审美价值追求展开，能更加直接、具体地满足人们对于生活美的需求。从审美实践来看，时尚主要是诉诸视觉的美，时尚产业就是一种"美丽产业"。而从本质上来说，时尚产业是一种具有高创意、高市场掌控能力、高附加值特征，引领消费流行趋势的新型产业业态。时尚产业是引领世界产业发展的最重要行业之一，它体现了一个国家在文化、科技、创意设计等方面的软实力，某种程度上也代表着一国产业的国际竞争力。

从定义上看,时尚产业有明确所指,指贯穿时装生产与销售的一整套特殊的经营模式,包括设计、采购、制造、推广、销售、使用、消费、收藏等一系列诸多环节。然而,只有在价值生产的层面,我们才能理解这套经营模式的特殊性:它总是带有特定(由欧洲而后美国)的社会、历史、文化和制度烙印,并由此形成了以广义的设计与营销为核心的"时尚系统"。在这个系统中,大工业生产基础上的制造环节,可以说已经丧失了其决定作用。也是从价值生产的角度,可以这样认为,"时尚产业"是一种不同于传统产业的全新产业形态,可以将它看作是西方20世纪90年代以来强调的"创意产业"的一个雏形。

二、时尚产业特征 The Characteristics of Fashion Industry

第一,时尚经济一体化。经济发展水平高低、经济景气与否直接左右着时尚领域。比如在物资匮乏的年代,人们对服装的偏好倾向于结实耐用;而经济发达的时代,则更看重服饰的舒适、美观、环保等方面。由于时尚概念商品化的日益加强,市场经济越发达,时尚经济一体化的趋势越明显。

第二,时尚消费符号性。时尚产品具有符号价值,符号价值在于其示差性,即通过符号显示与其他商品的不同。时尚产品消费者通过消费,既实现了实用价值,也完成了对时尚理念的演绎和体验。

第三,时尚产业的高附加值。时尚产业的核心竞争力在于概念设计与市场营销,属于高智力高技术投入的高端服务业,附加值较高。

第四,时尚产业的全球同步性趋势不断加强。一方面,时代变迁和人类交流频率加快,使得构成时尚的要素层出不穷、瞬息万变,使得时尚产业日益多元化;另一方面,借助信息技术时尚产业的流行速度之快、流传范围之广前所未有,使得时尚产业的全球同步性趋势不断加强,周期大大缩短。

三、时尚产业范围 The Scope of Fashion Industry

时尚产业的范围应该有狭义和广义之分。狭义的时尚产业仅仅指对人体进行装饰和美化的行业,这也是时尚产业的核心内容。而广义的时尚产业不仅包括对人生活和工作小环境进行的装饰美化,还包括对人生存和发展相关事务和情状进行的装饰和美化。广义的时尚产业范围见表6-1。

表6-1 广义的时尚产业范围

	内涵	内容
广义时尚产业范围	对人体进行装饰和美化	时装与服饰(核心)、鞋帽衬衫、箱包伞杖、美容美发、珠宝首饰、眼镜表具等
	对人在生活和工作中所处的小环境进行装饰美化	家纺用品、家饰装潢、家居用具等
	对于人生存和发展中相关的食物和情状进行装饰美化	手机、数码产品、动漫、电玩等

也有学者从时尚产业所属行业的角度来确定时尚产业的范围。《中国时尚产业蓝皮书(2014—2015)》指出,尽管时尚产业在国民经济中的地位日益重要,但并未形成统一的行业划分标准。在西方发达国家,时尚产业包括的范围已从流行的服装或者发型设计行业,延伸到以下领域:第一,建筑、室内设计;第二,体型、化妆品、美容;第三,美食、舞蹈、音乐;第四,体育、游戏、娱乐;第五,政治、新闻、宗教;第六,礼仪、科技、经济。

根据国内外研究,结合当前中国时尚产业发展现状,将时尚产业的范围界定如表6-2所示。

表6-2 时尚产业的范围界定

所属行业	具体内容
时尚商品制造业	时尚休闲服装鞋帽、皮草皮具、各种饰品、名表、珠宝、香水、护发护肤化妆品、美食、消费类电子产品等
时尚服务业	美容美发、健身旅游、流行音乐、影视摄影、动画动漫、时尚书籍杂志、餐馆酒吧等休闲娱乐产业

四、时尚产业现状 The Status of Fashion Industry

时尚是为了满足特定社会群体的炫耀性消费而产生的。因此,在时尚产业兴起的初期,时尚消费针对的是社会上层群体,时尚产品的设计、生产和销售往往是由一家企业完成,即一体化的企业组织模式,这种模式下品牌资产专用性程度很低、模块生产效率也不高,产品创新效应低下,无法满足消费者日新月异的时尚需求。而目前的时尚产业组织,根据市场多样化的需求,在模块化方向的指引下逐渐向核心企业协调下的网络组织转变。如今的时尚产业更具备创新要素,时尚产品的展示方式也更加多样化;更重要的是,其生产体系的外包方式逐渐成熟,时尚企业有更多精力去从事自己的核心业务。

随着核心企业和时尚供应商的逐渐集中,时尚企业的生产边界日益模糊。时尚产业内部重复创新竞争和技术快速市场化的趋势,使得核心企业不再集中于某一个或者某几个企业,时尚企业越来越多元化,他们的时尚产业链也在不断丰富、更新和整合其运作。另外,强调企业时尚理念,把品牌精神和内涵融入产品中,并通过品牌广告创意设计宣扬品牌理念,从而让消费者更认可品牌概念;积极参与国际市场竞争,培育国际化企业,建立稳定的国际市场和消费者都是现如今时尚产业的重要发展趋势。

就我国而言,越来越多的城市正在时尚产业方面进行积极的探索,并且把时尚产业集群构建与城市品牌和城市形象建设紧密结合起来,除了北、上、广等一线城市外,其他二、三线城市也致力于提升发展能力,打造时尚之都。在我国,化妆品、消费类电子产品、服装、珠宝首饰和时尚服务业是我国时尚产业的代表。2014—2016年我国社会消费品零售总额连续三年同比增长10%左右,推动着制造业向时尚产业转型,时尚业也日渐成为我国现代服务业的代名词。

第三节 \ 时尚之都
Fashion Capitals

一、时尚中心 The Fashion Centers

时尚中心与时尚产业的发展相辅相成。18世纪中期,随着时装品牌在欧洲的出现,时尚媒体在欧美渐成规模,特别是在法国、意大利、英国、美国成为世界时尚产业大国的同时,也形成了世界时尚中心。

The fashion centers and the development of the fashion industry complement each other. In the middle of the 18th century, with the emergence of fashion brands in Europe, fashion media had gradually grown in Europe and North America, especially in France, Italy, the United Kingdom, and the United States. While becoming the world's strong fashion industry countries, these countries also became fashion centers in the world.

(一)巴黎 Paris

巴黎是法国的第75省,属于法兰西岛大区,位于法国北部巴黎盆地的中央,横跨塞纳河两岸。在自中世纪以来的发展中,一直保留过去的印记,某些街道的布局历史悠久,也保留了统一的风格。今天的巴黎,不仅是世界的一个政治、经济、科技、文化、时尚中心,而且是一座旅游胜地,以它独有的魅力每天吸引无数来自各大洲的宾客与游人。巴黎是极为著名的世界艺术之都之一,欧洲艺术文化中心与启蒙主义思想发源地。19世纪以来,各国才华出众的设计师和服装师萃聚巴黎,纷纷成立公司以施展才气。法国高级服饰今日的辉煌,自然与历代才艺超绝的服装设计师所做的贡献是分不开的。另外,法国皇家和历代共和国政府也以各种手段扶植时尚事业的发展。

巴黎时装周起源于1910年,由法国时装协会主办。法国时装协会成立于19世纪末,协会的最高宗旨是将巴黎作为世界时装之都的地位打造得坚如磐石。法国巴黎被誉为"服装中心的中心"。国际上公认的顶尖级服装品牌设计和推销总部的大部分都设在巴黎。从这里发出的信息是国际流行趋势的风向标,不但引领法国纺织服装产业的走向,而且引领国际时装的风潮,巴黎时装周在全球四大时装周中占有较大的分量。每年1月和7月,在卢浮宫卡鲁塞勒商廊内举行的高级时装表演,是巴黎社交界、新闻界和艺术界的盛事。法国高级服装设计师的风格都是自成一体,个性分明。从创作上来说,新老两代在构思和艺术的表现形式上不尽相同。从1960年起,高级时装创意有转向年轻化的趋势,使得新一代的设计师得到崭露头角的机会。

(二)纽约　New York

纽约是美国人口最多的城市,也是全世界最大的都会区之一。逾一个世纪以来,纽约在商业和金融方面发挥了巨大的全球影响力。纽约是一座世界级城市,直接影响着全球的经济、金融、媒体、政治、教育、娱乐与时尚界。

1943年,受"二战"影响,时装业内人士无法到巴黎观看法国时装秀,于是纽约时装周在美国便应运而生。举办初期,纽约时装周以展示美国设计师的设计为主,因为他们的设计一直被专业时装报道所忽视。有趣的是,时装买家最初不被允许观看时装秀,他们只能到设计师的展示间去参观。纽约时装周逐渐取得成功,原本充斥着法国时装报道的*Vogue*杂志也开始加大对美国时装业的报道。1993年,纽约时装周开始在纽约曼哈顿的布赖恩特公园(Bryant Park)举办,T台被安置在一个个白色帐篷内,只有受邀的买家、业内人士、媒体和各界名人才能入场。自此,每年在纽约举办的国际时装周,在时装界同样拥有着至高无上的地位,名设计师、名牌、名模、明星和各种服饰共同交织出一场奢华的时尚盛会。

(三)米兰　Milan

米兰是意大利第二大城市,欧洲南方的重要交通要点,历史相当悠久,因建筑、时装、艺术、绘画、歌剧、足球、旅游闻名于世。米兰都会区生产总值占意大利国内生产总值的4.8%,是欧洲人口最密集与工业最发达的地区。米兰也是世界著名的国际大都市之一、世界八大都会区之一、意大利最发达的城市、世界时尚与设计之都、时尚界最有影响力的城市之一、世界历史文化名城、世界歌剧圣地和世界艺术之都。

米兰是世界时装业的中心之一,其时装享誉全球。意大利是老牌的纺织品服装生产大国和强国,意大利纺织服装业产品以其完美而精巧的设计和技术高超的后期处理享誉世界。在四大时装周中，米兰时装周崛起得最晚，但如今已独占鳌头，聚集了时尚界顶尖人物、上千家专业买手、来自世界各地的专业媒体和风格潮流，这些精华元素所带来的世界性传播远非其他商业模型可以比拟的。作为世界四大时装周之一，意大利米兰时装周一直被认为是世界时装设计和消费的"晴雨表"。

（四）伦敦 London

伦敦是英国首都，欧洲最大的城市，与美国纽约并称世界上最大的金融中心。16世纪后，随着大英帝国的快速崛起，伦敦的规模也在高速扩大。伦敦是英国的政治、经济、文化、金融中心和世界著名的旅游胜地，有数量众多的名胜景点与博物馆。伦敦是多元化的大都市，居民来自世界各地，是一座种族、宗教与文化的大熔炉城市。

伦敦时装周每年2月在伦敦举行，设计师的杰作将会以展览的形式展现给观众。时装周期间，这些时装设计天才将居住在自然历史博物馆的特质帐篷或其他容易激发灵感的地方。每个季度，设计师都会齐聚伦敦的各地专业媒体，向买家展示自己的作品。伦敦是潮流创意发源地之一。知名度虽不及巴黎和纽约时装周，但却以另类的服装设计概念和奇异的展出形式而闻名。

二、自然气候条件 Natural Climatic Conditions

作为世界时尚之都首先有一个先决条件，即四季分明的气候，如此才能拥有春夏秋冬格调鲜明的时装、装扮以及时尚生活。五大时尚之都在这方面无一例外，纽约甚至将时装分为春、夏、初秋、深秋、冬五条季节线。

从这一点来看，北京和上海均具有较为优越的气候条件，其所处的维度如表6-3所示。

表6-3　五大时装之都和北京、上海的纬度

城市	巴黎	伦敦	米兰	纽约	东京	北京	上海
北纬纬度	48°	51°	45°	41°	35°	40°	32°

三、产业基本条件 The Basic Conditions of Fashion Industry

雄厚的时尚产业力量和完整的产业链是成为世界时尚之都的基本条件。在巴黎，除了拥有强大的服装设计、制作和销售能力外，其他如饰品、鞋帽、珠宝、皮具、化妆品，以及商业、时尚信息产业、原材料供应、教育等相关环节都相当发达。而米兰就凭借其从纺织到服装，从皮革、饰品到展会完备的产业链而跻身于时尚中心之列。相比而言，由于时尚产业的产业链较长，无论是北京还是上海，均有待于通过自身建设以及与周边城市的分工合作进一步加以完善。

(一)城市地位与环境 City Status and Environment

城市地位与环境是形成时装之都的首要条件。国际五大时装之都基本上都是国际金融、经济、流通和交通甚至政治、文化的中心,具有超大型城市规模。纽约、伦敦和东京在把握全球证券交易命脉的同时还是国际航运中心。巴黎和米兰则是经济和交通的枢纽,巴黎还是法国乃至欧洲的政治和文化中心之一。人们在关注城市本身的同时也会注意这些城市中的时尚,无形中流行的传播和影响得以加速和加强,而时尚在塑造城市的文化和个性形象的同时,也成为大都市的重要标志之一。北京是中国的政治和文化中心,上海市人民政府则将国际经济、金融、贸易和航运中心建设作为政府工作的总体目标。他们在此方面无疑需要进一步强化。

(二)人文基础 Human Foundation

成熟的时尚消费群体、优良的都市时尚传统、独到的时尚风格是时尚中心城市的人文基础。巴黎的高雅之所以抽象,从某种角度看是因为同样的服装会被不同的人穿出自己的品位。而东京不但有西装与和服并存,还有原宿的超前时髦青年。中国有着悠久服饰文明,不过即便是作为文化古都和政治中心的北京和曾有"东方巴黎"之称的上海,在日常着装中已难觅传统服装的形式和格调;服装流行虽几近与国外同步,但并未拥有足以让全球瞩目的自有风格,时尚消费概念也只是初步形成。而这可能会是短期内中国出现世界时尚都市的最大牵制。

(三)城市标志 Urban Signs

每一个国际时尚中心城市的时尚产业都具有自己的特色,都有一批代表性的世界级品牌、设计师和独到的经营方法并构成产业核心,这可算是专业条件。仅就服装而言,说到巴黎人们就会联想到迪奥,高级女装也是巴黎服装的招牌,巴黎还是高级成衣和服装品牌特许经营理念的发源地,并以优雅著称,强调服装的艺术性与人文气质。伦敦是公认的男装中心,其成衣技术独步天下,还有一批优秀的年轻设计师群体,它沿袭了英国式的精致传统但又不为艺术所束缚,而以商品的概念对待服装。纽约有出色的便装风格,都市风格、简约风格与民族文化交融复合催生的国际化风格成为纽约风格的缩影。米兰自1975年后成为公认的成衣之都,意大利品牌将悠久的历史、文艺复兴以来的贵族血统融入当代服装,且在品牌延伸经营等方面表现出众。日本风格强调东西交融、风格稳定、细致简约。同时巴黎的珠宝和香水,米兰的皮具和首饰、伦敦的瓷器、东京的生活用品均成为时尚产业的招牌。而中国的时尚产业虽已取得较大进步,北京和上海均涌现一批设计师和品牌,但品牌层次、产品结构的雷同使之难以出彩。

(四)文化与产业公共管理 Cultural and Industrial Public Management

国际化的时尚都市必须是开放的,同时还离不开政府的大力支持和协会组织的有效管理,这是保证其持续发展的必要条件。城市的开放性可以吸引人才和资金,事实上任何一个世界时尚之都的形成与发展都离不开外埠设计师、企业和经营者的参与,巴黎更是将自己定位为国际时装人才的大熔炉。政府导向和协会管理可以使时尚产业沿既定轨道有序地向预期目标推进。中国由于处于计划经济向市场经济的转型期,北京和上海在这方面还有许多工作要做。

(五)国家总体实力与市场吸引力 National Strength and Market Appeal

成为国际时尚之都依赖于国家总体实力的强大。五大时装中心的所在国在国际上均有较大影响,其国民经济产值均跃居世界前列,因此时装之都建设的一个必要要素即经济问题。同时,能否成为时尚之都还取决于机遇问题。巴黎和伦敦的流行地位是18世纪以后的历史造成的;纽约的出挑是“二战”后美国文化在全球扩张的副产物,而此前整个美国还是欧洲服装的最大出口市场。米兰在20世纪70年代从全球成衣潮中脱颖而出;东京的时装则由于20世纪80年代日本高涨的经济和日本设计师的杰出表现而一举成名。中国的经济多年保持高速增长,GDP已经位于世界前列,雄厚的生产能力、消费能力和灿烂的文化历史以及举办奥运会和世博会的双重机遇,已经使得北京和上海初具成为国际级时尚都市的可能。2008年的金融危机使得西方的时尚产业深受打击,中国经济的良好表现成为世界的焦点,这也给中国时尚产业和时尚城市脱颖而出提供了难得的机会。

从乐观的角度看,北京、上海离国际时装之都仅一步之遥,但是这关键一步的跨越需要从概念、各个产业、体系方面付出艰辛的努力。

第四节 | 时尚与品牌
Fashion and Brands

“fashion”的另一层主要含义就是“服装样式”,服装是时尚的一个极为重要的组成部分。纵观服装史,我们可以看到服装的变迁,恰恰反映着社会文化审美的发展,从服装中我们可以感受到各异的文化、审美观、价值观和时尚观。有调查表明,在表征时尚的维度上,服装一直处于前沿位置。通过选择穿着某一风格的服装,我们可以进行自我表达和身份建构,服装本身所具有的这种功能使其在时尚的消费和传播中发挥着巨大的作用。

一、时尚的基本条件 The Basic Conditions of Fashion

首先,需要指出的是,时尚并不局限于譬如女士外套等领域,这些领域中时尚是在高度竞争的情况下制度化和专业化地被使用。我们发现时尚被运用在更广大的领域,这些领域都在有意或无意地关注着时尚。时尚的基础运行机制是如此真实、纯粹,形成了女装时尚,它在其他领域被隐藏和搁置,但仍然有所作用。通过列出时尚大约出现的六个基本条件来了解时尚起作用的前提。

第一个条件是,时尚出现的场合必须是涉及文化运动,人们改变或摒弃旧的习惯、信念并依附和适应新的社会形态;必须得有进入未来的推动力。如果这个领域是牢固稳定的,如在宗教领域,就不会出现时尚。时尚需假定在这样的领域,顺应着周围的环境不断变化,并持续与新的发展保持一致。这个领域以新的心理视角为特征,这种心理视角给予"紧跟时尚"作为奖赏,认定旧的生活形式为过时的。总之,这个领域的变化特点必须获取对于变化的表达和反应,而这种变化正是"品味"的变化。

第二个条件是,时尚领域必须对新社会形态的样式选择和建议的循环出现开放。这些机遇时尚领域的样式,能够覆盖这些诸如观点、规则、思路、思想、实践等不同方面。在时尚领域,样式之间互不相同,并且这些样式都来源于社会的主流形态。每一个样式都象征性地成为候选者。因此它们的存在提供了它们之间的竞争模式和供群众选择的机会。

第三个条件是,在样式之间必须有一个相对自由的选择机会。也就是说,样式必须公开,人们能够公开谈论、观察。如果一种新样式的展示被阻碍了,那么时尚的进程就不能进行下去。此外,资金的严格限制也会削弱时尚发展的动力。时尚并不是由功利的和理性的因素来引导的。

第四个条件对于时尚运行至关重要,换句话说,互相竞争的新样式伪装出的优点和价值,并不能通过开放和明确的考察来表现出来。哪里的选择有着客观对待竞争样式的态度和有效的观察,哪里就不会存在时尚。因此时尚并不会根植于自然科学等领域;相反,对于竞争样式的相对优点的有效考察意义的缺失,恰好给其他因素提供了一个机会在样式之中做出选择。这种情况对于时尚的运行起着关键的作用。

第五个条件是,一些追随这个或者那个样式的有权威的人物。这些人物对于新样式的价值和可适性的判断必须得到大众的认可。如果他们受重视的程度够高,他们的选择会被认为是举足轻重的,是已选样式中优越性和合宜性的保证。这些权威人士对于相同样式的追求,增加了大众对于某种样式的接受的可能性。

第六个条件也是最后一种情况,这个领域必须对于新趣味和新趋势的出现持开放态度,这些趣味与趋势是由外界事物的冲击、新加入者的引进以及内部社交互动的变化引起的。这种情况主要对品味的改变以及集体选择的转换起作用,这两者构成了时尚的命脉。

时尚将不断上演,这个领域里的人将不断地集中选择时尚样式,并随着时间的推移而不断变换选择。这种集中选择并不是因为被选样式具有固有价值和合理性,而是因为这些样式所具有的出众的外表。毋庸置疑,这种出众是权威人士对样式的认可而赋予的。然而必须重申的是并非权威传达了这种认可:去除显赫地位的权威人士很容易被认为是过时的。同样地,有身份的人士必须被认为是代表了恰当适宜的观点,而这种观点是时尚领域发展所提倡的。我们在关注紧跟集体选择潮流倾向的重要性时便能认识到这点。集体选择的形成是在显赫地位与初级品位之间,权威认可与志趣相投之间的一个有趣但不甚了解的互动中发生的。通过这样的互动过程,集体选择得以产生,以致在特定时期内对一种时尚样式进行集中选择,而在另一段时期又是另外一种选择。

二、时尚机制的特点 The Characteristics of Fashion Mechanism

把时尚视为一个在众多竞争样式中进行集体选择的持续过程,这会给我们呈现一个全新的画面,显然不同于传统社会学对时尚的解释。它引起了我们对这样一个事实的关注:时尚包含的元素——革新者、领头人、追随者和参与者——他们是为了适应审美品位和感知力改变的集体性选择的一部分。

合理来看,时尚的运动代表了一次对新样式的追求,能对那些尽管还不太显著和明确的审美趣味做出解释,这种集体趣味的转变,毫无疑问,源于我们这个不断变化且错综复杂的世界中社会因素互相作用所产生的多样化经验。反过来,它的转型又引发了人们无意地去探索合适的表达方式,努力使之与现代化生活的前进方向一致。或许我们无须再指出,我们确实对集体趣味转变这一领域知之其少。尽管它毫无疑问很重要,但几乎未被关注过,更遑论研究,社会学家完全忽视了它。

在把对时尚的讨论停留在一些显著的表层领域之前(比如服装、饰物或者习性),希望能够关注和简要提及时尚机制的几个重要特征,时尚的历史延续性、现代性、集体趣味在其运作中的角色,以及那些声称能解释它的心理学动机。

(一)历史延续性 Historical Continuity

时尚的历史清晰地表明,新的时尚与其前身相关,甚至是从那里产生出来的。这是时尚与流行的基本区别,流行没有一个完整的历史延续性,而是各自独立于前身发展出来,并且也没有形成后继者。而对于时尚,其革新者如果没有理由要离开主流,或者在其基础上发展,则必须要考虑流行趋势。结果是一个延续性的序列。这一序列尽管不是很普遍,却是很典型,它有着文化变迁的特征,我们通常用"时尚趋势"来表达。时尚趋势尽管常常被理论研究所忽视,但的确非常重要。它表达了在特定方向中集体趣味的趋同和聚合,因属于群体生活中最重要的但不明显的特征之一。它有时由媒介的特性所决定(存在着一个裙子的长短会不会超越的界限);有时表达了媒介所有的逻辑可能性的耗尽,但通常表明是对兴趣和品味的相对突然的变化。在这些方面,时尚机制特别揭示了集体选择在新的进程中要确定自己而具有的一种摸索的特点。

(二)现代性 Modernity

现代性在时尚中是一个特别重要的特征。时尚一直都是现代的,它一直都在寻求与时代保持一致,它对它所处的特有的及相关的领域和整个社会的当前发展变化保持敏感。因此在女性着装方面,时尚是种种反应:即对自身趋势,对女装特有的趋势,对织物和装饰的发展,对艺术的发展,对那些能引起公众注意的令人兴奋的事件,如图坦卡蒙墓的发现,对政治事件或者是类似于妇女解放、青年思潮这类主要的社会变革的反应。时尚看似是将许多不同类型的事件的根源转换成一个模糊不清的准则,这些准则使时尚与现代性总体或大致的方向一致。这种形式的广泛反应就是形成我们所谓的"时代精神"的主要因素。

(三)集体趣味 Collective Interest

既然集体趣味在时尚机制的研究中占有很重要的地位,这一概念就需要更进一步的阐明和解释。下面引用新的《社会科学国际百科全书》第五卷中关于时尚的那一条:

当我们说"庸俗的戏剧不适合我们的趣味"和"他们对有次序的过程有一种趣味"时,趣味代表了对社会经验对象有机的敏感。趣味有三方面特性:它像是在积极寻求满足的一种胃口;它为接受或者拒绝提供一个基本的标准;它对于培养时尚又是一种引导。因此,它像是一种主观的机制,给个体以方向、规范行为以及经验塑造的世界。趣味是经验的产物;它们通常是由一个最初很模糊的概念发展为一个精炼且稳定的状态,但是它们一旦形成,就会衰退和瓦解。它们是在社会相互活动的环境中形成的,是对于他人给予的定义和肯定中形成的。那些生活在共同的社会交往中并有相似经历的人会形成共同的趣味。时尚的变化包括在特定的时尚区域中共同品味的形成和表达。最初,品味只是含糊其词的以及需要明确指导的。通过样式选择和建议,时尚的倡导者勾画出大致的轮廓,这样初级的品味就可以得到客观表达和规范的形式。大众品味在选择、设置限制和提供导向的过程中积聚积极的力量,与此同时,大众品味需要通过依附和体现特定的社会形态来完成它的精炼和规范。集体品味的本质、构成和功能构成了时尚中最难以解决的问题。

（四）心理动机 Psychological Motivation

目前,大多数学术界的人士认为可以采用心理动机来解释时尚现象。通过研究文献我们可以得出,在时尚产生的背后其实蕴含了复杂的情感因素和心理动机。一些人士将时尚的动机归结为极力避免乏味或是倦怠,尤其是有闲阶级。有些人将时尚看作是用游戏的态度和稀奇古怪的想法将原本单调乏味的生活变得多姿多彩的一种方式;有人将其看作是一种推动个体反抗主流社会形态约束的冒险精神;部分人士认为,时尚是对潜在性欲望的一种象征性的表达。还有的学者认为时尚是为了赢得个人声望或是骂名的欲望。最引人关注的当属萨丕尔的观点:时尚是来源于增强自我吸引力所做出努力的结果,尤其是在那些削弱自我整体性的情况下,自我意识通过新奇的但被认可的主流社会形态重获提高。

而这些从心理学的角度对时尚的解释多多少少有些站不住脚;他们并没有说明这样或是那样的情感或是动机为什么或是怎么作用于时尚的。然而这些心理因素几乎在人类的各个时期均可能存在并发挥作用,但很多时期时尚并没有出现。更进一步说,这些情感因素会以多种形式出现,但都与时尚并无多大关系。我们大多都已把精力转向时尚的表现形式,而并没有真正考虑过那些心理为什么会对时尚的形成发挥作用。这些心理学现象却不能充分地解释形成时尚这一复杂体系的方方面面,例如时尚新偶像的涌现,人们对此所持有的不同态度,在时尚复杂的体系中为何某段时间只关注某样事物,社会对此的支持以及某事物一旦成为时尚所具有的影响力。毫无疑问,心理学家列举的这些心理动机和想法对于时尚确实有着一定的影响,就如同这些也会影响社会其他活动一样。但是,这些因素在时尚中的作用并不能解释时尚,相反,它们只把时尚的发展当初它们运行的这些心理现象的一种媒介。

正如先前提到的那样,我认为,传统的社会学和心理学的现象是很难解释时尚的本质的。他们都忽略了一点:时尚是集体选择的过程。先前的观点并没有更多地考虑社会环境对时尚的影响,然而这却是时尚的产生所赖以生存的大环境。这产生的后果便是:很多人对于时尚现象所影响的深度及广度模糊不清,甚至看不到它在现代生活中所起到的至关重要的作用。

三、时尚与品牌的关系 The Relationship Between Fashion and Brands

品牌在英语中是"brand",有标记的意义,这个概念最早出现在中世纪的欧洲,那时候的人们用烙印在自家的物品上做标记以区别于他人的物品,商人也用这种方法让消费者能辨识不同的生产者,这就是商标的雏形。可见,品牌可以将不同的产品或服务相互区别开来。以美国营销协会对品牌的定义来看,品牌是"一种名称、术语、符号或设计,或是他们的组合运用,其目的是借以辨认某个销售者或群体销售者的产品或服务,并使之同竞争对手的产品和服务区别开来"。但由于市场经济的发展,服装的商品属性已远远超过其他物质属性,特别是产品同质化现象的日益严重使品牌的含义不仅局限于区别不同的产品。因此,服装企业纷纷构建品牌内涵和文化,品牌所传达出的精神和文化成为吸引消费者购买、培养消费者忠诚的手段。

服装是时尚的一个极为重要的组成部分。纵观服装史,我们可以看到服装的变迁,恰恰反映着社会文化审美的发展,从服装中我们可以感受到各异的文化、审美观、价值观和时尚观。通过选择穿着某一风格的服装,我们可以进行自我表达和身份建构,服装本身所具有的这种功能使其在时尚的消费和传播中发挥着巨大的作用。

对于服装品牌来说,不仅要在服装设计中体现当下的时尚潮流,而且在服装品牌广告中也要运用时尚的魅力与影响力来促进品牌建设和产品销售:一方面,在创意或表达中结合时尚元素、时尚文化来增加广告的时尚感和对目标消费者的吸引力;另一方面,无论是历史积淀的品牌文化、品牌创始人的个性气质,还是刻意策划出来的品牌内涵,都可以在广告中以视觉形式表达出来,并以这样独特且自信的品牌魅力来引领新的时尚。

随着生产力的发展,不同品牌的产品在功能与质量方面的区别越来越小,产品之间的竞争已经上升为品牌之争。于是,大众传媒以宣扬人生应以享乐和身体感官的满足为核心,充分调动各种各样的视觉模式,将高贵、美丽、浪漫、奇异等文化特性巧妙地与商品融合在一起,组合成视觉形式,赋予商品外在的形象和符号。法国哲学家让·鲍德里亚(Jean Bawdrillard)也曾指出:在现代人的消费关系中,消费者所购买的"不是物,而是价值。需求的满足首先具有附着这些价值的意义",即消费者所购买的不是商品的使用功能,而是附着在商品上的符号意义。

第五节　时尚消费者
Fashion Consumers

时尚社会学的认知涉及了一个对接纳时尚的消费者的分析以及他们的消费行为,因为消费者间接参与时尚的产生。当时尚达到接纳和消费的阶段,它就转换成某些更具体和可见的东西,这就是时装。一旦服装被生产,也意味着它被磨损和消费。而当时尚被生产,为了继续并延续人们对时尚的信仰,它也会被消费。若没有接纳和消费的行为,那么时尚的文化产物是不完整的。生产影响消费,消费影响生产,因此在分析时尚的时候,两者能够等量齐观。同样,我们必须考虑到文化产物的消费方面,质疑时尚消费者是如何与时尚的生产者融合在一起的。时尚学研究的是时装被生产与消费的社会环境，以及生产与消费行为的意义。在对文化产物（如时装、绘画和食品）进行评估时，也必须对其受众进行解释。美国经济哲学家加里·贝克尔（Garys S. Becker）解释了从生产者到消费者的转变和他们的关系，具体如下：

> 从生产者到消费者的漫长过程由目标受众进一步延续。消费者对最终形成的产品、构成、穿着和展示时装的场合等排列，成为他们自身的创造性过程。文化创造力以这种方式继续存在于大众视野中，在时装作为原始产物链的使用和发展中，其最后一步具有一定的社会重要性。

所以，不能孤立地理解消费。时尚学包含了时尚生产社会学，也包含了时尚消费社会学，因为消费和生产是互补的，尤其是在当今多样复杂的时尚系统中包括了一些从青年文化中浮现出来的时尚。我们需要从历史性的视角出发探讨消费，探究消费状况与象征策略的关系以及消费与生产之间的分解。

一、历史视角的时尚消费 The Fashion Consumption from Historical Perspective

现代消费模式起源于革命前的宫廷生活，尤其是被称为"消费之王"的法国路易十四。他沉迷于奢华华丽的服饰和装饰，凡尔赛宫都会按季节改变其宫内的手工地毯、装潢和窗帘。路易十四是以其奢靡的生活方式被人们铭记，而不是他统治时期的重要军事、宗教或政治上的作为。这是一种封闭的宫廷消费观，显然路易十四的宫廷使"优雅"和"法国"成为同义词。如此奢侈地装饰宫廷的目的，不是给王或他的朝臣们带来幸福，而是路易十四对政治权力的表达。穆克吉（Mukerji）解释了路易十四如何使法国成为美学文化中心：

> 路易十四和他的大臣们对法国能否称霸这一事件十分严肃，无法接受"意大利同时拥有伟大传统并主导时尚潮流"这一事实。如果法国政府要成为欧洲文明的中心，不仅仅是拥有权力，还必须有文化领导能力。因此，路易十四遵循古典先例，通过艺术品的形式来纪念他的成就，而大臣科尔伯特（Colbert）则操纵时尚风向，使法国商品成为整个欧洲精英消费者的理想选择。对于这些人来说，物质美更多的是权力和荣耀而不是美学问题。

路易通过法律的约束让廷臣传承他想要的服饰，服装历史学家马克·沃利斯（Mark

Worsley)表示:通过皇家法令,只能穿法国本土生产的衣服,如果被抓到穿了其他国家生产的衣服,那件衣服会被脱下来,当然还会被罚款。他还做了一件前所未有的事情,发明了一套名为"究斯特科尔"(Justaucorps a brevet)的衣服,这种全新的款式由蓝色布料制成,以金银装点,内衬为红色。只有50人,包含国王自己、王室公爵和王子亲王之类在内才有权穿这件衣服。仪式、宴会和祝宴,舞会和练习的消费都是计量系统的一部分,这不是为了个人的满足,而是为了增强政治权威。16世纪的贵族统治者的消费口味几乎是同质的,因为在宫廷里无论男女都以国王的品味和潮流为风向杆。威廉姆斯(Williams)解释了封闭式宫廷文化中的破坏性消费行为:

> 一旦晋身引人称美的宫廷贵族圈,任何贵族都必须花巨大的力气留在那里。他需要穿着绣有金丝银线的衣服、穿戴华贵的珠宝、畜养马和狗用于狩猎活动、购置带有天鹅绒和饰有壁画的马车以便他可以陪同国王前往其他宫殿、大量房屋和家具以便用来举办宫廷舞会和宴会,还有数十名侍从、仆人、马夫等等。除了极少数例外,大多数贵族都承担了巨大的债务。他们虽然顶着巨大压力过着皇室般的生活,但他们的收入却不及国王。

服装历史学家马克·沃利斯说过,领口上有繁复精致的花式纹路,环绕双肩的花边圆领,大约等同于一辆顶级跑车,甚至是一艘游艇的价值;长裙以蕾丝装饰,从前襟一路延伸至裙摆,再一次象征了女性的或其丈夫的财富,奢华至极。

如此看来,法国的历史从侧面证明了现代消费中存在的本质与外在困境的矛盾。到了18世纪,法国贵族和富裕资产阶级所享有的生活方式,已经成为整个欧洲上层阶级所钦佩和模仿的原型。虽然这种宫廷式的消费方式已不复存在,但消费者的生活比以往任何时候都更加波涛汹涌——购买和消费的欲望无限膨胀,而所产生的愉悦感只能满足于普通大众。由过去单一权威所导致的同质消费者方式,变成现在由多种权威所导致的多元流行文化。

二、消费革命 The Consumption Revolution

商品主要通过易货贸易和自主生产,使消费活动与生产活动密切相关。随着大规模生产带来的大众消费,消费模式发生了变化,生产活动与消费活动之间产生了分界线。工业革命带来了消费革命,它代表了品味、偏好和购买习惯的变化。威廉姆斯解释了消费者是如何随着工业革命而发生变化的:

> 工业变革使大规模生产成为可能。财富的幻衣可以使穿着得体,特别是在

传统象征财富的丝绸服饰开始平民化，从而使服装看起来大同小异——这对女性来说感到极大的安慰。技术的进步也改变了羽毛产业：任何可以掏腰包的女士都可以买到便宜和高质量的仿制品，甚至是完全虚构的品种。兔子皮可以变成像蒙古族栗鼠这样的异国情调的毛皮。

在19世纪60年代，农民和工人阶级妇女的衣服明显色泽较阴暗，裙摆更粗糙，不及富有妇女所穿的做工繁复考究、裙摆摇曳，也没有那么多蕾丝与蝴蝶结缀饰。至19世纪90年代，每个人都穿着剪裁更短、样式更简单、更多彩的衣服。大众消费意味着类似的商品可以普及所有地区和所有阶层。到了20世纪初，法国以及其他欧洲地区开始出现这种统一的市场。这场消费革命的结果就是走向多元化，人们的价值体系发生了变化，随着大规模的生产，时尚已由奢侈品化转为平民化，消费行为也开始发生了变化。

19世纪后半叶女性意识渐渐抬头，生活的机能性受到重视。到了19世纪70年代，女装大量使用室内装饰的手法，例如窗帘的垂坠抓皱感、床罩边饰所用的褶饰或流苏装饰等，设计于裙子上。第二帝政时代所流行的巨大裙撑渐渐消失，流行于17世纪末与18世纪末的臀垫（Bustle）又再次掀起流行风潮，此时期的女装凸显胸部、压平小腹，特别强调"前凸后翘"的造型。

图6-1　19世纪女性偏爱"膨大"的服饰①

法国学者麦奎肯（McCraken）对年代传承印记和创新之间进行了比较，以解释如何以及为什么重视新鲜感的时尚变得可以接受。随着消费革命和消费社会的出现，年代传承印记渐渐失去价值，创新的价值反而水涨船高受人欢迎。年代传承印记在过去作为一种视觉可见的地位证明，但在18世纪渐渐失去光环。多样化的选择，使消费者受到新口味和偏好的驱使。一般大众重视新的东西，其地位自然高于旧的东西。因此，瞬息万变的

---

① 图片来源：搜狐时尚网。

时尚就变得非常重要和有意义。此外,时尚的更新速度在18世纪开始加速,并且部分原因是工业的发展——过去需要花一年做出的改变,现在只需要一个季度。商家开始利用时尚的社交和商业动态,努力发展并创造最高峰。创造新风格、诋毁旧风格的新技术不断发展,当一个新的时尚出现,所有具备相当品味与资源的人便会将最新产品搜罗到手,借此证明自己不俗的品位。

像布鲁默所认为的一样,时尚是集体选择的结果,而消费者的喜好决定了时尚。同样英国学者麦肯德里克(McKendrick)指出,如果没有相应的消费者特征和偏好的改变,就不可能改变生产方式和目的。17世纪90年代,英国的消费者喜爱从印度进口的廉价印花布和棉布,由于消费者喜好发生了变化,国内生产和进口商品也随之发生变化。18世纪的创新和时尚的商业化,使得时尚产品唾手可得,消费者的需求也发生了变化。工业革新使流行风格快速变换,时尚知识快速传播,营销手段层出不穷,如时尚玩偶、时尚图样以及以前处在时尚边缘的社会群体更积极地参与,还有关于消费和对公共物品的贡献的新观念。

经济转型和技术变革降低了现有消费品的成本,使其易于供所有社会阶层使用。蒸汽引擎使运输成为可能。印刷和摄影的发明也对大众消费产生了重要影响。时尚似乎填补了现代人无尽的欲望,正如威廉姆斯所说:

精英消费者永远不会找到一个安息之地,永远不会达到平衡,但又不断购买和丢弃,把物品带回家却又闲置它们,一有风向又继续购买。与大众消费者的命运所差无几,大众消费者发现象征财富的表象总是很快湮灭,曾经不寻常的东西现在每个百货商店都有出售,就不再具有传递财富光环的能力了。

法国学者米勒(Miller)研究了19世纪法国百货公司Le Bon Marche对文化的影响,及其在消费革命中所起的重要作用。它不仅是一个可以发现和购买商品的场所,也是一个能激起人们物质欲望的场域。于1852年创建的Le Bon Marche,是巴黎也是世界最古老的百货公司(图6-2)。今日,呈现在世人眼前的奥斯曼式、矮圆拱的庙堂风貌,则完成于1869年的扩建工程中。Le Bon Marche也是中上级巴黎人血拼时最爱的百货公司,这里也是法国电影经常借用的拍摄场景。19世纪法国大文豪埃米尔·左拉(Émile Zola)喜欢流连其中,一方面观察社会人生,一方面寻找写作灵感。

其实,Le Bon Marche的面积不比其他百货公司宽广,但因为地处寸土寸金的左岸市中心,大型游览车很难在此停留或找到停车位,少了外国旅游团游客的吵嚷,逛起来不会摩肩接踵像菜场。巴黎人喜欢在Le Bon Marche血拼的另外一个原因是百货公司的用心,不但摆设商品用心,用来摆设的一木一柜也绝不含糊,一律是高级的上等材料,价格不菲的高档货被衬托得更加出色、更具价值。

百货商店对改变消费者品味和喜好,改变购买行为,改变买卖关系以及改变营销技巧的贡献是不可估量的。它有助于塑造和转移商品的文化意义,也是作为文化与消费相结合的重要场所。百货商场不仅要看作消费模式变化的反映,还要看作是对消费文化产生积极贡献的决定性因素。百货商店对资产阶级的价值观进行了物质表达,而这些商品必须够时髦才能使这些价值观具体化,并赋予它们"变成这些价值的化身"。百货商店体现的是资产阶级的价值观、态度和愿望,它注入了具有文化意义的商品。材料符号有助于我们重新意识到这些文化意义。米勒展示了大型百货公司是如何成为当今现代零售业的先驱的。

图6-2 自19世纪营业至今的Le Bon Marche百货商店①

三、消费者社会价值 Consumers' Social Value

在一个有着鲜明社会分层体系的社会中,物品往往反映出给定的社会等级。在这样的社会中,可以通过节约法,禁止那些被认为低于其社会地位的人使用某些物品。在这种情况下,物质客体和社会地位之间的意义过程力求保持僵化和受控。然而,一旦这种控管消失,商品可以从相对静态的符号变成更直接的本构的社会地位。在这种情况下,模仿或模仿作为一种策略变得越来越重要和有意义。在特定的社会等级制度下,人们试图通过模仿来实现自己对更高地位的渴望,改变自己的行为、穿着和购买的商品种类。模仿反过来又会激发人们保留差异的欲望,这种差异往往建立在对有关商品及其声誉内涵的了解上。其结果是,时尚成为延续这些形式的社会分化的手段,而这种分化以前是由节制来做出区间的。换句话说,在社会等级不明确的背景下,对商品的需求可能会大幅提升。米勒解释道:"一件物品之所以时尚,完全是因为它象征着'当下'。也就是说,它注定会随着时间的流逝而变得不时髦。时尚通常在模拟和区分的体系中运作,例如,它利用物体变化的动力作为加强它所运行的社会制度稳定性的一种手段。"

有两个主要的经典研究例证了时尚消费和消费过程的重要性:齐美尔和凡勃伦的研究。在1957年,齐美尔在研究中就有提到,许多人试图在模仿与区分两者之间找到一个平衡点,而时尚起了主要作用。显然,齐美尔并没有提出两者是一种孤立的趋势和可以

---

① 图片来源:穿针引线网。

替代的一体化趋势,而是作为相同行为的相互矛盾的两个元素。但一个人必须要意识到某种流行,时尚才能成立,从而使人们得以保留一个私密的世界,一种自我概念,而这种自我概念是不受传统形式干扰的。接受某种流行的确是社会影响下所做出的决定,但同时也和个人策略有关。时尚因此提供了一个可以让人表现的平台,但对于某种流行而言,它也是保护个人以免在公共场合暴露他们的品位。本研究为消费活动作为一种生活方式的概念提供了一个清晰的例证。

人们可以发现从属模仿的系统含义。当下层阶级的人开始借用上层阶级的符号标志时,上层阶级的人被迫寻找新的地位标志。每一个社会地位符号都可以被阶层较低的社会群体所模仿,因此上层阶级被迫在所有产品类别中追求最新的产品,包括服装在内。一旦上层阶级的人找到新的替代品,也就意味着会被下层阶级模仿甚至占用,导致上层阶级需要继续寻找新产品,反复循环。过去时尚革新主要是为了时髦,现在的推陈出新则是根据环境选择的一种必需的手段。如果上层阶级没有了年代传统印记的保护(身份和地位是可以通过模仿而造假),获得这种保护的唯一方法就是不断地发明新时尚。

另外,凡勃伦对经典的炫耀性消费和地位符号研究重新构建了一个分析框架,该框架一直是消费者行为社会学研究的基本框架。凡勃伦论述观点与西梅尔的相似,但是凡勃伦将"炫耀性消费"一词纳入了主流。人们购买商品是为了与他人竞争,时尚和服装是社会地位的象征。他的理论解释了时尚的功能,这明显不同于服装"端庄得体"和"保护"的功能。

凡勃伦将金钱品味的模式分成三个类别:炫耀性消费、炫耀性浪费和炫耀性休闲,三者相互关联,相互依存。炫耀性消费是为了给别人和整个社会留下深刻印象,而展示购买能力是时尚最基本的功能。炫耀性浪费类似于炫耀性消费,一个人可以通过放弃或破坏自己的所有物来证明自己优越的财富。炫耀性休闲,即一个人过着远离所有琐事的生活,如果一个人完全不需要体力劳动,那他就不可能穿着适合劳动的服饰。倘若有些人穿着奢华的服饰,标志着穿着者是休闲阶层或依赖休闲阶层活着的人。例如,一顶不能保护头部的华丽帽子,17世纪早期的夸张领饰,限制手臂和手部动作的长袖子。

凡勃伦的炫耀性消费理论或竞争性模仿理论部分仍适用于今天。我们模仿那些与我们竞争的地位更高的人,模仿那些我们崇拜的人而不考虑他或她的地位。这种虔诚的模仿与竞争性模仿的结果是相同的,但激励因素截然不同。时尚本来就是令人羡慕和渴望的东西,否则消费者就不会接受时尚,也不希望变得时尚。事实上,时尚作为炫耀性消费的表现,在最近的消费研究中,布迪厄提出了一个非常相似的分析,他探讨了工业社会中文化实践的本质,并将几乎所有的消费行为都视为社会分化的手段。

时尚的滴落理论具有多种优势。它将时尚传播置于社会背景中,让我们看到时尚运动如何与其所发生的社会系统联系起来。然而,布鲁默认为,时尚必须是被视为一个"集体选择"的过程，其中滴落理论没有发挥重要作用。他认为服装并没有从精英阶层中获得声望，相反，潜在的时尚因子是由独立于精英控制的因素决定的。布鲁默认为，西梅尔的理论虽然适合过去的欧洲时尚，却无法解释现代社会的时尚系统。

物质商品传递着关于其拥有者的不同信息，而历史学家的工作就是解码这些信息。身份追寻只是"自我呈现"的一个方面，物质文化提供了对附加的象征性属性的理解，物质文化可以传递身份信息。社会科学家试图解释个人和群体如何使用无生命的物体来表示，合理化以及如何竞争地位的意义。

四、现代和后现代的消费者 Modern Consumers and Post-Modern Consumers

时尚信息过去只有一个来源——巴黎。世界各地的具备时尚意识的消费者都竞相模仿法国流行风格，巴黎的流行有着最具美学的外观。从历史的角度看，时尚服装只能被那些具有高度社会地位的人和那些有钱的人所消费，他们既可以享受奢华的生活方式，也可以享受奢侈的服装。在消费者还没那么关注时尚的时代，设计师和制造商试图影响甚至左右大众消费者的想法，虽然大众消费者可以而且也会经常拒绝接受他们所建议的流行变化。如今，整个时尚行业不能强制推行时尚的变革，也没有哪位设计师能够在风格上进行彻底变革。时尚的消费者不仅仅是富人或上层阶级，时尚并不局限于那些认为自己在社会或经济上优于大众的人。威廉姆斯解释说："法国社会已经没有一个明确界定的群体来建立一种消费模式，就像那个群体失去了一个至高无上的个体来指导它的品味一样。"社会地势趋于平稳，人们更倾向于同辈之间互相模仿，而不是模仿位居其上、有名有势的群体。偶像崇拜的现象分崩离析，剑拔弩张的竞争愈演愈烈。

社会学家认为，西方社会在过去几十年中发生了变化，人们的消费模式也发生了变化。正如英国社会学家米勒森（Milson）所指出的那样，消费者行为在过去几十年中经历了一次重大转变：20世纪50年代、60年代甚至70年代的大众市场已经消失了，取而代之的是未来学家称为"去大众化"的现象；市场根据需求分化出了许多不同的细分市场，有些已经超速前进，有些还处于限速阶段，有些则一如既往地缓慢前行，还有一些努力行驶在高速公路上。时尚消费者迫不及待地想要了解下一季的时尚趋势。美国经济学家罗杰斯根据他们接受时尚产品的速度，将消费者分为五种不同的类型：创新者、早期采用者、早期采用人群、后期采用人群以及落后者。

（一）从阶级时尚向消费时尚的转变 Fashion Shift from Class to Consumption

在后现代文化中，消费被概念化为角色扮演的一种形式，因为消费者不断试图投射发展的身份概念。社会阶级在当代社会中的个人形象和身份定位比以前更不明显和重要。风格外观的差异不再用来区分社会阶层,因为阶级间和阶级内有大量的流动性。过去基于经济和政治领域的社会认同,现在基于外在领域的社会认同。美国自然主义文学家斯蒂芬·克莱恩(Stephen Crane)指出:"文化商品(如时装)的消费在个人身份的建构中扮演着越来越重要的角色,而对物质需求的满足和对上层阶级的仿效是次要的。"一个人的服装风格传达了第一印象和个人形象。当代社会中各种各样的生活方式将个人从传统中解放出来,使个人能够创造出有意义的自我身份。据克莱恩所说,服装本身并不比用于销售它们的机制重要,后者可以用来销售授权产品。消费者不再被视为模仿时尚领导者的"文化白痴"或"时尚受害者",而是人们基于他们自己的身份和生活方式来选择风格。时尚被视为一种选择而不是强制要求。消费者需要从各种选择中"构建"个性化的外观。服饰风格是不同元素的混合体,对不同的社会群体也会产生不同的含义。

随着社会结构开始发生变化和科技的进步,时尚信息通过多种媒体以惊人的速度从各种渠道传播开来。除了寻找巴黎本季的时尚产品外,消费者还要探索其他地方,有时候青年文化会根据自己的时尚定义创造自己的风格。本书把这称为另一种时尚系统。时尚的来源越来越多样化,全世界越来越多的年轻设计师正在走出固有的街头文化,设计出独特的街头时尚。尽管如此,仍然有把关者负责时尚设计,即使街头时尚必须经过认可的过程,才能获得大众的青睐。

(二)打破生产和消费边界 Breaking Production and Consumption Boundaries

物体在购买之前就已经制造出来了,因此我们倾向于将消费活动视为生产和其他生产形式发展的结果,或者是次要的过程。然而在后现代文化中,界限开始崩塌。对贝克尔来说,艺术界的生产与消费没有区别,观众与艺术家也没有区别。每个人都参与了他们自己艺术品制作和分配的过程,贝克尔讨论了艺术的社会建构本质及其艺术价值是如何形成的。他的方法来自象征互动主义的现象学基础,结合了艺术非神秘化的意图,反对神话中的艺术声誉,这正是时装学中使用的理论框架。贝克尔假设道,正如在所有社会领域中,社会意义是在创造者及其支持人员之间正规化互动中产生的。所有人都成为创作过程的参与者,生产并接收融合。我们从贝克尔那里了解到艺术家如何在制度的约束下生活和工作的,这也是时尚学中呈现的。

流行和高级文化之间的区别经常出现在研究文化和艺术的时候,这可能延伸到高级时尚和流行时尚的区分。美国学者狄玛乔(DiMaggio)在研究中表明,20世纪初,美国通过一个独特的组织系统建立了一个视觉高级文化模型。他分析了各种类别中的差异是如何随着时间的推移被创造出来和制度化的,以便保持这些差异。然而,克莱因认为,高级与次文化的区别正在变得模糊,我们必须根据创建、制作和传播的环境来定义文化,而不是只解释文化的内容。

在现代和后现代社会里,随着消费者变得越来越时尚,越来越有时尚意识,他们自己就成为生产者。时尚最初定义为模仿上级阶层的穿衣行为,但随着阶级界限变得不那么僵化,模仿下级阶层的穿衣行为开始出现。街头时尚原本开始是反时尚的表现,但具有讽刺意味的是它被认为是时尚。这是时尚的上传理论。

一旦时尚定义了标准服装的品味,人们便会努力寻找它。根据布迪厄的说法,这种标准的品味是以阶级为基础的,不同的是各个阶级的品味有所区别。然而,在现代社会中,时尚的风格以不同的形式提供给不同社会阶层的人,以便时尚物品可以达到几乎每个级别消费者的喜爱。

朋克时尚是时尚生产与消费之间边界消失的体现。朋克首先出现在1976年伦敦的失业青年群体和学生群体之间,朋克文化似乎已经发展成为对失业人员和对年轻人普遍的悲观情绪的反应。它标榜了无政府主义和虚无主义。朋克服装几乎完全是黑色的,具有威胁性;它通常是自制的,或者是从二手旧货店购买的,服装经常被随意裁剪、割破而显得凌乱。男性和女性都剃光头、自残,穿着肮脏和破烂的衣服。他们用化妆品和发胶制作出夸张的朋克风格。美国学者曼德斯(Mendes)和德·拉·海耶(de la Haye)对塑造朋克身份的风格描述如下:

> 紧身黑色长裤搭配马海毛毛衣,以及喷着涂料油漆、链条和金属钉的皮夹克是朋克服饰的主要标志;另外,女性也会穿着迷你裙、黑色渔网裤袜和细高跟鞋等服饰以表现个性。除此之外,黑色口红、耳钉等元素也是朋克人群所追求的时尚审美,体现了另类、自由的形象特征。朋克风格也挑战了男性化的刻板印象和长期以来认可的女性美。

如果一种风格被许多人所承认,那它就可以成为时尚。朋克时尚是非常引人注目的,但它并不是一种炫耀性浪费或休闲的表达,因此被大众接受成为一种时尚风格。这种风格开始商业化,并渗透到大众时尚市场甚至高级时装领域,并对时尚界产生了巨大的影响,如赞德拉·罗兹(Zandra Rhodes)、薇薇安·韦斯特伍德(Vivienne Westwood)和马尔孔·麦克拉伦(Malcolm McLaren)等时尚设计师在他们设计的系列中融入了朋克风格。尽管朋克时尚帮助伦敦建立了创新青年风格的声誉,主要与英国有关,但欧洲其他地区、日本和纽约也出现了类似的发展。例如,年轻的日本设计师正在从东京的街头汲取创意,设计出的服装在那些试图获得群体认同的青少年中非常受欢迎。这些设计师构成一个新的时尚系统,形成逐渐被制度化为小型独立和边缘的时尚品牌,并借此与世界著名的主流日本设计师区分开来,如三宅一生(Issey Miyake)和山本耀司(Yohji Yamamoto)。然而,即使是街头时尚也需要被传播、获得认可才能成为时尚。

（三）时尚的社会曝光度 Social Exposure of Fashion

时尚可以被分析为从众多款式中集体做出选择的过程。创新消费者可以尝试许多可能的替代品，但时尚过程中的终极测试是要选择出"时尚性"的风格。消费者会努力寻找出那些被定义为时尚的服装。

一种新风格的曝光度的日益提高是时尚集体行为的关键。时尚营销和新风格信息的大众传播，倾向于使消费者的品味同质化和标准化，即使很多不同制造商和零售商都参与时尚业，但他们制造和推广的风格往往彼此相似。当一种风格被定义为时尚时，服装行业会复制这种风格。媒体和时尚广告，尤其是时尚杂志特别会制造新闻，吹捧新时尚的社会地位和声望，使新风格具有吸引力并鼓励消费者接受它们。大量的曝光度与催促与他人不同（但并没有太大差别，只是略有不同）的说法随处可见。

在现代社会和后现代社会中，消费和生产是相辅相成的。因此，生产不会在脱离具有更广泛社会意义的消费的范围内独立发生。本章探究了特定文化产业中的生产与消费之间的关系，研究时尚产品的流通和通过生产——消费关系而产生意义的过程，实证研究和理论论述都很重要并具有一定关联性。时尚与反时尚，高级时装和大众时尚，男人与女人，富人和穷人以及许多其他社会类别之间的区别和差异正在瓦解。

第六节 \ 案例
Case Study

一、19世纪美国纺织产业东部沿海布局 Eastern Coastal Layout of the US Textile Industry in the 19th Century

美国在19世纪初开始工业革命，到19世纪末已基本完成了自农业向工业国的转化。而美国进入工业革命的开端始于北美历史上第一家水力纺织厂在罗德岛普罗维登斯的建立。伴随19世纪美国纺织业快速发展，其工业生产值甚至超过了同时期的欧洲工业强国，并跃居世界首位。这为其后续产业转型积聚了必要的产业基础要素，并为20世纪纽约时尚系统的完善发展奠定了坚实基础。回溯美国自19世纪初纺织业起步与发展，到东部沿海区域纺织项目与教育项目的全面布局，再到纽约时尚产业复合多元文化、当代艺术、商业氛围的时尚特征，顺着历史的脉络并结合美国时尚产业与市场调研，聚焦典型案例，分析其当代纽约时尚与19世纪以来纺织工业交织发展的情况，归纳其自纺织工业向时尚产业转型的必备

要素,进而启发当下中国时尚系统和产业发展。

（一）19 世纪美国纺织业发展要素 The US Textile Industry Development Elements in the 19th Century

1790年,标志着美国纺织业正式开启工业化生产的第一家纺纱厂在罗德岛建立。19世纪,美国纺织业进入蓬勃发展时期,至1809年已由最初的4家纺织工厂发展到62家。[①] 美国纺织业自19世纪以来的快速发展,得益于起步阶段各类基本要素的集聚与构成,如:机械革新、技术移民、产业集聚等。

1. 机械革新推动纺织机械化 Technological Innovation Promotes Textile Mechanization

18世纪的英国开启了工业革命的先驱,机械时代来临。美国迅速跟随其后加入了工业化大潮。三次机械的革新解决了美国原料供给和棉布生产机械化问题,为19世纪美国纺织业的发展奠定了重要的技术基础。第一次是1789年,英国人塞缪尔·斯莱特(Samuel Slater)远渡重洋来到美国,并在富商摩西·布朗(Moses Brown)的协助下,改造出阿科莱特新式机,实现了纺纱工序的机械化;第二次是1793年,伊莱·惠特尼(Eli Whitney)发明新式轧棉机,使南方高地棉花脱籽问题得以解决;第三次是1812年,洛厄尔(Lowell)研制了新型动力织布机,实现生产流程的全过程机械化与流水线生产。

2. 技术移民推进产业化进程 Technical Immigration Promotes the Industrialization Process

19世纪初,美国纺织业远远落后于英国。英国在工业革命之后,棉纺织业率先实现了机械化。英国工厂政府为了保持自己的垄断地位,试图将机械化织机的制造方法和运作模式保密,先后制定了若干条禁令,如禁止纺织机械出口、禁止熟悉织机构造的技工移民等。面对这一问题,美国工商业制定了多项吸引技术人才的政策。同时,美国商会、制造商人为了吸引棉纺织工业的工人,给出了种种优惠条件,派人到英国进行游说,或是在英国报纸上刊登招聘广告,且承诺予以纺织工人重酬。许多工人闻风而动,有些甚至藏身木桶偷渡到美国。据统计,1773—1775年,在英国颁布禁令的情况下,仍有521名纺织从业人员从英国移民至美国,包括了纺织工人、机械师、机械制造工、纺织管理人员等,为美国纺织业的机械与产业转化提供了必要的早期人才引进。

3. 产业集聚促进城市化发展 Industrial Agglomeration Promotes Urbanization

首先由于美国纺织机多为水力纺织,水网密布的新英格兰地区凭借地理优势建立起大量纺织工厂。其次,波士顿联合会在洛厄尔逐渐修建水利系统,扩建梅里马克运河,构

[①] 张大鹏:《美国纺织工业的兴起与洛厄尔城市形成的历史考察》,复旦大学出版社2014版,第65页。

建分支并修建水坝等设施,形成复杂而高效的水利系统,为纺织产业集聚区的建立奠定基础。借此,新英格兰地区聚集了美国最为密集的纺织工厂,成为美国19世纪的纺织中心。各式便民服务如教堂、医院、商店等逐渐开始建立在相应的纺织工厂区域,以纺织工厂为基础逐渐发展成工业城市。

(二)罗德岛与沃尔瑟姆模式助力产业转型 Rhode Island and Waltham Models Help Industry Transformation

19世纪美国东部纺织业经历了从手工制造业到工业化生产的转型进程,遂发展出两种主流纺织生产模式——罗德岛模式(Rhode Island System)和沃尔瑟姆模式(Waltham System)。

罗德岛模式盛行于18世纪末至19世纪前期,以莱斯特纺纱厂(Samuel Slater textile mill)为代表,实行包买商制度(Putting-out System),即纺纱厂将棉花制成纱线后,外包给农户生产,农户手工织布,最终厂家收购并统销。尽管罗德岛模式尚未实现棉纱到棉布的机械化生产,但已经能提供稳定而大量的棉布,并有一定的品质保障。故在19世纪前期,该模式取得了一定的效益。

沃尔瑟姆模式的诞生得益于棉纱至棉布生产机械化问题得到解决。1813年,波士顿商人弗朗西斯·卡波特·洛厄尔(Francis Cabot Lowell)采用股份制经营模式,以集资的方式于1813年在沃尔瑟姆建立大型纺织厂,并组建了波士顿制造公司(Boston Manufacturing Company),这一进程标志着美国纺织产业模式创新的发端。洛厄尔凭借超强记忆力在英国游玩时牢记纺织厂设备与管理方式,并在机械师保罗·穆迪的帮助下进行改良,制造出水力织布机,从此美国纺织业棉布生产机械化问题得以解决。

借助罗德岛模式和沃尔瑟姆模式,美国的纺织业快速发展。罗德岛模式以规模较小的个体工场为主体,集中于美国东北部沿海区域,包括了马萨诸塞州西部、罗德岛以及康涅狄格。沃尔瑟姆模式则多为规模较大的工场流水线生产,散布于马萨诸塞州东部、新罕布什尔州、维蒙特州、缅因州等地区。这两种并存的生产方式映射出自农业化向工业化发展进程中,传统手工生产与机器生产的冲突对抗与转移和解,与工业化发展的必然历史轨迹。同时,因各自的生产织造特点,两种模式采取错位竞争策略,罗德岛模式集中于高档纺织物的小众产品生产,而沃尔瑟姆模式则追求大规模生产与薄利多销,两种模式从产业规模、运营资本、运营方式、生产方式、产品形式看均不同,详见表6-4。

表6-4　罗德岛模式与沃尔瑟姆模式比较

	产业规模	运营资本	运营方式	生产方式	产品形式
罗德岛模式	小	个人出资	个体工厂	手工为主,部分环节实现机械化	高品质精品
沃尔瑟姆模式	大	集资	合资工厂	从棉花到棉布实现机械一体化生产	大众化产品

（三）19世纪美国东部沿海城市的纺织产业与教育项目情况 Textile Industry and Education Projects in the Eastern Coastal Cities of the United States in the 19th Century

1. 产业布局 Industrial Layout

到19世纪70年代,美国纺织工厂已历经了半个多世纪的发展,费城也因此成为美国最大的工业城市。在纺织商人意识到纺织教育的重要性后,1880年美国历史上第一个正式的纺织项目——费城纺织学院（Philadelphia Textile Institute）由费城制造商同盟（Philadelphia Manufacturer's Association）着手推进。该项目的目的在于建立一个以纺织面料风格与设计创新为核心内容的创意机构。发起人西奥多（Thedore）出资50000美金作为该项目的启动资金,并于1882年又筹集了37000美元。1884年,该机构拓展编织项目并在费城博物馆下属工业艺术学院开启。19世纪中后期,马萨诸塞州、罗德岛、宾夕法尼亚州、北卡罗莱纳州、南卡罗莱纳州以及乔治尼亚州等美国东海岸诸州为突破创新,意识到纺织教育的重要性,纷纷开启纺织项目,以加强纺织工业的人才培养。主要项目和时间整理详见表6-5。

表6-5　19世纪美国纺织项目布局情况

	主要区域	发起人/组织	教育项目	起步时间
1	马萨诸塞州	洛厄尔家族 （Lowell Family）	洛厄尔设计学院 （Lowell School for Practical Design）	1872年
2	马萨诸塞州	杰丝·梅特卡夫 （Jesse Metcalf）	罗德岛设计学院 （Rhode Island School of Design）	1878年
3	宾夕法尼亚州	费城制造商同盟 （Philadelphia Manufacturer's Association）	费城纺织学院 （Philadelphia Textile Institute）	1880年
4	乔治尼亚州	约翰·汉森 （John F. Hanson）	乔治尼亚理工学院 （Georgia Institute of Technology）	1887年

续表

	主要区域	发起人/组织	教育项目	起步时间
5	南卡罗莱纳州	汤玛士·克莱蒙森 (Thomas G. Clemson)	克莱姆森大学 (Clemson University)	1898年
6	北卡罗莱纳州	沃塔加俱乐部 (Watauga Club)	北卡罗莱纳州立大学 (North Carolina State University)	1889年
7	马萨诸塞州	洛厄尔家族 (Lowell Family)	新贝德福德项目 (New Bedford Program)	1899年
8	马萨诸塞州	洛厄尔家族 (Lowell Family)	贝德福德–德菲项目 (Bedford-Durfee)	1904年

注:资料由笔者在美国北卡罗莱纳州立大学访学期间,根据北卡纺织项目档案资料整理而成。

　　以北卡棉纺织业发展为例,其发展进程中交织着产业发展、纺织项目布局、教育项目支持等诸多方面要素,遂构成了美国东南沿海的纺织集聚区,北卡州立大学纺织学院至今都是美国最大和排名第一的纺织学院[①],并于2018年更名为威尔逊纺织学院(Wilson College of Textile)。

　　纵观美国东南部纺织产业发展历程,第一,在1813年北卡罗莱纳州的第一家棉纺织厂由迈克尔·申克(Michael Schenck)在林肯郡(Lincoln County)建立。在1816年,申克(Schenck)与押沙龙·沃利克(Absalom Warlick)合作建造了第二家棉纺织厂,并成立了南方纺织业中心。第二,在1835年,许多工厂改用煤作为动力的蒸汽机,提供了一种更可靠、更便宜的能源,纺织业产量遂猛增;到1891年,北卡罗莱纳州有91家棉纺厂,包括图中所示的格林斯博罗锥形棉纺厂。第三,进入20世纪初期,到1920年,棉花已成为北卡罗莱纳州最重要的农作物之一,占全州农作物总值和耕地面积的25%。第四,1936年,拉斯特兄弟(the Rust Brothers)发明了第一台机械采棉机,这项发明使农业劳动力的需求量减少了75%。第五,1982年,北卡已有超过38000个农场种植棉花,这些农场生产棉花产量高达570多万磅;时至今日,在美国高新技术对棉纤维的影响巨大,如图中的风暴牛仔(Storm Denim)是由美国棉花公司(Cotton Incorporated)开发的技术,作为一种经过防水处理的棉花,能够保护着装者免受雨雪且不失棉花的舒适感,材料的功能性开发已然成为主流发展趋势之一,见图6-3整理。

---

① 图片来源:NCSU官网。

北卡罗莱纳州的第一家
棉纺纺织厂成立

格林斯博罗的
锥形棉纺厂

第一台机械采棉机

高新技术不断运用于
棉纤维创新

动力蒸汽机投入使用　　　手工采摘棉花的农民　　　丰收的农场棉花

图6-3　北卡罗莱纳州棉纺织业发展的阶段

2. 教育项目 Education Project

美国纺织学校于19世纪后期建立,主要包括纺织品设计、纺织品染色、纺织品市场管理等方面的课程设计,以迎合当时纺织产业生产诉求与人才配备需求。19世纪中后期,东部沿海各州开启纺织项目,以注重纺织工业的人才培养。美国北部除1880年成立的费城纺织学院(Philadelphia Textile Institute)外,还有马萨诸塞州洛厄尔分校(University of Massachusetts, Lowell)、1899年成立的新贝德福德项目(New Bedford Program)和1904年成立的贝德福德-德菲项目(Bedford-Durfee);南部地区洛克莱姆森大学(Clemson University)于1898年开启纺织项目并成为该校第三大主要课程,乔治尼亚理工学院(Georgia Institute of Technology)于1887年正式开启纺织项目,北卡罗莱纳州立大学于1884年在罗利开启纺织项目。并于1899年建立了北卡州立大学威尔森纺织学院(Wilson College of Textiles, NC State),见图6-4所示。

(三)从纺织到时尚产业转型 Transformation from Textile to Fashion Industry

1. 产业积聚转型:东部产业集聚、纽约服装区到纽约都市圈 Industrial Accumulation and Transformation: Eastern Industrial Agglomeration, New York Fashion District to New York Metropolitan Area

巴黎服装产业的核心是高级定制,而美国则是注重高效成本效率和批量生产的成衣业。在19世纪美国纺织工业发展的引领下,家族企业依靠成功投资纺织工厂获利,并且充分支持设立纺织教育项目,培养纺织人才,以促进纺织工厂的创新与持续发展,形成集资金、工厂、教育为一体的独特持续发展系统,并在美国东海岸形成相关产业集聚区。

19世纪末,完成工业化进程的美国经济迅速增长,为文化产业的发展提供了丰厚的

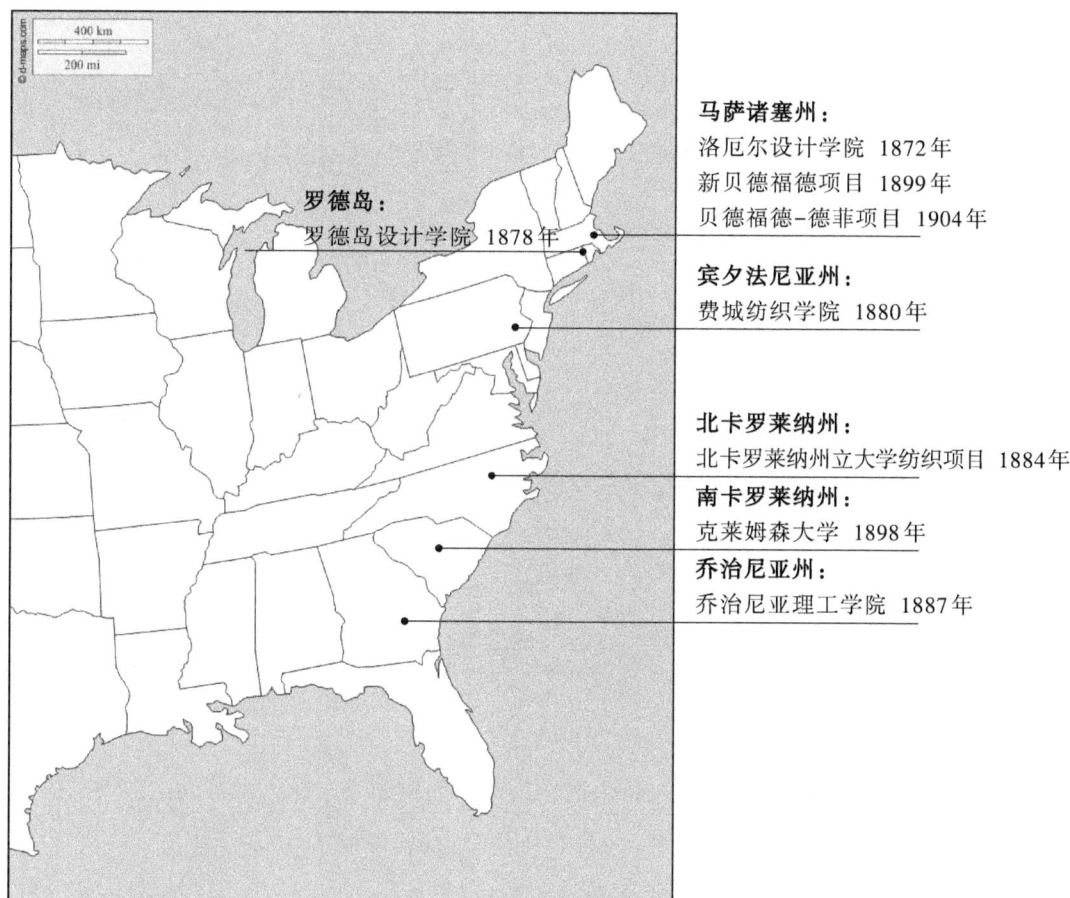

图6-4 19世纪美国纺织项目布局

土壤,人们开始注重商品的美学及象征意义,这一转变为时尚产业带来了"文化转折"。音乐、表演艺术、电影等艺术形式的诞生与蓬勃为美国服装产业带来了全新的灵感来源。同时,哈德逊河优越的地理位置使纽约成为美国东海岸的交通枢纽。作为主要港口城市以及贸易中心,其艺术中心的地位也逐渐巩固,许多地标性的文化机构开始出现,纽约服装区域得以建立。此外,随着零售业的发展,新零售模式的出现,从百货商店到邮寄产品目录,人们拥有更多的渠道购买最新的时尚款式。为迎合新的中产阶级居民的需要,第五大道逐渐成为百货商店、精品店聚集的购物中心。第五大道协会(Fifth Avenue Association)的成立更是直接推动了纽约综合区,为第五大道的商业氛围与商业法规的维持提供制度保障,见图6-5所示。

为了更好地联系当地以及外地买家,运输生产所需的面料,接近重要交通点变得非常重要。1910年,三十四街的宾夕法尼亚火车站(Pennsylvania Station)的建造最终使得曼哈顿中部成为时尚区,见图6-6所示。

当代,诸如1996年开始建设规划的纽约都市圈(Greater New York City Area)作为世界十大都市圈之一,联系了纽约、波士顿、费城、巴尔的摩、华盛顿,以及40个中小城市,为纽约时尚产业的发展壮大提供了强大的支持与供血机能。如今,纽约已然成为新的世界时尚中心和艺术中心。据报道,纽约市拥有超过5000个时装业展厅,超过世界上任何其他城市。

图6-5 曼哈顿中区的纽约服装区(Garment District)　图6-6最初的Penn Station

2. 时尚中心转型:巴黎中心到纽约时尚中心的转移 Transformation of Fashion Center: The Transfer of Paris Center to New York Fashion Center

19世纪中期,缝纫机的出现为成衣批量生产带来了技术支持,成衣制造业开始兴起。当时,尽管美国的纺织工业为其服装生产奠定了丰厚物质基础,然而服装产业的设计灵感仍然来自巴黎,美国大众也支持"巴黎制造"的产品,巴黎仍是世界时尚的巅峰。

直到"二战"的爆发为美国时尚产业的发展带来了转机。"二战"期间,由于纳粹入侵法国巴黎,巴黎时装产业遭受波及,大量时装屋关闭与转移,部分高级定制设计师也将时装屋关闭转至美国。同时,法国时装屋的关闭导致美国的服装制造商无法继续参考和借鉴巴黎的时尚设计,也间接加速了美国本地时装设计的崛起。

战争过后,巴黎恢复了时尚主导地位。然而,此时巴黎不再是唯一的时尚中心,纽约的时尚影响力在战争期间已经超过了巴黎。纽约独有的时尚产业包括百货商店、时装屋和批发商成为当时时尚界的热点,纽约当地时装设计师也获得了世界的认可。战后经济繁荣,人们对服装产业的需求量急速增加,许多美国品牌开始出现在人们的视野中。在商业化和全球化的过程中,时尚与商业的界线模糊,为以大众生产为基础的美国时尚产业发展提供了机遇。

二、20世纪时尚与艺术的交织——聚焦纽约时尚产业 The Intertwining of Fashion and Art in the 20th Century—Focusing on the New York Fashion Industry

1973年,凡尔赛宫的一场时装秀震惊世界。美国时尚宣传家埃莉诺·兰伯特(Eleanor Lambert),组织了这场美国设计师包括比尔·布拉斯(Bill Blass)、奥斯卡·德·拉·朗达(Oscar de La Renta)、安妮·克莱因(Anne Klein)、史蒂芬·巴罗斯(Stephen Burrows)和候司顿(Halston)在内的时装秀,震惊了世界,甚至超过了当时的法国著名设计师伊夫·圣·洛朗(Yves Saint Laurent)、皮尔·卡丹(Pierre Cardin)、纪梵希(Hubert de Givenchy)等。这是时尚界的转折点,美国设计师的光芒使得法国在时尚界的主导地位受到了挑战。[①]埃莉诺·兰伯特为当时萎靡不振的美国设计师带来了他们最需要的东西:来自全世界对于美国设计与美国时尚的关注。美国人对商业的敏感性,以及美国成衣业带来的大众市场为美国时尚产业发展打下了坚实的基础。[②]但在此之前,美国服装设计灵感都来自巴黎。纽约作为美国商业中心,其向美国时尚中心的转变并不容易但也不可避免。于是,我们回顾纽约早期服装产业,到曼哈顿服装区的建立,再到纽约时尚的现状,探索纽约时尚产业的发展历程。

19世纪美国纺织业开始其东海岸纺织制造业布局,并以罗德岛与沃尔瑟姆模式的转型实现了纺织制造业的快速发展。"二战"后顺应国际政治中心的转移,法国单一时尚中心的格局被打破。在走向时尚产业中心的进程中,美国纺织产业伴随着生产、消费关系的转变与时尚、艺术、文化交织,向时尚产业转型过渡。

(一)纽约时尚的起点 The Beginning of New York Fashion

时尚和艺术的交织推动了文化经济的繁荣发展,也催生了新的文化艺术形式。20世纪初,是纽约时尚产业与艺术以及音乐等其他创意产业形式的繁盛之时。艺术文化交织的社会背景下,纽约服装产业与其他辅助服装产业的机构一起,构成当代时尚产业的雏形,包含了从生产到分销再到消费环环相扣的一系列完整单元。曼哈顿服装区的建立更是在纽约时尚产业发展进程中起到了至关重要的作用。同时,虽然20世纪初的纽约服装产业从生产、运输及营销等方面看均已趋于成熟,但设计灵感仍然来自巴黎。[③]"二战"

---

① Norma Rantisi. "How New York Stole Modern Fashion". *Fashion's World Cities*. 2006, 12(3), pp. 109-122.

② Deirdre Clemente, Zocalo Public Square. "Why and When Did Americans Begin to Dress So Casually", *Time*, 2015-08-05.

③ Linda Welters, Patricia A. Cunningham. *Twentieth-Century American Fashion*. Oxford: Berg Publishers, 2005, pp. 99-122.

后,大批欧洲艺术家和时尚从业者逃往美国,并伴随着欧式的艺术理念与创作方式,逐渐为美国当代艺术的发展带来新鲜的活力和未来方向。

时尚是纽约重要的经济价值产业系统,其发展轨迹笼罩在以"商业"为主导的基调中:伊莱亚斯·豪(Elias Howe)在1846年发明了缝纫机,为成衣的批量生产以及面料的革新带来了技术支持。19世纪80年代,由于大量移民的涌入,纽约已成为服饰制造业的主要支柱;到了20世纪初,纽约正经历快速增长的城市化和工业化进程,新的零售业态涌现,从百货商店到邮寄产品目录,从贵族精英到平民百姓都有更多的方式购买最新的时尚款式。零售商从下东区的北迁形成了第五大道以东的零售区。为迎合新的中产阶级居民的需要,第五大道变成一个百货商店、精品店聚集的购物中心。1910年,三十四街的宾夕法尼亚火车站的建造,使得曼哈顿中部地区变成一个适合发展时尚产业的地方。

图6-7　1790年北美第一家水力纺纱厂①

此时,制造商聚集在曼哈顿中部的西面,位于第五大道和第六大道之间,既从中部的便利设施获利,又保持接近商店、酒店等这些城市消费群体聚集的地方。1914年,美国制衣工人协会(Amalgamated Clothing Workers of America)建立。另外,第五大道的帕森斯设计学院(Parsons School of Design)以及第七大道的纽约时装学院(Fashion Institute of Technology)的成立,保证了源源不断的产业人才供给,为迅速增长的时尚产业提供了基础结构。1790年,北美历史上第一家水力纺纱厂(图6-7)在罗德岛建立,标志着美国纺织工业的先行发展,而后机械革新、技术移民、政府政策、运输能力、产业集聚等要素逐渐配备成熟,最终在20世纪逐渐形成了以纽约为中心的时尚格局。如图6-8所示。

① 图片来源:《国家地理杂志》。

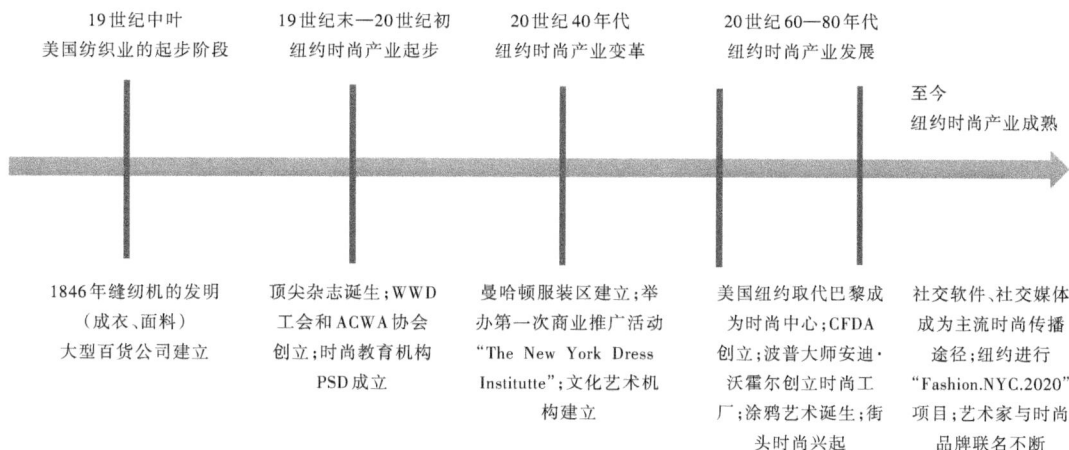

19世纪中叶
美国纺织业的起步阶段

19世纪末—20世纪初
纽约时尚产业起步

20世纪40年代
纽约时尚产业变革

20世纪60—80年代
纽约时尚产业发展

至今
纽约时尚产业成熟

1846年缝纫机的发明
（成衣、面料）
大型百货公司建立

顶尖杂志诞生；WWD
工会和ACWA协会
创立；时尚教育机构
PSD成立

曼哈顿服装区建立；举
办第一次商业推广活动
"The New York Dress
Institutte"；文化艺术机
构建立

美国纽约取代巴黎成
为时尚中心；CFDA
创立；波普大师安迪·
沃霍尔创立时尚工
厂；涂鸦艺术诞生；街
头时尚兴起

社交软件、社交媒体
成为主流时尚传播
途径；纽约进行
"Fashion.NYC.2020"
项目；艺术家与时尚
品牌联名不断

图6-8 纽约时尚产业体系发展进程

（二）纽约时尚系统商业文化与当代艺术表现 New York's Fashion System Business Culture and Contemporary Art Performance

　　文化产业无疑是纽约艺术糅合于时尚产业的推动者。譬如，纽约当地的买手机构作为当地生产商和外地买手之间的中介，把服装卖给全国各地的零售商。20世纪20年代，有了时尚摄影的帮助，时尚广告在这些杂志上以及其他大众媒体上，为美国培养更多同类市场的消费者起到了重要作用，支撑了大批量的成衣生产。纽约服装区内大量的零售场所为时尚产业带来了噪声与活力，许多中高端零售商比如梅西百货（Macy's）、罗德泰勒（Lord and Taylor）、布鲁明戴尔（Bloomingdale's）和波道夫·古德曼百货（Bergdorf Goodman），使得购物不只是一种生活的必需，更是成为一种体验与享受。这些时尚活动都聚集在一个地方——纽约服装区，见图6-9所示。

图6-9 曼哈顿中区 纽约服装区所在
　　　　（Garment District）

图6-10 *Harper's*的1897年1月刊

20世纪30年代初，赫莲娜·鲁宾斯坦（Helena Rubenstein）、伊丽莎白·雅顿（Elizabeth Arden）以及 VOGUE 杂志主编等许多时尚先驱们组办了首次时尚集团聚会，来推动纽约的女装时尚产业，并最终确定了四十街以北、三十四街以南、第五大道以东、第九大道以西的曼哈顿服装区。其中第七大道贯穿整个服装区的中心，聚集了大量展厅，成为支持和调节纽约时尚产业的生产与消费之间的关系媒介。VOGUE 与 Harper's Bazaar（图6-10）是美国较早的时尚杂志，成为推动纽约时尚产业发展的重要媒介。随着美国经济的发展，文化产业不断崛起，人们开始注重商品的美学及象征意义，这为纽约时尚产业带来了"文化转折"。音乐、表演艺术、电影等丰富的艺术形式的多元化发展，为纽约服装产业带来了全新的灵感来源。与此同时，纽约作为艺术中心的地位也逐渐得到巩固，许多地标性的文化机构开始出现，譬如古根海姆博物馆（Guggenheim Museum）、纽约大都会博物馆（Metropolitan Museum of Art）、林肯中心（Lincoln Center for the Performing Arts）等。许多服装设计师开始加入电影等表演艺术的戏服设计，很快随着时尚杂志的发行得以宣传推广，表演艺术与时尚的关系变成相辅相成，时尚赋予了表演服装美感与欲求，艺术赋予时尚服饰关于美学的价值。而美国当代艺术的崛起应当归功于美国契约化、专业化、系统化、商业化和市场化的艺术赞助体系，为纽约时尚产业奠定了文化基础。

20世纪40年代，纽约时尚产业从成型到成熟并与艺术的交织更为密切。"二战"的爆发极大程度上推动纽约向"时尚中心"的地位迈进："现代美国运动服装之母"纽约设计师克莱尔·麦卡德尔（Claire McCardell）等根据美国女性的需求进行本土化时装设计。1940年，6家顶级零售商开业并展示来自美国本土的800件服装，推广本土设计师并通过媒体告知公众纽约将成为时尚产业的新星。在1941年春天，纽约市长信守承诺，为推动时尚产业的发展举办了为期两天的时装活动，名为"纽约时尚未来（New York's Fashion Futures）"。这个秀澄清现在混乱的异构模式的产生，并创造属于美国服装的焦点而不是来自巴黎。1941年，由裙子的制造商举办了美国时尚产业第一次商业推广活动 "The New York Dress Institute"。许多工会譬如时尚集团（FGI）挺身而出，开展各类活动扮演了纽约时尚产业内许多角色，带领这个产业逐渐步入正轨。1942年，时尚宣传家埃莉诺·兰伯特开始组织半年一次的新闻发布会，时尚记者开始在《纽约时报》（New York Times）和《纽约客》（New Yorker）等刊物上描绘美国设计师及其设计情况。

如图6-11，纽约的时尚贯穿在艺术、市场与商业中，并不断创造出新的文化形式以及艺术表现，一位画家可以变成时装公司的艺术总监，一位艺术家也可以通过服装服饰去表达其现世想法。作为大西洋周边中心港口城市，纽约拥有吸收其他文化、传播自身文化的优势条件，兼容着创新产业、时尚内涵与艺术表达驱动着纽约时尚系统的快速运转。故到了20世纪中期，纽约这座城市聚集了大批创作型艺术家、抽象派画家、执着于抒发

"垮掉一代"的情感作家以及各种流派音乐表现者和时尚周等。[①]不同民族的移民的创造发挥使纽约的时尚产业开始往多样化发展,其中无疑折射出美国人信奉的理想主义精神和当代实用主义。

纽约服装区(Garment District)
百货零售业:
梅西百货(Macy's)、
波道夫·古德曼百货
(Bergdorf Goodman)
时尚展厅(Showroom)
时尚集团(FGI)
时尚杂志:VOGUE,Harper's
Bazaar
时装活动:"纽约时尚未来"
(New York's Fashion
Futures)

博物馆:古根海姆博物馆
(Guggenheim Museum)、
纽约大都会博物馆
(Mertopolitan Museum of
Art)等
音乐、表演艺术、电影等
当代艺术:抽象主义、达达主
义,贾斯珀·约翰斯和安迪·沃
霍尔等波普艺术家的艺术作
品被搬上时尚舞台
街头文化:涂鸦艺术、嘻哈音
乐融入时装等

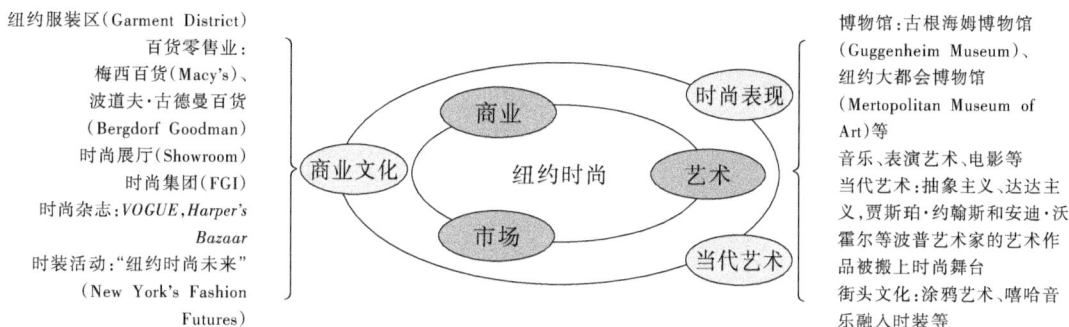

图6-11 纽约兼容市场与商业、艺术的特征

1. 时尚表现与当代艺术家 Fashion Performance and Contemporary Artists

艺术"跨界"时尚在现在充斥着Z世代的消费市场看来,已经不能称为一种新的跨界行为,消费主义早就在20世纪将时尚产业化与艺术商业化,并在意识形态与视觉语言上交错出火花,[②]最能体现这种同质性交融的典型案例,就是20世纪60年代著名的波普大师安迪·沃霍尔以及由他引发在时尚与艺术交叉领域的一系列并发现象。

20世纪60年代,包括贾斯珀·约翰斯和安迪·沃霍尔等艺术家在内的波普艺术运动和流行文化等众多艺术形式的大汇合,尤其是沃霍尔本人不仅促进了时尚和艺术的交融,还为接下去20世纪70年代的"朋克-涂鸦-后现代"艺术形式与时尚的结合创造了可能,并成为一种社会性文化现象。安迪·沃霍尔无疑是那个时期最会将时尚和艺术反复颠倒的商业艺术家,譬如沃霍尔最为代表性的作品"金宝汤罐头"(图6-12)是对当时美国消费文化的体现。在20世纪80年代被好友搬上时装舞台以及他对"玛丽莲·梦露"形象的塑造,采用照相版丝网漏印技术创造的一种新的艺术形式也被应用于时尚奢侈品牌的系列服饰上,如图6-13。在时尚与艺术呈现上,沃霍尔最大的贡献就是交融了多样性的艺术形式,透过塑造一个具有个性的并非真实的形象跨界时尚领域,并透过这个形象去完成艺术与时尚、与文化经济之间的反复颠倒。总之,沃霍尔时期及其后世现象都是在觉醒大众产生一种符合当时时代精神的反叛与自由的态度,让一切看起来不合理的艺术表现透过时尚审美的表达变得合理化。

① 伊丽莎白·科瑞德:《创意城市:百年纽约的时尚、艺术与音乐》,陆香,丁硕瑞译,中信出版社2010年版,第16页。
② 郭幸:《时尚、拜物教与安迪·沃霍尔现象》,《大舞台》2016年Z1期,第96—99页。

图6-12　Jean Charles de Castebajac 设计"金宝汤罐头"的时装①

图6-13　Versace1991以沃霍尔作品"玛丽莲·梦露"设计的春夏系列②

2. 时尚表现与街头文化 Fashion Performance and Street Culture

20世纪70—80年代的一系列社会危机让纽约陷入低谷,纽约服装区的制造业几乎消失,而社会运动的兴起以及以时尚和音乐为基础的"青年地震"和"东村艺术运动"等亚文化的出现,催生了对另类风格(一种更阴暗、混乱的艺术形式)的需求。③在这个时期,艺术、时尚、音乐再也不能被看作彼此分开的个体,在各种限制的条件下(除了社会关系和艺术形式),它们共享许多材料、理念和创作空间。

街头时尚的打响最先依赖着涂鸦艺术和嘻哈文化的诞生,街头文化中的滑板、说唱和涂鸦等这些街头艺术形式,都深深地影响了时尚流行趋势,并逐渐成为一种风格。纽约时装和时尚从业者都意识到这个时期最主要的消费对象是美国的青年群体,街头时尚与涂鸦艺术在价值导向和审美理念上与青少年的消费需求高度契合——大胆、幽默、创意,甚至有一些"恶俗"的趣味等,比如这些反叛的街头少年穿超大码的衣服,T恤上印着大胆另类的图案(图6-14)。这些亚文化群体在主流大众的认知外,不仅有源源不断的创造力和独立的个性,还是推动这个涂鸦文化和街头时尚前进的关键。④20世纪后30年,时尚与涂鸦、嘻哈音乐等元素的联系以及共享的文化,与年轻一代的购物者生活和穿着方式的变化相结合,诞生了街头服装。时尚成为最具统治力、最有趣和最年轻的艺术形

---

① 图片来源:人民网。

② 图片来源:搜狐时尚网。

③ Norma Rantisi. "How New York Stole Modern Fashion". *Fashion's World Cities*, 2006, pp.109-122.

④ Karen Frankel. *Beautiful Losers: Contemporary Art and Street Culture*. New York: D.A.P.: Iconoclast, 2005, p.21.

式之一,而这种上升大部分归功于"街头服装"的多元化力量——自由、真实、对大众开放,这与巴黎定制服装的历史和传统相对立。如今,街头文化(图6-15)作为一种亚文化现象,受到许多年轻人的追捧。对于艺术家来说,这些衣服是行走的现代艺术作品;对于消费者来说,选择不同的艺术是表达自己个性的方式。

图6-14　纽约街头的滑板青年[①]

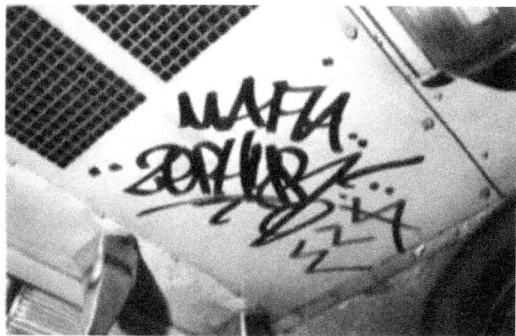

图6-15　地铁里的Tag涂鸦[②]

(三)纽约时尚系统的构成维度 The Composition Dimension of the New York Fashion System

纽约时尚产业体系的逐步建构过程,是保证时尚产业形成与循环发展的保障,需要支撑起整个城市的时尚文化和创意产业的传播、繁衍与沉淀。[③]首先,纽约时尚产业体系由服装产业和文化产业构成,服装产业的销售方面分级形成了制造商、批发商、零售商,零售商包括百货公司和服装设计公司以及由设计师衍生的美国时装设计师协会(Council of Fashion Designer of America,简称CFDA)。其次,在文化产业方面,就是时尚媒体、教育机构和文化艺术机构之间的相辅相成,将音乐、艺术、媒体和印刷融入时尚服装领域来创造更多的经济价值。

1. 纺织及教育项目 Textile and Education Projects

纽约时尚系统的建构基于19世纪美国纺织业的蓬勃发展,大量英美纺织工人的移民给美国的纺织业发展带来了活力。从纺织技术、纺织机器、纺织工厂等方面的大幅度正指数发展来看,美国的纺织项目是纽约服装产业发展的先行条件。特别是19世纪末20世纪初,材料棉纱、劳力纺织工人、设备纺织机器等条件的需求量越来越大;除此之外这个时期还有美国纺织项目中的教育业正在慢慢起步。比如,1880年美国历史上第一个正

---

① ② 图片来源:WGSN官网。

③ Alper Sen. "The US Fashion Industry: A Supply Chain Review". *International Journal of Production Economics*, 2008, 114(2), p.12-16.

式的纺织项目——费城纺织学院由费城制造商同盟着手推进。1884年,该机构拓展编织项目并在费城博物馆下属工业艺术学院开启。以上材料都在证明19世纪中后期美国的纺织项目重心从量产升级到面料和风格的创新,从单纯的物质生产转移到文化创造,这无疑是纽约服装业、服装零售业等系列发展以及支撑起纽约时尚产业体系的首要条件。

2. 服装产业基础 Foundation of Clothing Industry

纽约服装产业经历了四个发展阶段:一是成衣起步阶段(小作坊式的服装定制);二是产业密集阶段(产品大批量生产);三是设计合作阶段(设计变成发展重心,各部门的合作更紧密);四是市场转型阶段(市场进一步细分,独立的设计师品牌脱颖而出)。美国的纺织品和服装供应链由约22000家公司组成,雇用约675000人(不包括零售渠道)[1]。从纤维到面料到服装的生产过程,需要经过许多"部门"的运作——面料公司、设计公司、流行趋势预测机构等。比如,像Tence1®这样的新型纤维需要通过大量营销手段和各个分阶的合作才能推广到终端消费者。另外,为了解决对制造业就业可能下降的担忧,政府在1987年成立了服装中心特别区。该区旨在保护区内上千家产业链中关联的服装和服饰企业,因为这些企业构成了一条完整的时尚生产链。[2]此外,纽约逐步稳定发展制造业的同时,为保障服装制造业工人的权益成立了许多工会,如针织品贸易、工业和纺织业雇员联合会,旨在改善制衣工人的工作条件和减少罢工。

3. 时尚组织机构与时尚群体 Fashion Organizations and Fashion Groups

1962年创立的CFDA是服装设计公司设计师们的代表,通过其组织性能来强调设计师们在文化产业中担任的艺术角色。从时尚产业内需要联结的视角出发,CFDA作为一个会员组织,设立并赞助了年度时装设计师奖,激发了许多有才华的纽约当地设计师。除此之外,CFDA参与创办的一年两次"Seventh on Sixth"时装周,并且协调高级定制和成衣品牌的秀场和时间安排,为纽约当地设计师带来了来自全世界的关注与热度。比如,20世纪60年代,比尔·布拉斯(Bill Blass)和拉夫·劳伦(Ralph Lauren)为代表的自称是时尚发起者的设计师受到关注并开始自主经营品牌;20世纪70年代的时尚"风尚者"卡尔文·克莱因通过媒体杂志来树立自我形象并更好地塑造品牌。这些良好的展示渠道很大程度上连接了服装产业和文化产业,支撑起纽约时尚产业体系使之往更专业化和系统化行进。除了CFDA,另一个协会也在创意体系中发挥了重要作用——1931年诞生的时尚集团,目的在于提升时尚及其相关生活方式产业的专业性,提供给设计师有关对时装业有影响的国内和全球趋势的信息等。

---

① Alper Sen. "The US Fashion Industry: A Supply Chain Review". *International Journal of Production Economics*, 2008, 114(2), p.12—16.

② 孙莹,汪明峰:《纽约时尚产业的空间组织演化及其动力机制》,《世界地理研究》2014年第23期,第130—139页。

4. 时尚媒介 Fashion Media

时尚媒体与时尚产业的关系密不可分。*VOGUE* 和 *Harper's Bazaar* 是美国最具代表性的时尚杂志。在纽约时装业刚起步的时候，*VOGUE* 杂志为消费者及整个行业提供了时尚、美妆、生活方式以及流行趋势等，还与CFDA设立了时尚基金，为培养新一代美国年轻设计师提供帮助。*Harper's Bazaar* 则给女性提供了从成衣到高定最新最好的搭配资源，还展示了世界上最有远见的造型师和才华横溢的设计师。此外，在 *Harper's Bazaar* 中，主编也会刊登海报广告和成功事件扩大信息受众。除了 *VOGUE* 和 *Harper's Bazaar*，《女装日报》(*Women's Wear Daily*，WWD)最开始创立是报道当时女装工人罢工的新闻，如今也被称为"时尚的圣经"。另一大重要产出媒介就是纽约时装周，为纽约时尚产业创造了世界性的关注。比如，1943年举办的世界第一个时装周——纽约时装周，旨在将纽约时尚推进世界之首。

5. 时尚文化机构 Fashion Culture Organizations

除了时尚媒介的推动，文化教育机构在纽约时尚产业和艺术交织的进程中也功不可没。帕森斯设计学院(Parsons School of Design，成立于1896年)，培养出多位时装设计师和艺术家们，其成就无疑影响和震撼了20世纪纽约时尚文化。比如，在时尚界最受尊敬的设计师包括唐纳·凯伦(Donna Karen)、伊萨克·米兹拉希(Isaac Mizrahi)、马克·雅各布斯(Marc Jacobs)等。同样培养了许多时尚界精英的纽约时装学院(Fashion Institute of Technology，FIT，成立于1944年)在20世纪40年代时，由于时装和服装行业的成员需要越来越多的合格人才，FIT便帮助他们经营和经营他们的业务。CFDA和 FGI长期不断地为设计师提供服务，分别创立了CFDA风尚基金、奖学金、建立商业服务网络、产权保护等项目和制定了时尚教育与实习计划，支持了纽约时尚系统的教育体系的长期发展。如图6-16所示。

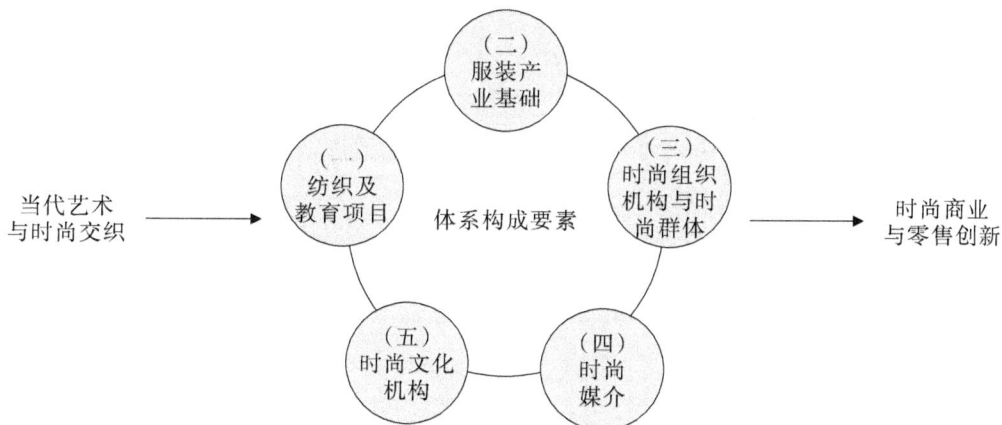

图6-16 纽约时尚产业体系的构成要素

（四）纽约——都市商业文化与时尚艺术表现的立体维度 New York：The Dimensions of Urban Commercial Culture and Fashion Art Performance

时尚具有与生俱来的商业性质，而在艺术领域的奋进中时尚与商业交融的目的，一方面是让艺术作为时尚的盈利工具，一方面是让时尚在这种合作中表现出真正的艺术面貌而不是艺术假象。通过研究西方历史发现，艺术品中的衣服与现实生活中的衣服是相关联的。在任何时期，时尚与艺术的交织都会先基于一轮又一轮的文化及文化产业的兴起和推动，从而衍生出时尚产业链并进而发展。20世纪的纽约植根于商业化与艺术的交织，并由此奠定了其时尚基因，由于其本身就是一个多种文化融汇而成的城市，甚至可以接纳任何国家的任何艺术形式，通过俱乐部、工作室（比如安迪·沃霍尔的"银色工厂"）等与时尚、音乐、电影碰撞出富有创意也具有商业价值的火花。20世纪纽约的这种跨域共荣，为在其培育时尚、艺术、音乐、图案设计和相关产业之间的流动和共生带来重要作用，并保证了其演进的时尚文化产业的领先优势。

三、中国时尚产业集聚区域 China's Fashion Industry Cluster Areas

如今，时尚产业在各个国家迅猛发展，已开始逐步成为引领世界产业发展的最重要产业之一。时尚产业的影响力也日益提升，不仅能够有效地推动城市经济发展的转型，还能实现向服务经济的跨越。时尚产业的发展和集聚，已经成为国际大都市重要经济和社会活动内容。大力发展时尚产业，推动时尚产业的集聚发展，不仅能够提升城市在世界时尚、文化领域的地位，也有助于未来更好地调配和发挥城市资源，改变传统工业劳动密集型的发展模式，进一步提升产业能级，从而最大程度地发挥人才、科研、品牌、精密制造等综合优势。

时尚产业主要提供体现流行审美情趣和消费理念的精致化、美化的消费品或消费服务，其产业特点突出表现为引领时尚消费，包括多元文化价值观，随着社会生活潮流的变化而不断创新、丰富和发展。现在，时尚产业已成为融合先进制造业与现代服务业、具有高附加值的产业，是未来带动经济发展的重要力量。

当前全球时尚产业处在大调整、大变局之际，时尚话语权正在重塑，新一轮产业技术革命应运而生，新的消费理念逐步显现，新的文化版图正在形成，也给我国时尚产业发展带来新的战略机遇。

（一）浙江时尚产业 Zhejiang's Fashion Industry

时尚产业是浙江着力打造的八大万亿级产业之一。当前，浙江正在推进由传统加工制造业向以创意设计引领的时尚产业转变，力争成为国内时尚产业的"排头兵"。但与国际主流时尚产业相比，我国时尚产业还缺乏国际化视野与战略，尤其现代时尚文化理念尚未形成,亟须产、学、政、商界共同介入,从学理认知以及产业策略等方面展开探讨,逐步建构新时代中国时尚文化理念。2018年,浙江时尚产业呈加快发展态势,以传统优势制造业为基础,以创新设计为引领和以时尚品牌为标志的时尚产业链正在加快形成。

1. 杭州湾时尚都市圈 Hangzhou Bay Fashion Metropolis

浙江正致力于把杭州湾经济区打造成"绿色智慧和谐美丽的世界级现代化大湾区",这也是打造杭州湾时尚都市圈的良机。杭州湾经济区以杭州、绍兴、宁波、嘉兴为主体,辐射金华、义乌、温州等城市的时尚产业布局,孵化出杭州"中国女装之都"、宁波服装产业、海宁皮革服装、义乌小商品贸易等特色时尚产业。未来需要借助"一环、一带、一通道"为纽带,加大资源要素的提升和整合,实现由当前的特色时尚产业市场向时尚都市的华丽转变。目前杭州湾时尚都市圈的城市之间彼此形成错位、协调发展,加快搭建时尚与金融、时尚与影视、时尚与音乐、时尚与体育、时尚与生活、时尚与教育、时尚与设计、时尚与科技、时尚与互联网等体系,发挥资源配置作用,凸显时尚设计、时尚营销展示、时尚生活与时尚文化交流的核心功能,站在行业高端撬动时尚经济发展。

国际时尚界以巴黎、纽约、伦敦、米兰时装之都等为风向标。浙江时尚产业的发展借鉴其经验,谋划将这些时装之都的各种资源和国家级时尚活动引入杭州湾时尚圈,聚集全球时尚高端媒体及自媒体,服务全国时尚产业。

2. 浙江省特色小镇 Characteristic Towns in Zhejiang Province

平台建设是时尚产业发展的主要阵地之一。浙江积极发挥国家、省级平台的辐射和示范作用,推进消费品工业"三品"战略示范试点城市、纺织服装创意设计园区(平台)等国家级时尚发展平台建设。2018年,平湖服装文化创意园区成功入选第三批工信部纺织服装创意设计试点园区(平台),浙江省先进功能纤维制造业创新中心入选浙江省制造业创新中心创建名单。同时,建设浙江省特色小镇也为打造浙江时尚产业高地、完善生态产业链发挥着积极推动作用。2015年6月,余杭艺尚小镇入选浙江省首批特色小镇。近年来,围绕"打造中国时尚产业新地标"的目标,艺尚小镇以服装作为切入点,延展至家居、配饰、化妆品等生活美学产业,着力培育设计研发、展示发布、时尚教育等。余杭艺尚小镇2017年累计完成投资25.3亿元,完成年度目标任务的226.7%,实现营收57.79亿元,税收3.34亿元。艺尚小镇内集聚国内外顶尖设计师20名;引进区域性服装企业总部36家,企业565家,其中服装类企业169家。艺尚小镇未来还将进一步完善时尚产业链,形成以物联网为基础设施,融合大数据、云计算、区块链、人工智能等信息技术,贯通时尚产业链各环节,促进要素资源优化配置。同时,以国际化的视野来塑造艺尚小镇的行业影响力。

与此同时,浙江省政府积极指导时尚小镇建设,以特色产业为核心,形成产城融合、破解城乡二元经济结构建设新模式。组织时尚产业特色小镇与浙江大学、中国美术学院、浙江理工大学等高校对接合作,促进高校技术、人才等高端要素向小镇集聚发展。积极开拓诸暨袜艺小镇、湖州丝绸小镇、桐乡毛衫时尚小镇等时尚特色集聚小镇。

(二)福建时尚产业 Fujian's Fashion Industry

福建省正努力向国际化迈进,拥有发展时尚产业的资源条件、产业基础、产业机制、产业链条、产业协作、产业人才等,福建省将时尚产业的转型升级作为当地经济换挡提升的重要抓手,大力培育产业发展主体,稳步推进产业人才支撑。

2018年福建省发改委、省经信委联合出台建设现代产业体系培育千亿产业集群推进计划,提出到2020年,力争培育形成20个以上产值(营业收入)超千亿元的重大产业集群,基本形成产业布局合理、区域特色突出、结构明显优化的产业集群发展格局。福建省将优选一批主业突出、特色明显、成长性好的产业集群,进行重点培育和发展。计划到2020年,纺织化纤产业集群(福州)实现产值3550亿元,纺织服装产业集群(泉州)实现产值3100亿元,纺织鞋服产业集群(莆田)实现产值1200亿元,制鞋产业集群(泉州)实现产值1900亿元。

1. 闽侯海丝时尚居艺小镇 Minhou Haisi Fashionable Home Crafts Town

闽侯海丝时尚居艺小镇位于福州市白沙镇,规划面积3平方千米,入选福建省第二批特色小镇创建名单。小镇立足于闽侯家居工艺品产业基础,以时尚居艺个性化定制为切入点,依托"互联网+""创意+""旅游+"等新经济模式,推动家居工艺品研发设计、品牌建设、智能制造、定制生产、电子商务、高端物流、主题旅游等新业态发展,打造集产业创新、居艺创业、艺术创作、文旅创意"四创"于一体的家居工艺品产业服务平台,成为国内外知名的"海丝"主题家居工艺品之都和全球美学生活体验中心。

闽侯海丝时尚居艺小镇有五个功能区,包括居艺特色产业功能区、双创基地及产业提升功能区、海丝居艺文化功能区、居艺社区功能区、居艺山水旅游功能区,整个项目以时尚家居、美学生活为核心,以海丝时尚居艺文化为主轴,力求做到产、城、人、文有机融合。未来3—5年,这里将结合白沙工艺品传统技艺,围绕时尚家居产业集群和居艺文化体验旅游,呈现出一个居艺产业特色明显、地方文化独特、生态环境优美的宜创宜居宜游小镇。

依托小镇建设,这里将吸引福建省乃至全国家居工艺品设计研发企业集聚,形成家居工艺品研发设计产业集群。近期,小镇计划创建居艺产业研发设计区,带动以闽兴公司为龙头的居艺企业研发设计端入驻,拓展居艺产业上游业态;中期,计划结合创意文化街区和居艺创客空间建设,吸引家装创意企业展示店面、成熟名企设计研发团队、大学生创业团队等多层次、多元化业态进驻;远期,计划结合艺术家村落建设,吸引国内外高端设计企业和人员加入,形成泛家居设计研发核心。

2. 时尚设计城——厦门 Fashion Design City—Xiamen

当前,厦门正大力发展时尚产业。厦门时尚产业氛围已初步形成,从鼓浪屿、中山路、筼筜咖啡一条街、华新路等时尚据点,到龙山文创园、华美文创园、曾厝垵文创村、黄厝溪头下婚纱拍摄地、沙坡尾海洋文化创意港等时尚聚集地,再到磐基名品中心、JFC 品尚中心、中华城、SM 二期购物广场等时尚商圈,众多时尚要素汇聚碰撞,成为时尚产业发展的原动力。2017年,厦门被美国CNN评为"中国的新时尚之都"。

厦门时尚产业的产业链核心正逐渐向前端设计环节转移,设计师是该环节不可或缺的重要资源。厦门原创设计师资源丰富,不仅有由中国服装设计师授予的中国时装设计最高奖"金顶奖"获得者3名、全国十佳设计师6名等高端人才,而且有一批包括海外归来在内的知名新锐设计师,还有本地2所服装院校每年培养的设计人才;在厦门创造或成长的服装品牌中,既有国内女装中排名前十的宝姿、卓雅,也有七匹狼、九牧王等占领国内男装市场半壁江山的男装品牌,还有安踏、特步、鸿星尔克等优质运动品牌。本地时尚配饰品牌也在迅速成长,是全球最重要的眼镜生产基地之一,据业内估算高档太阳镜产品占据了全球60%的份额,有"保圣""海伦凯勒"和"暴龙"等知名太阳镜品牌。众多的本土企业和设计师介入鞋帽、箱包、珠宝等时尚配饰产品的开发。

如果说渗透于厦门城市肌理的时尚元素是一颗颗珍珠,那么厦门国际时尚周就是一条珍珠项链,串起了这些时尚元素。统计数据显示,2018年厦门国际时尚周期间,共举办22项83场活动,覆盖美国、英国、德国、法国、意大利、日本、韩国、以色列、俄罗斯、澳大利亚等100多个国家和地区。其中,39场惊艳四座的国内外品牌及设计师时尚大秀,汇聚了200多位国内外知名设计师亲临现场;39个秀场实时在线销售,买手与独立设计师品牌纷纷达成意向采购。本届时尚周共吸引超过25万人次到场观摩、网络参与人数超过1000万人次,与上届国际时尚周逾20万名市民群众到场观摩、网络参与人数200余万人次相比,影响力和辐射面有了大幅扩展,带动了时尚设计集聚效应。

(三)广东时尚产业 Guangdong's Fashion Industry

广东作为第一经济大省,制造业是广东经济发展的基础。日前,《广东省培育电子信息等五大世界级先进制造业集群实施方案(2019—2022年)》及五大产业集群专题行动计划(征求意见稿)发布。方案提出,到2022年,基本培育形成电子信息、汽车、智能家电、机器人、绿色石化等五大世界级先进制造业集群。集群产业链、创新链、资金链和人才链耦合紧密,在全球产业分工和价值链中的地位明显提升。

1. 大浪时尚创意小镇 Big Wave Fashionable & Creative Town

作为大浪时尚创意小镇入选广东省首批特色小镇示范点。大浪时尚创意小镇位于深圳市龙华区大浪街道西北部大浪社区,面积约776公顷,核心区面积约302公顷,现有人口约10万人,规划居住人口约20万人,规划就业人口约40万人,核心区规划总建筑规模约为582.7万平方米。近年来,大浪时尚创意小镇时尚产业实力突出,初步形成了经济规模。

2015年,大浪服装产业年产值387亿元,占深圳服装产业产值的1/3,全国一类商场销售额的30%,同比增长8.86%,服装品牌企业利润总额分别较上年同比增长10.4%,高于全市服装行业整体水平,出口43.2亿元,同比增长35.81%,增幅大幅高于全市服装行业整体水平,远高于全国水平。同时,时尚产业集聚效应显著。据统计,截至2018年11月,小镇入驻时尚企业总数为458家。小镇内超过八成的时尚企业拥有自有品牌,其中中国驰名商标6个、广东省名牌产品11个、广东省著名商标9个。据中国服装协会统计,在全国主要城市主力商场深圳品牌女装占有率达60%—70%,这其中有六成的产品产自大浪时尚小镇区域,大浪服饰占全国一类商场服装类销售额的30%,形成了"全国女装看深圳,深圳女装看大浪"的产业格局。优势传统产业已形成品牌化、规模化、集聚化发展态势,成为集产、学、研、商、行业协会管理为一体的现代制造业基地和绿色制造示范基地,自主创新水平不断提升。

2. 时尚产业集散地——广州 Fashion Industry Distribution Center—Guangzhou

广州是内地最早发展时尚产业的城市。目前中国已成为全球最大奢侈品市场,以广州为中心的珠三角作为全球服装集散地、生产基地、销售基地,拥有全国1/3的服装生产企业,产量超全国总量的2/3。广州流花白马市场、十三行板块、沙河板块等组成的服装批发市场群,构成了全球最大的服装流通中心。

广州是一座具有悠久设计历史的城市,古香古色的南越王宫、黄埔古港、六榕寺,浸透着简练、朴素、通透的设计智慧,广州大剧院、广州图书馆、琶洲展馆,表达了国际都市的时尚气息。与此同时,广州市政府审议通过《广州市推进文化创意和设计服务与相关产业融合发展行动方案》,将有效促进创意产业与相关产业深度融合。下一步,广州还将进一步研究出台促进时尚产业发展的行动计划,充分发挥广州在制造、流通、消费等领域的传统优势,提升广州时尚产业现有载体的能级,支持整合全球原创设计产业资源,推动构建全球时尚城市联盟。

经过10多年的沉淀,广州时尚周已成为广州市推动时尚产业转型升级的主要抓手。坚持"创新、协调、绿色、开放、共享"的发展理念,以建设国际商贸中心和重塑产业经济为总目标,依托广州时尚产业在制造、流通、消费等领域的传统优势,加快培育时尚创意设计、时尚发布、国际协作、产业发展等领域的竞争新优势,进一步促进时尚产业与相关产业深度融合,实现广州时尚产业再构建。加速形成广州集设计、生产、交易、发布、销售、展示、培训、品牌管理、知识产权保护、仓储物流、通关便利化、金融服务等全链条为一体的时尚产业体系,把时尚产业打造成为广州现代服务业发展的新示范产业,带动产业要素的集聚和发散,进而推动国际商贸中心的建设,力争早日建成国际设计之都和时尚之都。

(四)山东时尚产业 Shandong's Fashion Industry

山东是全国纺织服装大省。从产业规模来看,山东综合经济指标连续多年稳居全国第二位;从产业链来看,山东拥有纺纱、织造、服装、产业用品、家纺、印染、化纤、纺机等纺织产业链上所有细分产业门类,链条完整。从行业竞争力来看,山东名企众多,既拥有如意、魏桥等"全能冠军",也拥有鲁泰、康平纳、海斯摩尔等"单项冠军"。纺织服装产业是山东六大万亿级重点产业之一,无论是从生产制造能力还是科技创新能力上,山东省纺织服装产业都走在全国前列。为提升传统动能,在巩固提高高端制造山东传统优势的同时,山东省积极推进科技纺织时尚发展的新优势。2018年1月3日,国务院正式批复《山东新旧动能转换综合试验区建设总体方案》,标志着山东省新旧动能转换综合试验区将建设成为国家战略,也是我国第一个以新旧动能转换为主题的区域发展战略。

近年来,山东纺织服装产品不断改造传统动能,科技研制实力与文明构思水平继续进步,纺织服装科技效果工业化、品牌高端化日益突出,刻画出了山东纺织工业新形象,科技纺织时尚大省的新优势正在加速构成。山东纺织服装企业活跃发展智能制造,以科技、时尚、绿色等元素为主的纺织服装产品远销海外,包括智能衣橱、绿色纤维、智能睡眠等新产品受到追捧。

1. OMC 东方时尚中心 OMC Oriental Fashion Center

OMC东方时尚中心是由中国纺织工业联合会、青岛西海岸新区管委、青岛中纺亿联时尚产业投资集团有限公司合作开发,定位为智慧型·全体验时尚创意产业生态园。总投资人民币100亿元,致力于打造科技、时尚、艺术、创意的国家级标杆园区,成为"流行趋势的发布地,创意灵感的探寻地,时尚生活的体验地"。

OMC是山东省时尚产业集聚最集中、时尚品牌调性和文化创意最统一的产业园区,2019年,OMC获评山东省唯一一个定义时尚主题的特色小镇。在这场时尚文化苏醒的大潮中,OMC已走在了前列。OMC园区于2013年制定了时尚产业战略规划,目前已处于第二个五年战略规划的执行阶段。其中,时尚纺织服装服饰是OMC的主要产业之一。OMC通过线上线下,集聚了10000多名设计师资源,包括与中国服装设计最高奖项"金顶奖"获得者刘薇、李小燕、陈闻及全国十佳设计师等30多人相继签约,解决企业设计创意成本高、难以把握时尚流行趋势等痛点,引领纺织服装产业"新旧动能转换"。

OMC积极探索多渠道合作形式,比如,与上海喜玛拉雅中心合作成立东方时尚文化艺术有限公司,共计投1亿元左右,共同在OMC打造顶级美术馆;与山东工艺美术学院签约,共同在OMC打造设立时尚创意设计研究中心,实现服装与艺术设计"产、学、研"的结合,为时尚产业发展提供智力支持;落位青岛西海岸新区政府推广的"博士邨"项目。

2. 互联网时尚小镇 Internet Fashion Town

青岛市始终把"互联网+"战略摆在突出位置，积极推进新业态、新技术与自身时尚资源融合发展，着力打造具有影响力的"北方时尚之都"。

2017年，互联网时尚小镇项目落户青岛高新区。青岛高新区将联合中国最大的互联网娱乐人才公司——美空，打造全国时尚产业集群，聚集全国时尚人才将个人工作室注册在青岛高新区，并配套相关服务，实现青岛时尚产业集群效应。互联网时尚小镇项目由青岛高新区、美空、美空红人研究院、一下科技、拉近网娱、esee英模国际时尚集团、同方创投、酷狗音乐、微博直播共同建设，将整合互联网行业资源及投资资金，为青岛高新区互联网产业布局的规模化、高端化、国际化提供必要保证。小镇对标世界顶级互联网产业基地，打造国际知名时尚园区，集办公、居住、休闲为一体，吸引全球最尖端、盈利能力最强的项目入驻，力争打造为整个青岛的互联网时尚名片，并实现小镇的复制和输出，提高青岛高新区在全国的影响力。

（五）江苏时尚产业 Jiangsu's Fashion Industry

江苏不仅是纺织服装出口大省，更是品牌大省。江苏国际服装节是众多品牌争抢亮相的专业时尚平台，每年都有新品牌与大品牌同台展示和互相交流。江苏作为国内知名的服装制造业大省，在过去的很长一段时间里给人留下了以制造为主的产业印象。如今，在消费结构变化，消费需求多样化、个性化的市场大环境下，江苏服装业的时尚化也得到了极大的重视和大幅提高。众多企业对于时尚的追求正在指导其今后的发展方向。从江苏羽绒服领军品牌波司登的诸多举措中便可以看出，江苏纺织服装品牌对时尚的重视程度。波司登不仅连续19年发布羽绒服秋冬流行趋势，更以时尚为突破口全面贯彻国际化步伐。从在伦敦开店、纽约国际时装周发布，到亮相米兰世博会，波司登以时尚为锋，剑指国际市场。

1. 震泽丝绸小镇 Zhenze Silk Town

丝绸是苏州城市形象的金名片。作为历史上的"鱼米之乡"和"丝绸之府"，2018年苏州市吴江区提出打造"丝绸文化传承与发展的标杆"，这让中国丝绸小镇——震泽底气更足了。一手抓品质保障，一手抓创意引领，震泽已然在推动丝绸产业高质量发展上绵绵用力。

创意，是丝绸这项传统产业永葆生机的活力源泉。今年以来，震泽镇已经联合多家企业，出击到上海春季家纺展、第100届中国针棉织品交易会、苏州品牌博览会等大型展会，规格再创历史新高。走出水乡深闺的震泽丝绸，正以小镇特有的淡然与大气，收获了来自全球的视野与荣光。而经过多年磨砺，从秀场走向市场，由创意变身产品，让传统拥抱时尚，震泽丝绸的研发人员对创新有了更深的理解。同时，震泽镇与北京服装学院合作开发丝绸小镇VI视觉识别系统,靓丽的"震泽蓝"成了丝绸小镇新的底色。小镇的古塔、古桥、钟楼、教堂跃然纸上,情趣盎然。围绕这一套为震泽量身定制的视觉系统,震泽将逐步推动高附加值的丝绸文化衍生品。

2. 新桥时裳小镇 Xinqiao Fashionable Clothes Town

江阴市新桥镇是全球最大的毛纺服装产业基地之一,新桥镇未来将打造时尚设计发布集聚区、时尚教育培训集聚区、时尚产业拓展集聚区、时尚旅游休闲集聚区,成为中国乃至世界的服装纺织产业尖端技术和时尚潮流领航者,成为中国时尚产业引领的服装纺织产业转型升级的新标杆,成为江阴新桥的新名片。

新桥时裳小镇充分发挥毛纺服装品牌优势,国际花园城市生态环境优势,在"一体两翼两园"规划基础上,瞄准高端制造产业发展定位,打造以毛纺服装为特色的产业集聚区(时裳小镇),以宜业、宜居、宜游为引领,特色小镇重点发展三大功能区。北端以阳光、海澜、精亚三大集团总部为核心,致力于打造国内领先、国际一流的毛纺服装设计、营销、物流、研发和生产中心。新郁中路以南,重点打造以飞马水城为核心的国家5A级生态景区、马文化展示中心、毛纺服装文化展示中心和以西交利物浦大学为载体的产学研一体化众创中心,形成集马术运动、商务洽谈、旅游度假、文化展示、欧式风情体验、水上娱乐等为一体的高端教育文化度假区和毛纺服装高端品牌产品展示区。以北端东侧春辉生态高科技农业为基地,将阳光生态园建成集苗木栽培、生态旅游、体育健身、田园养生为一体的旅游度假区,再现江南水乡诗意栖居的原生态风貌。

四、上海时尚的过去与现在 The Past and Present of Shanghai's Fashion

上海成为亚洲的时尚之都不是没有由头的。作为中国民族工业的发祥地,上海地处长江入海口,东向东海,隔海与日本九州岛相望,南濒杭州湾,西与江苏、浙江两省相接,共同构成以上海为龙头的中国最大经济区"长三角经济圈"。上海是中国的历史文化名城,拥有深厚的近代城市文化底蕴和众多的历史古迹,江南的吴越传统文化与各地移民带入的多样文化相融合,形成了特有的海派文化。

1843年,上海开埠,成为中西方文明碰撞的聚集地,其后上海也迅速崛起为近代城市,形成了独特的上海文化。改革开放后,随着城市的发展、人口的增长以及对外开放,上海越来越呈现出与国际接轨的流行趋势。20世纪80年代,国际时装设计师皮尔·卡丹来访中国,在上海等地推广品牌,这使上海吸收了时尚概念着力于发展本土时尚品牌。20世纪90年代,上海优秀的设计师参与国际时尚比赛屡屡获奖,为本土时尚产业发展提供了支撑。现今,上海已是国际消费之都、文化之都、时尚之都,已形成多中心、多层次、网络化的商业体系。

自2003年起,上海时装周已经成为中国最具影响力、辐射面最广的以时尚为主体的活动。随着中国时尚产业的发展、中国时尚品牌的崛起以及时尚界人士的追捧,上海时装周有望成为"世界第五大时装周"。这为中国时尚描绘出创新的未来时尚蓝图,为产业提供更多的灵感和交融空间。据《全球时尚产业指数·时装周活力指数报告(2018)》显示,中国各主流时装周参展品牌数量、时装发布数量、国际知名品牌参与度等不断增加,逐步向多元化服务平台延展,助力城市在流行引领、生产设计等产业价值链中发挥影响力。同时,线下时尚产品与线上电商平台相互链接,实现时装周线上秀场和线下商场无缝对接,为消费者开启了时尚消费新时代。中国各主流时装周参展品牌数量、时装发布数量、国际知名品牌参与度等不断增加,逐步向多元化服务平台延展,助力城市在流行引领、生产设计等产业价值链中发挥影响力。同时,线下时尚产品与线上电商平台相互链接,实现时装周线上秀场和线下商场无缝对接,为消费者开启了时尚新时代。

第七节 \ 小结
Summary

从定义上看,时尚产业指贯穿时装生产与销售的一整套特殊的经营模式,包括设计、采购、制造、推广、销售、使用、消费、收藏等诸多环节。然而,只有在价值生产的层面,我们才能理解这套经营模式的特殊性:它总是带有特定(由欧洲而后美国)的社会、历史、文化和制度烙印,并由此形成了以广义的设计与营销为核心的时尚系统。时尚产业的特点在于:以经济为载体,以市场为手段,围绕着人们的审美价值追求展开,能更加直接、具体地满足人们对于生活美的需求。从审美实践来看,时尚主要是诉诸视觉的美,时尚产业就是一种"美丽产业"。而从本质上来说,时尚产业是一种具有高创意、高市场掌控能力、高附加值特征,是能引领消费流行趋势的新型产业业态。时尚产业是引领世界产业发展的最重要行业之一,它体现了一个国家在文化、科技、创意设计等方面的软实力。

时尚中心与时尚产业的发展相辅相成。18世纪中期,随着时装品牌在欧洲出现,时尚媒体在欧美渐成规模,特别是法国、意大利、英国、美国在成为世界时尚产业中心的同时,也形成了世界时尚中心。时尚中心城市的必备条件包括了特定的自然气候条件与产业基本条件,如城市地位与环境、人文基础、城市特色标志、文化与产业公共管理、国家总体实力与市场吸引力等。

本章介绍了东西方时尚产业发展典型案例,丰富了关于本章关键知识点的分析,并联系当下进一步讨论时尚产业的过去、现在与未来。

第八节　提问与思考
Questions and Thinking

（一）结合本章学习，总结时尚中心需要具备的基本条件。

（二）谈谈世界时尚中心有哪些以及各自具有的风格特点。

（三）结合美国时尚产业的发展，谈谈其19世纪纺织业布局与20世纪以来时尚中心地位确立之间的内在联系，归纳其产业升级路径。

第九节　关键词
Key Words

textile industry 纺织产业

industry cluster area 产业集聚区

industry upgrading 产业升级

fashion center 时尚中心

natural climatic conditions 自然气候条件

basic conditions of fashion industry 产业基本条件